Hamburg Kompakt

Der KulturReiseführer für die Stadt

W0058906

L&H VERLAG

DANKE

Hamburger Feuerkasse   *13*
HVV/ Hamburger Verkehrsverbund   *297*

Alsterdampfschiffahrt e. V.   *292*
Ernst Barlach Haus   *113*
Ernst Barlach Museum Wedel   *112*
Café Fees/Museum für Hamburgische Geschichte   *333*
Fliegende Bauten   *330*
Gregors Reederei   *111*
Hagenbecks Tierpark   *20*
hamburg.de   *12*
Hamburger Hochbahn AG   *21*
Hamburger Wasserwerke   *118*
HEIN GAS   *307*
Hinz & Kunzt   *304*
Hotel Lindtner   *273*
Mannheimer Versicherung AG   *306*
Michel Musik Büro/Chor St. Michaelis   *320*
Miniatur Wunderland   *274*
monumente/Deutsche Stiftung Denkmalschutz   *347*
Museum für Völkerkunde   *119*
Stadtmagazin OXMOX   *305*
Rickmer Rickmers   *116*
S-Bahn Hamburg   *294*
SIGNAL IDUNA   *275*
Speicherstadtmuseum   *110*
StadtkulTour/Volker Roggenkamp   *322*
Vierländer Kate im Altonaer Museum   *117*
Tourismus-Zentrale Hamburg   *337*
Umweltbehörde/Fachamt für Stadtgrün und Erholung   *94*
WFS/Wirtschafts- u. Finanzberatung Jürgen Schröder   *274*
Kulturstiftung DessauWörlitz   *346*

Der Verlag hat die Anzeigen für Hinz & Kunzt (*304*),
Monumente/Deutsche Stiftung Denkmalschutz (*347*) und die
Kulturstiftung DessauWörlitz (*346*) kostenlos geschaltet.

Hamburg Kompakt

Der KulturReiseführer für die Stadt

Anke Küpper

Katrin Duggen

Heino Grunert

"Es könnte kommen, daß Sie es im Himmel
bereuten, Hamburg nicht gekannt zu haben"
Georg Christoph Lichtenberg

INHALT

Wer diese Objekte kennt, kennt Hamburg   *14*

Hamburg-City   *22*

Hamburg (ohne City)   *114*

Historische Fahrzeuge und Schiffe   *280*

Kultur-Tipps mit Service von A–Z   *308*

Register   *338*

Autoren   *345*

Impressum   *344*

Fotonachweis   *345*

Karten

       Hamburg-City   *24/25*

       City und angrenzende Stadtteile   *120/121*

       Hamburg-Nord   *276/277*

       Hamburg-West   *278/279*

       HVV-Netzpläne   *16/17, 18/19*

       Hamburg gesamt *Umschlagseite vorn*

       Großraum Hamburg *Umschlagseite hinten*

Wie komm ich da rein?
tickets.**hamburg.de**

Stellen Sie sich nicht an. Ordern Sie Ihre Tickets einfach bequem von zu Hause. Vom Rock-Konzert bis zur Lesung haben Sie so den VIP-Status. Das gilt natürlich auch für all die anderen Angebote von hamburg.de.

hamburg.de ist ein Gemeinschaftsunternehmen der Freien und Hansestadt Hamburg und:

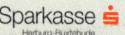

WER DIESE OBJEKTE KENNT,
KENNT HAMBURG

Im 18. Jahrhundert übernahm Hamburg die Führungsrolle zwischen den Hansestädten Bremen, Lübeck und Hamburg. Die wirtschaftliche Führungsrolle wurde nach außen wie nach innen durch die Elbe bestimmt. Der Handel beherrschte das Leben in der Stadt. Die Charakterisierung der geistlosen „Pfeffersäcke" machte die Runde und die „Macht fast allein beim Kaufmannsstand" zu sehen, schmerzte schon damals kulturbeflissene Schöngeister. Aber das Zeitalter der Aufklärung brachte der Stadt eine kulturelle Blüte. Hier in der 2. Hälfte des 18. Jahrhunderts kommen sich Erwerbssinn und Kultur näher. Clubs und Gesellschaften wurden gegründet, Gärten und Parks entstanden sowie Denkmäler und wichtige Bauten.

Dieses Buch zeigt die kulturelle Seite Hamburgs, zu erleben in Museen, Denkmälern, Gärten & Parks und Kirchen. Dieses Buch aber kann den Kulturbegriff natürlich nicht umfassend abarbeiten: so fehlt z.B. die Thematik Musik, Literatur, Theater. Hier bieten wir im Service-Teil Informationshinweise.
Dieses Buch ist kein Lexikon. Wir haben uns aber bemüht, die wichtigsten und interessantesten kulturellen Höhepunkte der Stadt informativ und übersichtlich aufzubereiten. Wer diese Objekte in Hamburg kennt, kennt Hamburg – zumindest was die Museen, Gedenkstätten, Gärten & Parks und wichtigsten Kirchen betrifft.

Wir sagen Dank an Katrin Duggen, Anke Küpper und Heino Grunert, unsere Autoren. Dank auch an Melitta Kolberg, die Hamburg aus fotografischer Sicht sah. Ein aufwändiges Buch aber kann heute in dieser Qualität nur entstehen, wenn es unterstützt wird: deshalb an dieser Stelle Dank an die Hamburger Feuerkasse, den HVV, die Hamburger Hochbahn und alle anderen, die ideell oder durch durch Anzeigen dieses Buch unterstützt haben.
Noch ein Wort zur Nutzung dieses Buches: Der City-Bereich ist ein Hauptteil. Hier sind die Objekte alphabetisch

geordnet. Anhand der Karte können Sie sich leicht Ihre individuellen Routen zusammenstellen. Das übrige Hamburg haben
wir nach Stadtteilen alphabetisch geordnet. Innerhalb dieser
Stadtteile gilt wieder das Alphabet.

Die wichtigsten Benutzerhinweise haben wir detailliert
und gewissenhaft aufbereitet. Trotz sorgfältiger Recherche können sich aber Änderungen ergeben. Wir bitten das schon jetzt
zu entschuldigen.

"Es könnte kommen, daß Sie es im Himmel bereuten,
Hamburg nicht gekannt zu haben", hat Georg Christoph
Lichtenberg gesagt. Wir hoffen, auch Sie werden es sagen.

Wolfgang Henkel
L&H Verlag 2002

KUNSTHALLE
Galerie der Gegenwart. Lichtinstallation von Michael Batz

A1 Holstentherme/dodenhof P+R
Kaltenkirchen P+R
Kaltenkirchen Süd
Langeln
Alveslohe
Hensted-Ulzburg P+R
Barmstedt P+R
Quickborn
Barmstedt
Brunnenstraße
Ulzburg Süd P+R
A3
A2
Meeschensee P+R
Haslohfurth
Quickborner Straße
Friedrichgabe
Moorbekhalle (Schulze
Quickborn P+R
Quickborn Süd P+R
Ellerau
Tanneneck
Voßloch
Bokholt
Sparrieshoop
Langenmoor
Hasloh P+R
A2 U1 **Norderstedt N**
Richtweg P+R
Garstedt
Ochsenzoll
Kiwittsmoor
Langenhorn Nord
Langenhorn Ma
Fuhlsbütte
F
Elmshorn DB P+R A3
Bönningstedt P+R
U2
Niendorf Nord P+R
Schippelsweg
Joachim-Mähl-Straße
Niendorf Markt P+R
Hagendeel
Hagenbecks Tierpark P+R
Lutterothstraße
Osterstraße
Emilienstraße
Christuskirche
Burgwedel
Schnelsen P+R
Tornesch P+R S5
Prisdorf
Pinneberg P+R
S21
S3
Thesdorf P+R
Halstenbek
Krupunder
Eidelstedt
Ost
S21
Elbgaustraße P+R
Eidelstedt P+R
A1
Stellingen
(Volksparkstadion)
Langenfelde
Diebsteich
✈ ▪▪▪▪
Sengel
Als
Lattenkar
(Sporthalle)
Hudtwalckerstraße
Kellinghusenstraße
Eppendorfer
Baum
Hoheluft-
brücke
Klost
stern
Halle
straß
Schlump
Dammtor
(Messe/CCH)
Holsten-
straße
S3
S2
Steph
platz
(Oper/C
S1 P+R S11 P+R P+R Altona DB
S31
S2
Wedel Rissen Sülldorf Iserbrook **Blankenese** Hochkamp Klein Flottbek (Botanischer Garten) **Othmarschen** Bahrenfeld
Sternschanze
Messehallen
(Oper)
Gänsemarkt
(Oper)
Jungfern-
stieg
Königstraße
Reeperbahn
Feldstraße
(Heiligengeistfeld)
St. Pauli
Stadthaus-
brücke
Mö
s
**Großbereich
Hamburg**
Landungs-
brücken
Baumwall
Rödingsmarkt
Rathaus
Meßberg
Steinstraße
Elbe

Nur zeitweilig

S11 S2 S21 S31

S31
DB S3
Neugraben P+R
Neuwiedenthal
Heimfeld

hnellbahnen

S 11
S 1

U 1

S 4

Ohlstedt Ahrensburg

Poppenbüttel

Hoisbüttel

Buckhorn

Burchenkamp
Ahrensburg West

Ahrensburg Ost
Schmalenbeck
Kiekut
Großhansdorf

U 1

Wellingsbüttel

Volksdorf

Hoheneichen

Meiendorfer Weg

Berne

Kornweg
(Klein Borstel)

Farmsen

Rahlstedt

Ohlsdorf

Trabrennbahn

Rübenkamp
(City Nord)

U 2

Wandsbek-
Gartenstadt

ngweg
(Stadtpark)

Saarland-
straße

Habichtstr.

Alte Wöhr
(Stadtpark)

Alter Teichweg

Wandsbek Ost
(Tonndorf)

U 3

Barmbek

Fried-
richs-
berg

Straßburger
Straße

Dehnhaide

Wandsbek
Markt

Hamburger Straße

Wandsbeker
Chaussee

Wandsbek

Mundsburg

Uhlandstraße

Ritter-
straße

Hasselbrook

Großbereich
Hamburg

ptnhof
d

Lübecker Straße

Wartenau

Landwehr

Lohmühlen-
straße

Berliner
Tor

Burgstraße
Hammer
Kirche

Rauhes Haus
Horner Rennbahn
Legienstraße

Billstedt

Merkenstraße
Steinfurther Allee

Mümmelmannsberg

U 3

S 4

Rothenburgsort

Hammerbrook
(City Süd)

Tiefstack

Billwerder-
Moorfleet

Veddel

Mittlerer
Landweg

Allermöhe
Nettelnburg

Bergedorf

Reinbek
Wohltorf

Aumühle

Friedrichsruh

zu S 21

Wilhelmsburg

DB Harburg

Meckelfeld

S 2
DB

S 21

Hittfeld   zu S 3   Maschen

Elbe

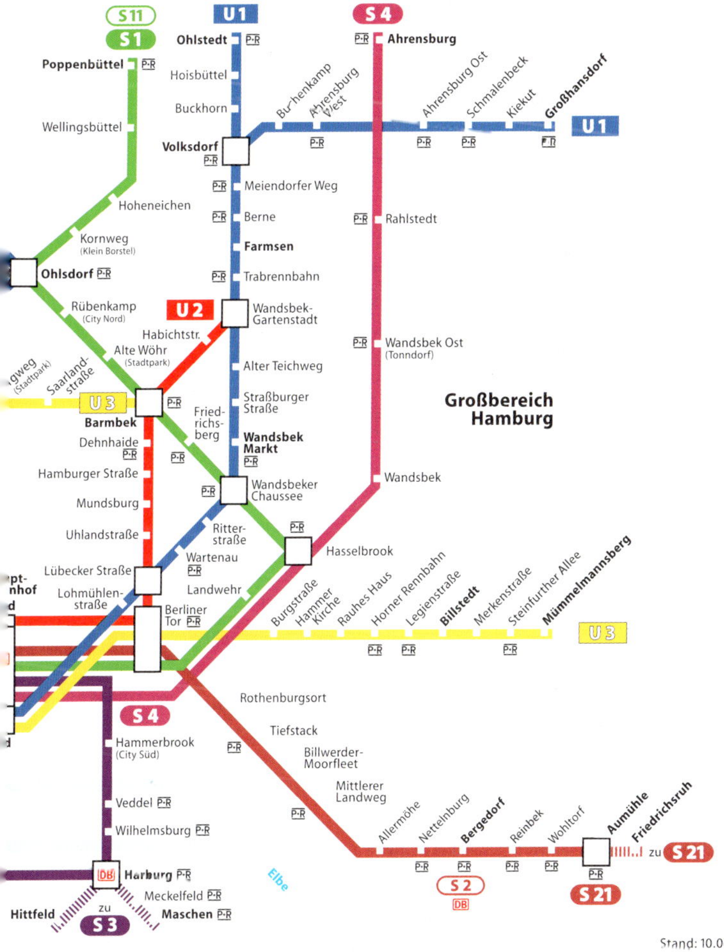

Stand: 10.06.2001

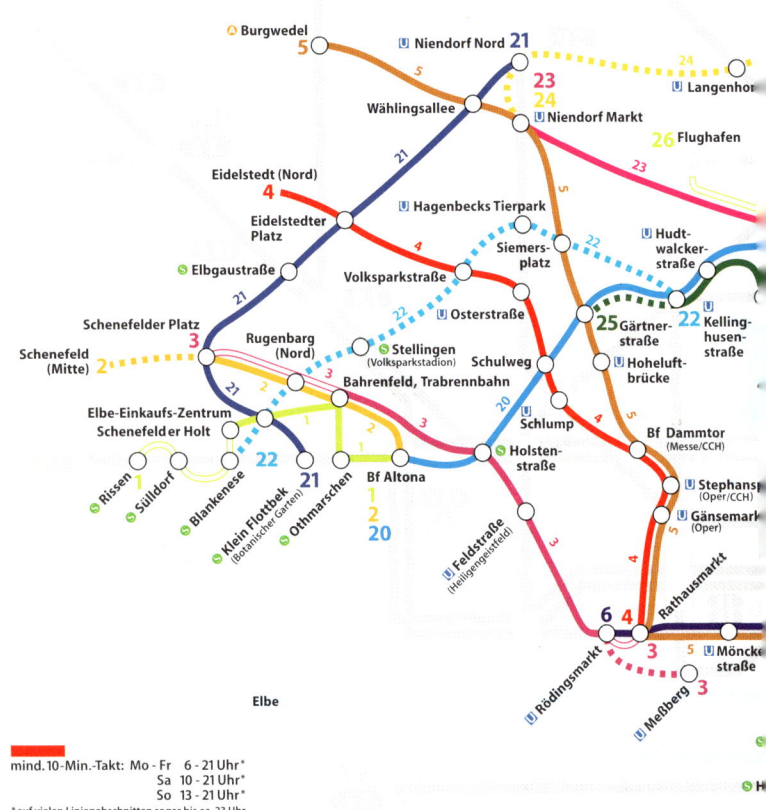

Burgwedel 5

Niendorf Nord 21

Langenhor

Wählingsallee 5

23
24

Niendorf Markt

26 **Flughafen**

Eidelstedt (Nord) 4

21

23

Hagenbecks Tierpark

Eidelstedter Platz

4

Siemersplatz

22

Hudtwalckerstraße

Elbgaustraße 5

Volksparkstraße

21

Osterstraße

22

25 **Gärtnerstraße**

22 **Kellinghusenstraße**

Schenefelder Platz 3

Rugenbarg (Nord)

Stellingen (Volksparkstadion)

Schulweg

Hoheluftbrücke

Schenefeld (Mitte) 2

2

21

3

Bahrenfeld, Trabrennbahn

3

20

Schlump

4

Bf Dammtor (Messe/CCH)

Elbe-Einkaufs-Zentrum
Schenefelder Holt 22

2

2

3

Holstenstraße

Stephans (Oper/CCH)

Rissen 1

Sülldorf

Blankenese

Klein Flottbek (Botanischer Garten)

21

Othmarschen

1

1

2

Bf Altona

1
2
20

Gänsemark (Oper)

Feldstraße (Heiligengeistfeld)

3

5

Rathausmarkt

6 4

3

5 **Mönckestraße**

Rödingsmarkt

3

Elbe

Meßberg

14 **Eiße**

H

mind. 10-Min.-Takt: Mo - Fr 6 - 21 Uhr*
Sa 10 - 21 Uhr*
So 13 - 21 Uhr*
* auf vielen Linienabschnitten sogar bis ca. 23 Uhr

mind. 10-Min.-Takt in den
Hauptverkehrszeiten

größere Taktabstände
bzw. nur zeitweilig

troBusse

HVV

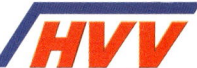

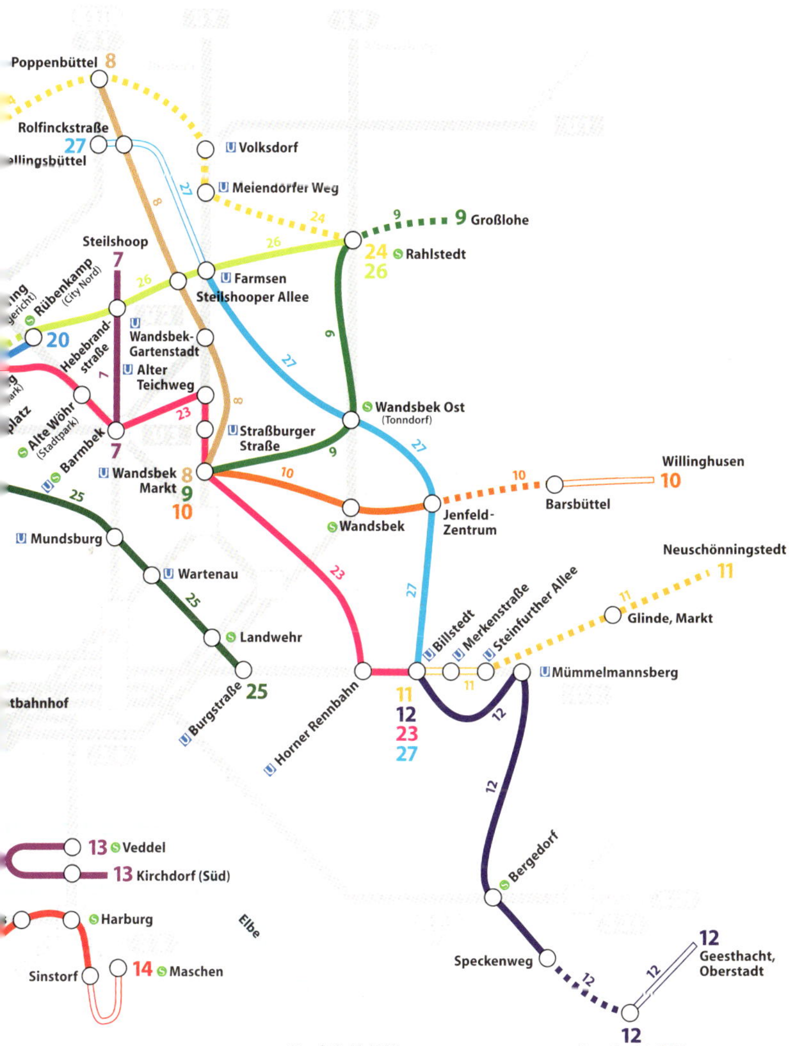

Poppenbüttel 8
Rolfinckstraße
27
llingsbüttel
Volksdorf
Meiendorfer Weg
24
9
9 Großlohe
26
24 Rahlstedt
26
Steilshoop
7
26
Farmsen
Steilshooper Allee
Rübenkamp (City Nord)
20
Wandsbek-Gartenstadt
Hebebrand-straße
Alter Teichweg
23
Straßburger Straße
Wandsbek Ost (Tonndorf)
Alte Wöhr (Stadtpark)
Barmbek
7
Wandsbek Markt 8 9 10
10
27
Willinghusen 10
Barsbüttel
Jenfeld-Zentrum
Wandsbek
25
Mundsburg
Wartenau
23
Neuschönningstedt
11
Glinde, Markt
Landwehr
Billstedt
Merkenstraße
Steinfurther Allee
Mümmelmannsberg
Burgstraße 25
tbahnhof
Horner Rennbahn
11 12 23 27
12
13 Veddel
13 Kirchdorf (Süd)
Bergedorf
Harburg
Elbe
Sinstorf
14 Maschen
Speckenweg
12 Geesthacht, Oberstadt
12 Geesthacht, ZOB

Stand: 10.06.2001

Kulturgut Hagenbeck

© Walberg Communications

www.hagenbeck.de · eMail hagenbeckinfo@aol.com

TIERPARK
HAGENBECK
SO NAH, SO WILD, SO SCHÖN.

A7 - Abf. Hamburg-Stellingen, gut ausgeschildert
Tel. 040/54 000 1-0 · U2 - Hagenbecks Tierpark · Anfahrtskizze Faxabruf: -32

7. Himmel

Wir schaffen gute Verbindungen

Für über eine Million Fahrgäste sind unsere drei U-Bahn- und über 100 Buslinien Tag für Tag die beste Verbindung. Wir fahren Sie pünktlich zur Arbeit, parkplatzsorgenfrei zum Einkaufsbummel, bequem ins Theater, ohne Stau zum Fußballstadion und manchmal sogar geradewegs in den 7. Himmel.

Hamburger Hochbahn AG
...einstraße 20
...0095 Hamburg

...foline 32 88-27 23
...ww.hochbahn.de

 HOCHBAHN

Partner im  HVV

HAMBURG-CITY

1 Afghanisches Kunst- und Kulturmuseum *26*

2 Cap San Diego *28*

3 Deichtorhallen *31*

4 Deutsches Zollmuseum *33*

5 Dialog im Dunkeln *36*

6 Freie Akademie der Künste in Hamburg *38*

7 Hamburger Kunsthalle *41*

8 Hauptkirche St. Jacobi *47*

9 Hauptkirche St. Katharinen *51*

10 Hauptkirche St. Michaelis *54*

11 Hauptkirche St. Nikolai *58*

12 Hauptkirche St. Petri *61*

13 Johannes-Brahms-Museum *65*

14 Klingende Instrumentensammlung *67*

15 Kramer-Witwen-Wohnung *69*

16 Kunsthaus *71*

17 Kunstverein in Hamburg   72

18 Museum für Hamburgische Geschichte   73

19 Museum für Kommunikation Hamburg   82

20 Museum für Kunst und Gewerbe Hamburg   86

21 Planten un Blomen, Wallanlagen und

   Alter Elbpark   96

22 Rickmer Rickmers   103

23 Speicherstadtmuseum   104

24 Spicy´s Gewürzmuseum   106

Der City-Bereich ist alphabetisch geordnet

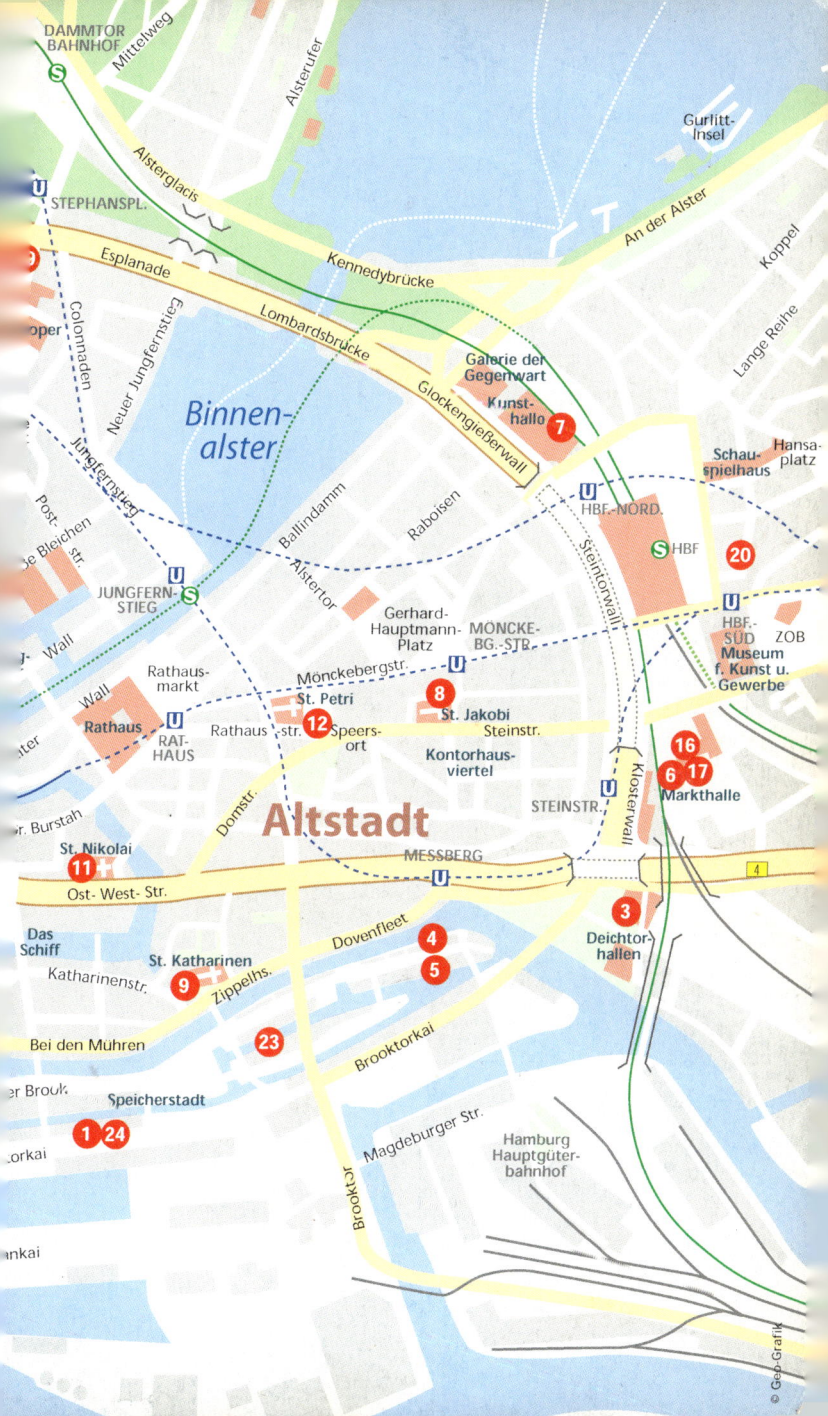

1   AFGHANISCHES MUSEUM

Das Museum zeigt das traditionelle Afghanistan. Zu sehen sind z. B. eine Backstube, ein Teehaus, eine Jurte sowie Nachbauten von Baudenkmälern (der große Buddha von Bamiyam, das Minarett von Djam).

Am Sandtorkai 32/I, 20457 Hamburg-City
Fon 37 82 36
Fax 37 51 95 38
AfghanischesMuseumCK@t-online.de
www.afghanisches-museum.de

Führungen auf Anfrage
Täglich von 10–17 Uhr
U3 bis Baumwall, 5 Min. Fußweg

Am 26.03.1998 hat die Firma AKFAH GmbH das Afghanische Museum in ihrem ehemaligen Teppichlager in der Speicherstadt eröffnet. In einem 100 Jahre alten Speicher wird dem Besucher die traditionelle Kultur des Landes Afghanistan, das durch 20 Jahre Bürgerkrieg zu großen Teilen zerstört ist, anhand zahlreicher künstlerischer Nachbauten vor Augen geführt.

In einem großen Raum werden Beispiele aus der Kultur Afghanistans sowie Nachbauten alter Kulturdenkmäler des Landes gezeigt. Zu sehen sind u. a. ein Schuhmacher, ein Brotbäcker, ein Teppichknüpfer und ein "Porzellandoktor", der – weil Porzellan in dem armen Land Afghanistan so teuer ist – zerbrochenes Geschirr mit Klammern wieder zusammenflickt. Außerdem werden Nachbauten von der Festung von Bost, dem großen Buddha von Bamiyam und dem Minarett von Djam präsentiert.

Tipp

- Am Ende des Rundgangs gibt es eine orientalische Sitzecke, in der Sie kostenlos Tee und afghanisches Knabberzeug zu sich nehmen können.

AFGHANISCHES MUSEUM
Das traditionelle Afghanistan – gerade in dieser Zeit von großer Aktualität

Info

- Planen Sie am besten gleich zwei Museumsbesuche:
Direkt über dem Afghanischen Kunst- und Kulturmuseum befin-
det sich Spicy's Gewürzmuseum: über 60 Gewürzen zum
Riechen, Schmecken, Anfassen und vielem mehr.

2 CAP SAN DIEGO

Die 1962 erbaute Cap San Diego ist als letztes noch
schwimmendes Schiff einer Serie von sechs Stückgutfrachtern
noch voll funktionsfähig und vermittelt deshalb einen lebhaften
Eindruck vom Leben auf hoher See.

Überseebrücke, 20459 Hamburg-City
Fon 36 42 09
Fax 36 25 28
info@capsandiego.de
www.capsandiego.de

Täglich 10–18 Uhr
Führungen nur nach Anmeldung gegen Gebühr für
Gruppen bis 25 Personen
U3 bis Baumwall; oder S1, S3, Bus 112 Landungsbrücken

Die Cap San Diego ist das letzte Schiff einer berühmten
Serie von sechs Stückgutfrachtern. Die Cap San Schiffe wurden
in den Jahren 1961 und 1962 auf Werften in Hamburg und
Kiel für die Hamburg-Südamerikanische Dampfschifffahrtsge-
sellschaft gebaut und stellten den Höhepunkt des Baus von
konventionellen Stückgutfrachtern dar. Heute ist nur noch die
Cap San Diego erhalten, die übrigen fünf Schiffe sind im Laufe
der 80er Jahre verschrottet worden.
    Die Cap San Diego – auch "Weißer Schwan des
Südatlantiks" genannt – gleicht in der Schiffslinienführung eher
einer eleganten Yacht, als die späteren, von der Eckigkeit der
Container geprägten Schiffen. Sie wurde von dem Architekten
Caesar Pinnau entworfen, der in Hamburg vorwiegend
Kontorhäuser und Villen, aber auch Yachten für griechische
Reeder baute.
    Als klassisches Frachtschiff mit Kühleinrichtung diente die
Cap San Diego der Beförderung konventioneller Stückgüter in
Säcken, Fässern oder Kisten aber auch Unverpacktem. Auf der
Reise von Europa nach Südamerika transportierte sie z. B.
Arzneimittel, Fernsehgeräte, Autos, Chemikalien, Farben, Stahl

CAP SAN DIEGO
Das letzte Schiff einer berühmten Serie von Stückgutfrachtern

und Büromaterial. Auf der Rückreise waren Rohkaffee, Leder, Tee, Tabak, Fleisch und Süßöl geladen. Außerdem war Platz für bis zu zwölf Passagiere, die von vier Stewards bedient wurden. Die Seereise nach Südamerika auf einem Frachter dieser Klasse galt noch vor 20 Jahren als komfortabelste Art des Ferntourismus.

Die damaligen, technischen Einrichtungen der Cap San Diego sind fast vollständig erhalten und werden heute noch betrieben. Mit seinem 11.650-PS-MAN-Zweitaktmotor stellt das Museumsschiff einen Höhepunkt des klassischen Schiffsmaschinenbaus vor Beginn des Zeitalters elektronischer Steuerungs- und Regelungstechnik dar.

An der Kasse der Cap San Diego lohnt es sich, zusätzlich in ein Faltblatt (deutsch oder englisch) mit Grundriss des Schiffes zu investieren, denn der an Bord nur teilweise ausgeschilderte Rundgang ist etwas verwirrend. Außerdem macht es Spaß, durch das Schiff zu streifen und selbst versteckte Ecken zu entdecken. Sie können die Laderäume betreten und alle Kammern der Besatzung, einschließlich des Wohnraums des Kapitäns, sowie die Passagierkammern besichtigen. Dabei spiegelt die Inneneinrichtung des Schiffes im Stil der späten 50er Jahre die damaligen Vorstellungen von Eleganz wider.

Auf der Kommandobrücke sind die Einrichtungen weitgehend erhalten, so etwa die automatische Ruderanlage, Kreiselkompass, Echolot, Radarschirm und Maschinentelegraf. Die neben der Kommandobrücke liegende Funkstation vermittelt einen Eindruck von der Atmosphäre eines Funkraumes. Funkbetrieb ist jeden Samstag und Sonntag von 10–17 Uhr. Steigen Sie auf jeden Fall in den beeindruckenden Maschinenraum des Schiffes hinab, der sich über drei Decks im Schiffsbauch erstreckt. Sie sehen den riesigen Zweitaktdiesel mit seinen neun Zylindern (der eine ist der Anschaulichkeit halber geöffnet), die vier Hilfsdiesel und die Stromgeneratoren. Zusätzlich finden Technikinteressierte auf Schautafeln detaillierte Informationen zur Maschinenanlage.

In der Ladeluke 2 (Steuerbord) der Cap San Diego befindet sich eine ständige Ausstellung zur über 125-jährigen Geschichte der Reederei Hamburg-Süd, des ehemaligen Reeders.

Info

- An der Kasse gibt es diverse Publikationen über die Cap San Diego.
- Das Schiff ist seit 1995 nicht mehr nur ein Museums- sondern auch ein Hotelschiff und kann auch für Veranstaltungen gemietet werden, Informationen unter Fon 36 42 09 oder 36 54 81.
- Im Bordrestaurant "Mannschaftsmesse" wird Fisch und die heimische Küche der Seeleute angeboten. Geöffnet täglich von 11–18 Uhr (im Winter Di geschlossen).

3   DEICHTORHALLEN

Als Ausstellungsinstitut für zeitgenössische Kunst zeigen die Deichtorhallen Wechselausstellungen aus den Bereichen Moderne Kunst, Fotografie, Architektur und Design.

Deichtorstr. 1–2, 20095 Hamburg-City
Fon 32 10 30
Fax 32 10 32 30
info@deichtorhallen.de
www.deichtorhallen.de

Di–So 11–18 Uhr
Öffentliche Führungen jeweils samstags und sonntags zu variierenden Uhrzeiten und nach Vereinbarung, Information und Anmeldung bei Gerlinde Eckardt-Salaemae, Fon 32 10 32 40
Behindertengerecht

U1 bis Steinstraße; oder Busse sowie U- und S-Bahnen bis Hauptbahnhof, von dort 5 Min. zu Fuß

Auf dem Gelände des ehemaligen Berliner Bahnhofs wurden von 1911–14 die Deichtormarkthallen errichtet. Sie dienten bis 1983 als Blumenmarkthallen. 1989 wurden sie nach einer umfangreichen, durch den Hamburger Industriellen Kurt A. Körber finanzierten Restaurierung der Stadt Hamburg übergeben. Seitdem haben Ausstellungen von hohem internationalen Niveau aus den Bereichen Moderne Kunst, Fotografie und Design den Deichtorhallen einen festen Platz unter den jungen Kulturinstitutionen in Europa verschafft.

Tipp

- In ca. 500 m Entfernung befindet sich das Chilehaus, nach Entwürfen von Fritz Höger 1922–24 erbaut. Einfach in Richtung Kirchturm St. Petri gehen.

CHILEHAUS, DIE "BUGANSICHT"
Zwischen Meßberghof und Sprinkenhof

4   DEUTSCHES ZOLLMUSEUM

Das Museum stellt die Geschichte und die Arbeitswelt des Zollwesens von den Anfängen bis heute dar – u. a. anhand von Urkunden, Schmuggelverstecken, Uniformen, Schiffsmodellen und dem Zollboot "Glückstadt".

Alter Wandrahm 15a–16, 20457 Hamburg-City
Fon 33 97 63 86
Fax 33 97 63 89
zollmuseum@gmx.de
www.deutsches-zollmuseum.de

Di–So 10–17 Uhr
Kostenlose Führungen für Gruppen ab 10 Personen;
deutsch- und englischsprachig;
pädagogische Führungen für Schulklassen; Anmeldung
unter Fon 33 97 63 86 oder
Fon 33 97 63 45 bei Frau Heym

U1 bis Meßberg, Ausgang Brandstwiete; oder Bus3 bis Domstraße, Behindertengerecht,
von dort 5 Min. zu Fuß

Seit 1992 gibt es in Hamburg das Deutsche Zollmuseum am Rande der Speicherstadt. Dort wird im alten Zollamt "Kornhausbrücke", wo seit 1900 die Zöllner ihren Dienst verrichteten, ein lebendiges Bild der Zollgeschichte vom Altertum bis in die Gegenwart vermittelt. Das Museum knüpft an die Tradition des 1927 gegründeten Zollmuseums in Berlin an, das im Krieg zerstört wurde.

Im Erdgeschoss des Gebäudes, das auch aus der Fernsehserie Schwarz-Rot-Gold bekannt ist, werden die vielfältigen Aufgaben des Zolls einst und heute anschaulich präsentiert. Die Ausstellung dokumentiert den Wandel von der früheren reinen Einnahmeverwaltung zur heutigen umfassenden Wirtschaftsverwaltung des Bundes.

Im Gegensatz zu einer weitverbreiteten Ansicht wird der Zoll nicht nur an der Grenze tätig: So gehören zu den wichtigsten Aufgaben der Zollverwaltung die Erhebung von Verbrauchssteuern, der Schutz seltener Tier- und Pflanzenarten, der Umwelt- und Gesundheitsschutz, die Bekämpfung der Schwarzarbeit und der Markenpiraterie.

Besonders interessant ist der Bereich Schmuggelverstecke. Zigaretten in der Beinprothese, im Hut oder eingebacken im Brot sowie Marihuana im Surfbrett demonstrieren den Einfallsreichtum der 'Kundschaft' der Zöllner.

Im Obergeschoss des Hauses präsentieren sich zwei Schwerpunkte: Im historischen Teil der Ausstellung zeigen Urkunden, Modelle, Waffen, Uniformen ab 1834 und darüberhinaus verschiedene zollbezogene Exponate die Entwicklung des Zolls über einen Zeitraum von 5.000 Jahren auf. Ältestes Ausstellungsstück ist eine Tontafel mit Abgabenliste aus Mesopotamien (ca. 1964 v. Chr.).

Im Wasserzollteil sind Modelle von Zollschiffen und die kleinste Zollflotte der Welt (Maßstab 1:1250), die auf Knopfdruck hinter einem Bullauge erleuchtet wird, ausgestellt.

An einem Ponton vor dem Museum ist das 1954 auf der Hamburger Schiffswerft Buschmann gebaute und 1992 ausgemusterte Zollboot "Glückstadt" vertäut. Das beheizte Schiff kann bis in den letzten Winkel besichtigt werden. Beim Betreten der Mannschaftskabinen, des Maschinenraumes mit zwei Viertakt-Dieseln, der winzigen Küche und der Brücke erhalten Sie einen lebendigen und authentischen Eindruck vom 'schwimmenden' Zoll.

Auf dem Ponton vor dem Museum und zeitweilig auch im Treppenhaus an der Westseite des Museums werden wechselnde Sonderausstellungen gezeigt.

Info

- Im Rahmen des alljährlich Anfang Mai stattfindenden Hafengeburtstags werden Sondervorträge, Zollhunde-Vorführungen, Livemusik und Kinderveranstaltungen angeboten.

Von der Einnahmeverwaltung zur umfassenden Wirtschaftsverwaltung. Vor
dem Museum liegt das Zollboot "Glückstadt"

Auf der Brücke der "Glückstadt"

5 DIALOG IM DUNKELN
EINE AUSSTELLUNG ZUR
ENTDECKUNG DES UNSICHTBAREN

DIALOG IM DUNKELN, eine Einladung in eine Welt, in der es nichts zu sehen gibt. Stattdessen sind ungewohnte Begegnungen möglich. Der Besucher wird durch verschiedene „alltägliche" Räume geführt – die Natur, die Stadt und deren Kultur werden hier in völliger Dunkelheit erlebt.

In der Unsichtbar wird der Kaffee gerochen, geschmeckt und nicht mehr gesehen.

DIALOG IM DUNKELN ist eine Welt, in der „schlafende" Sinne geweckt werden. Der Besucher erlebt eine Bootsfahrt auf dem Wasser, einen Wald, der erfühlt werden will und das quirlige Leben der Stadt. In Gruppen bis zu 10 Personen werden hier die Besucher durch die Ausstellung geführt.

Alter Wandrahm 2–6, 20457 Hamburg
Fon 3 09 63 40
Bookingline 0700-44 33 2000
www.DIALOG-IM-DUNKELN.DE
info@dialog-im-dunkeln.de

Di–Fr 9–17 Uhr, Sa/So 12–19 Uhr
Eine Vorreservierung ist unbedingt erforderlich.

U1 bis Meßberg, Ausgang alter Wandrahm,
über die Fußgängerbrücke zum alten Wandrahm

Die Ausstellung über das „andere" Sehen befindet sich in einem historischen Gebäude der Hamburger Speicherstadt. Eine alte Lagerhalle wurde in absolut lichtlose Räume verwandelt. Aus realistischen Klang-, Tast-, und Geruchskomponenten wurde ein ungewöhnliches Ausstellungsexperiment entwickelt.

Eine solche Ausstellung funktioniert nur, weil sich der Besucher der Kompetenz nicht sehender Menschen anvertraut. DIALOG IM DUNKELN bietet eine Plattform zur Kommunikation sehbehinderter und sehender Menschen mit umgekehrten Vorzeichen.

Gleichzeitig ist es ein Projekt zur Sensibilisierung der Wahrnehmung. So begleitet, können Menschen jeder Altersklasse die Ausstellung besuchen. Durch den barrierefreien Zugang wird es auch Rollstuhlfahrern ermöglicht, DIALOG IM DUNKELN kennenzulernen.

Seit dem 1. April 2000 ist diese Ausstellung in der Speicherstadt zu sehen, über 100 000 Besucher wurden ins Dunkel und ins Licht geführt. Neben dieser Ausstellung bietet der DIALOG IM DUNKELN noch weitere Attraktionen, wie zum Beispiel ein exklusives Viergängemenü im Dunkeln. Weitere Informationen zu dem „DINNER IN THE DARK" erhalten sie unter den oben angegebenen Telefonnummern.

stern, MAGAZIN KULTUR (Nr.18/2000):
„Schwarz vor Augen". In der Hamburger Installation DIALOG IM DUNKELN ist nichts zu sehen, aber viel zu entdecken.

„ENTSPANN DICH! Leg dich auf den Teppich, hör bloß auf die Musik. Was ist das? Egal. Irgendetwas direkt aus dem Paradies. Sanft, rhythmisierend ... Plötzlich bin ich meinen Körper los, dieses eckige, unbeholfene, schwerfällige Ding. Schwimme ich? Fliege ich? Und warum gönnt uns Torsten (Guide, der durch die Ausstellung führt) diese Leichtigkeit des Seins nicht ein bisschen länger, warum scheucht er uns jetzt in die „Unsichtbar"? (Eindruck aus dem „Klangraum" der Ausstellung DIALOG IM DUNKELN).

DIALOG IM DUNKELN
Hier werden "schlafende"
Sinne geweckt

6 FREIE AKADEMIE DER KÜNSTE IN HAMBURG

Die Freie Akademie der Künste präsentiert Veranstaltungen und wechselnde Ausstellungen in allen künstlerischen Disziplinen.

Klosterwall 23, Markthalle-Süd, Eingang Treppenturm,
20095 Hamburg-City
Fon 32 46 32
Fax 32 69 29
info@akademie-der-kuenste.de
www.akademie-der-kuenste.de

Di–So 11–18 Uhr
Führungen nach Voranmeldung unter Fon 32 46 32
Behindertengerecht

U1 bis Steinstraße; oder Busse sowie U- und S-Bahnen
bis Hauptbahnhof, von dort 5 Min. zu Fuß

Die 1948 von Hans Henny Jahnn gegründete Freie Akademie der Künste in Hamburg ist eine Vereinigung von Künstlern aller Disziplinen. Am Klosterwall werden wechselnde Ausstellungen von Malerei, Grafik, Skulpturen, Architektur-Dokumentationen, Ausstellungen von Schriftstellern sowie Vorträge, Konzerte, Podiumsdiskussionen und Diavorträge präsentiert. Durch Offenheit allen Formen zeitgenössischen Schaffens gegenüber wird ein breites Spektrum bildnerischer Möglichkeiten vorgestellt.
Ausstellungen der letzten Jahre waren u.a. den Werken von Horst Antes, Günter Grass, Karin Witte, Friedemann von Stockhausen und Hans Henny Jahnn gewidmet.

FREIE AKADEMIE DER KÜNSTE
"Umstrittener, störender Fremdling im Hamburger Kulturleben",
so sieht sich die Freie Akademie heute

HAMBURGER KUNSTHALLE
Treppenhaus mit Gemälden von Ruths und Fitgers

HAMBURGER KUNSTHALLE
Café Liebermann mit Wechselausstellungen des Münzkabinetts

7   HAMBURGER KUNSTHALLE

Die Kunsthalle zeigt im alten Haus Kunst vom Mittelalter
bis zur Mitte dieses Jahrhunderts. In der 1997 eröffneten
Galerie der Gegenwart wird internationale Kunst der
Gegenwart von 1960 bis heute präsentiert.

Glockengießerwall, 20095 Hamburg-City
Fon 4 28 54-26 12
Fax 4 28 54-24 82
info@hamburger-kunsthalle.de
www.hamburger-kunsthalle.de
Di–So 10–18 Uhr, Do 10–21 Uhr

Zu wechselnden Themenbereichen finden
Sonntagsführungen um 11 Uhr, Kurzführungen mittwochs
um 12 Uhr sowie Gespräche und Führungen donnerstags
um 19 Uhr statt; ein am Eingang ausliegendes Faltblatt
informiert über das aktuelle Programm, oder beim
Museumsdienst unter Fon 4 28 24-3 25 nachfragen;
Gruppenführungen und Führungen zu
Sonderausstellungen nach Anmeldung unter
Fon 4 28 24-3 25
Behindertengerecht

Hamburg Hauptbahnhof mit allen U- und S-Bahnen
sowie Bus 112 bis Ferdinandstor

Die Hamburger Kunsthalle am Glockengießerwall ist eine
bürgerliche Gründung. 1850 wurde die erste öffentliche städti-
sche Gemälde-Galerie in den Börsenarkaden eröffnet, die
"jedem anständig Gekleideten, den Kindern nur in Begleitung
Erwachsener" eine Ausstellung von 40 meist zeitgenössischen
Bildern präsentierte. Durch Schenkungen wuchs die Sammlung
schnell, so dass bereits 1869 ein eigenes Gebäude auf der
Alsterhöhe, die Kunsthalle, errichtet wurde. Alfred Lichtwark
(1852 -1914), der 1886 der erste Direktor wurde, erhob die
Sammlung zu Weltruhm u. a. mit der Wiederentdeckung und

KUNSTHALLE MIT GALERIE DER GEGENWART
Der Ungers-Bau ist zu einem Hauptanziehungspunkt der Hamburger
Museumsszene geworden, mit herrlichem Ausblick auf Außen- und
Binnenalster. Eröffnet Februar 1997

Erwerbung der großen Hamburger Maler des Mittelalters
Meister Bertram und Meister Francke. 1919 wurde unter
Lichtwarks Nachfolger Gustav Pauli der erste Erweiterungsbau
bezogen, mit dem auch eine Neuordnung der Sammlung verbunden war. Seitdem sind neben den großen Meisterwerken in
den Sälen der angrenzenden Kabinette kleinere, intimere Werke
der Zeit zu sehen.

Seit Februar 1997 präsentiert sich die Kunsthalle unter
ihrem derzeitigen Direktor Professor Dr. Uwe M. Schneede mit
einem großen Erweiterungsbau des Architekten Oswald
Matthias Ungers, der Renovierung der alten Räume und einer
neuen Hängung wiederum in einem neuen Licht: Im alten Haus
ist Kunst vom Mittelalter bis zur Mitte dieses Jahrhunderts ausgestellt. Das Schwergewicht liegt dabei auf der deutschen
Malerei der Romantik und der klassischen Moderne. Im
Neubau, der Galerie der Gegenwart, ist die Zweite Moderne zu
sehen, die internationale Kunst von 1960 bis heute.

Ein chronologischer Rundgang durch die Sammlung
beginnt im Obergeschoss der Kunsthalle: Gehen Sie durch die
Rotunde links die Treppe hinauf, vorbei am Kuppelsaal, der für
Sonderausstellungen genutzt wird. Die Sammlung der
Kunsthalle setzt mit dem Mittelalter ein. In Raum 103 sehen
Sie den prachtvollen Wandelaltar von St. Petri in Hamburg, der
um 1380 von Meister Bertram (um 1340–1415) geschaffen
wurde. Daneben ist in Raum 104 der Thomas-Altar aus der 1.
Hälfte des 15. Jahrhunderts von Meister Francke zu sehen.

In den anschließenden Sälen sehen Sie europäische
Malerei vom 16. bis 18. Jahrhundert. Die holländische Malerei
des 17. Jahrhunderts ist mit einem Jugendwerk Rembrandts
("Simeon und Hannah erkennen in Jesus den Herrn", um 1627),
mit Landschaften und Seestücken von Averkamp, van Goyen, S.
und J. Ruisdael, van de Velde und Genreszenen von Jan Steen
und P. de Hooch vertreten.

Einen Schwerpunkt der Sammlung bildet die deutsche
Malerei des 19. Jahrhunderts in den Räumen 117–130. Im
Zentrum stehen die Werke der Romantiker Philipp Otto Runge
und Caspar David Friedrich. Neben dem berühmten "Eismeer"
ist der "Wanderer über dem Nebelmeer" zu sehen, der seinen
sehnsuchtsvollen Blick in die Ferne richtet. In Raum 120 sehen

Sie Werke von Adolph von Menzel. Wilhelm Leibls berühmtes Gemälde "Drei Frauen in der Kirche" können Sie im anschließenden Saal bewundern.

Französische Malerei des 19. Jahrhunderts wird in den Räumen 132 bis 135 präsentiert. Am Ende der Raumflucht erblicken Sie als einen Höhepunkt der Sammlung Manets "Nana". Mit Hans Makarts "Einzug Karls V. in Antwerpen" aus dem Jahr 1878 – dem größten Bild der Kunsthalle – schließt das 19. Jahrhundert ab.

Mehrere Werke Edvard Munchs – darunter die "Madonna" von 1902 und die "Mädchen auf der Brücke" von 1899 markieren den Übergang zur Kunst des 20. Jahrhunderts. Aus der klassischen Moderne dominieren Werke von Max Beckmann und Oskar Kokoschka sowie die Werkgruppen der Künstler der Brücke und des Blauen Reiters (Ernst Ludwig Kirchner, Emil Nolde, Franz Marc). In diesem Zusammenhang wird auch der faszinierende "Goldene Fisch" von Paul Klee gezeigt.

Durch das wunderschöne von 1993 bis 1995 wiederhergestellte Treppenhaus des Gründerbaus mit Gemälden Valentin Ruths und Arthur Fitgers gelangen Sie ins Erdgeschoss. Raum 20 ist der Saal der Meisterzeichnung, in dem regelmäßig grafische Sonderausstellungen gezeigt werden. Ausgezeichnete Werkreihen besitzt die Kunsthalle von Max Liebermann ("Die Netzflickerinnen") und Lovis Corinth. Außerdem können Sie hier Hamburger Maler um 1900 sowie Werke des Historismus bewundern. Durch das Café Liebermann hindurch nach links gelangen Sie zu einer Reihe von Kabinetten, in denen Werke aus den 50er Jahren des 20. Jahrhunderts ausgestellt sind.

Das neue, von O. M. Ungers entworfene vierstöckige Gebäude ist durch einen großen, unterirdischen Teil mit dem Altbau verbunden. Der Kubus beherbergt internationale Kunst der Gegenwart von der Pop Art bis heute. Im Mittelpunkt stehen Werke von Andy Warhol, Joseph Beuys, Bruce Nauman, Richard Serra, Jannis Kounellis, Georg Baselitz, Gerhard Richter und Sigmar Polke. Gleichzeitig werden kunsthistorische Zusammenhänge der letzten 30 bis 40 Jahre veranschaulicht. Im Neubau wird der 1995 verstorbene Hamburger Künstler

Horst Janssen mit einem eigenen Kabinett geehrt, das ständig wechselnde Werkgruppen präsentiert. In einem "Pavillon" von Dan Graham werden Künstlervideos gezeigt. In der Reihe „Standpunkt" installieren in den Räumen 18 und 19 jüngere Künstler ihre Werke.

In der Kunsthalle werden jährlich etwa zehn wechselnde Sonderausstellungen von internationalem Rang präsentiert. Wechselnde Ausstellungen aus den Beständen des Kupferstichkabinetts werden im Saal der Meisterzeichnung gezeigt, wechselnde Ausstellungen aus den Beständen des Münzkabinetts im Café Liebermann.

Info

- In der Kunsthalle gibt es zwei Museumsshops.
- Da sich aufgrund von Sonderausstellungen und durch den Neubau laufend Änderungen in der Hängung ergeben, sollten Sie zu einem Rundgang durch die Kunsthalle unbedingt einen Übersichtsplan nehmen, der kostenlos an der Kasse ausliegt.
- Sprechstunde zur Begutachtung von Gemälden, Zeichnungen und Druckgrafiken ist mittwochs von 14–16 Uhr.
- Themenorientierte Vortragsreihen werden im Winterhalbjahr vom Förderverein "Freunde der Kunsthalle" organisiert.
- Die Museumsbibliothek hat Di-Sa von 11–17 Uhr geöffnet. Werke aus dem Kupferstichkabinett können sie sich Di, Do, Fr von 14–17 Uhr zeigen lassen.
- Über die Kurse des Museumsdienstes und andere Angebote in der Kunsthalle werden Sie unter Fon 4 28 24-3 25 informiert.
- In der schönen Atmosphäre der historischen Säulenhalle im Erdgeschoss des Altbaus befindet sich das Café Liebermann, täglich außer montags von 10–18 Uhr und donnerstags bis 21 Uhr geöffnet; im Erdgeschoss des Neubaus bietet ein auch von außen zugängliches Bistro einen herrlichen Blick auf die Binnenalster.

Tipp

- Der Altbau in rotem Backstein zeigt an seiner Außenfassade ein umfassendes kunstgeschichtliches Programm: Statuen und Porträtbüsten der nach damaligem Verständnis bedeutendsten Maler, Bildhauer und Architekten.

- Wechselnde Ausstellungen zeitgenössischer internationaler Künstler werden in den nahe gelegenen Ausstellungsräumen des Kunstvereins, Klosterwall 23, und in den Deichtorhallen präsentiert. Zeitgenössische – vor allem Hamburger – Kunst ist auch im Kunsthaus zu sehen.

HAMBURGER KUNSTHALLE
Altbau mit kunstgeschichtlichem Programm an der Außenfassade.
Über einen unterirdischen Gang ist der Altbau mit dem Ungers-Neubau,
der Galerie der Gegenwart, verbunden

8   HAUPTKIRCHE ST. JACOBI

Seit 1260 im sicheren Schutz der städtischen Wallanlage,
steckt die in der Zeit der Gotik erbaute Hauptkirche St. Jacobi
voller alter Schätze. Einer darunter ist die Arp-Schnitger Orgel
von 1693 – die größte erhaltene Barockorgel Norddeutschlands. Bis 1993 wurde sie aufwendig restauriert.

Jacobikirchhof 22, 20095 Hamburg-City
Fon 3 03 73 70

Mo–Sa 10–17 Uhr

Alle S-Bahnen bis Hamburg Hauptbahnhof, U1 bis
Steinstraße, U3 bis Mönckebergstraße

Die Gründerzeit der St. Jacobi-Kirche fällt auf das Jahr
1255, als sie noch außerhalb der Stadt ihren Standort als
Kirche für Pilger und reisende Kaufleute, aber auch für die orts-
ansässigen Handwerker und Arbeiter hatte. Ab 1350 wurde
die kleine Kapelle durch eine dreischiffige Hallenkirche im
gotischen Stil ersetzt. Der fünfjochige Kirchenbau wurde
1434 –1438 durch die Sakristei und den darüber liegenden
Herrensaal sowie etwas später durch das südliche Seitenschiff
ergänzt. Peter Fersenfeldt baute Anfang des 19. Jahrhunderts
eine neue Turmspitze im neugotischen Stil.
Den Großen Brand, dem so viele Hamburger Kirchen zum
Opfer fielen, hat St. Jacobi unbeschadet überstanden. Im
Zweiten Weltkrieg wurden jedoch Turm und andere Teile des
Kirchengebäudes zerstört. Große Teile der kostbaren
Innenausstattung konnten glücklicherweise gerettet werden.
Die mit dem Wiederaufbau beauftragten Architekten Bernhard
Hopp und Rudolf Jäger stellten das mittelalterliche
Raumgefüge wieder her; der Turmhelm mit seiner typischen ver-
goldeten Kugel entspricht jedoch einer zeitgemäßen Form. Neu
gestaltet wurde auch das Westportal mit einer von Jürgen
Weber 1966 geschaffenen Bronzetür mit Szenen aus dem Leben
des heiligen Jacobus. Der Giebelschmuck des Turmportals von

Matthias Dücker aus dem Jahre 1743 ist erhalten geblieben. Im Nordschiff fällt der Blick auf die Hamburger Stadtansicht von Joachim Luhn aus dem Jahre 1681. Zu sehen ist die Stadt mit ihrer mächtigen Wallanlage, ihren Kirchen und ihrem Hafen.

Besonderes Augenmerk gilt aber der Arp-Schnitger-Orgel auf der Westempore von 1693. Bereits Johann Sebastian Bach spielte auf dieser Orgel, als er sich 1720 um die Organistenstelle an St. Jacobi bewarb. Mit etwa 4.000 Pfeifen und 60 Registern ist sie die größte erhaltene Barockorgel in Norddeutschland. 1993 später wurde die Arp-Schnitger-Orgel nach jahrelanger Restaurierung wieder eingeweiht.

Drei mittelalterliche Altäre gehören zu den weiteren Schätzen von St. Jacobi: Der heutige Hauptaltar – St. Trinitatis-Altar – wurde 1518 von der Böttcherzunft gestiftet. Die symbolische Darstellung der Trinität im geschnitzten Mittelschrein befindet sich oberhalb der Madonna in der Strahlenglorie, die von Barbara und Margarethe gerahmt wird.

Im ersten Südschiff steht rechter Hand der St. Petri-Altar der Fischer von 1508.

Ein Hauptwerk mittelalterlicher Kunst stellt der St. Lukas-Altar im zweiten Südschiff dar. Eigentlich für den Dom bestimmt – dort stand der von der Malerzunft gestiftete Altar auch bis 1804 – wurde er nach Abriss des Doms 1805 in St. Jacobi aufgestellt. Die zwei Szenen, die im Schrein zu sehen sind, zeigen zum einen die mystische Vermählung der heiligen Katharina mit dem Christuskind, zum anderen, wie der Apostel Lukas die Madonna malt. Die Flügel wurden von Hinrik Bornemann bis 1499 gemalt.

Im nördlichen Seitenschiff prunkt am östlichen Pfeiler die frühbarocke Sandsteinkanzel aus dem Jahre 1610, geschaffen vom Hamburger Bildhauer Georg Baumann.

Im Obergeschoss der nördlichen Sakristei befindet sich schließlich der Herrensaal, der 1543 entstand. Ursprünglich wurde der Saal als Bibliothek genutzt. 1710/11 wurde er mit Deckenfresken von Johann Moritz Riesenberger d.J. neu ausgestattet. Hier kann der Besucher die in allegorischen Bildern dargestellten Bürgertugenden entschlüsseln.

HAUPTKIRCHE ST. JACOBI
Einziger erhaltener Barocksaal der Hamburger Innenstadt, auf 12 Wappentafeln zeigt
sich die Kontinuität der Geschichte der Gemeinde. Der Raum entging den großen
Zerstörungen des 2. Weltkriegs

Info

- Eine Kirchenführung mit Turmfahrt wird von April bis
Oktober immer mittwochs im Wechsel um 11 Uhr und um 15
Uhr angeboten.
- Wer die Arp-Schnitger-Orgel hören möchte, kann dies
donnerstags um 12 Uhr.

Tipp

- Das bekannte Turmcafé der St. Jacobi-Kirche ist nach
Abschluss der Bauarbeiten am Turm wieder zu besuchen: Zur
Zeit findet es jeden ersten Samstag im Monat von 12–17 Uhr
im Café in der Steinstraße gleich neben St. Petri statt.

Auf der eingedeichten Marschinsel Grimm wurde für die dort ansässigen Schiffsbauer, Kaufleute und Bierbrauer im Jahre 1250 die Hauptkirche St. Katharinen erbaut. Gotthold Ephraim Lessing wohnte in St. Katharinens Kirchspiel und lag 1778 in erbittertem Streit mit ihrem Hauptpastor Johann Melchior Goeze.

Katharinenkirchhof 1, 20457 Hamburg-City
Fon 30 37 47 30
katharinen-hamburg@t-online.de

Täglich 9–16 Uhr
Behindertengerecht

S1, S3 Jungfernstieg, Bus 3 bis Domstraße

Die Hauptkirche St. Katharinen wurde um 1250 erstmals als Pfarrkirche für Cremon und Grimm urkundlich erwähnt.

St. Katharinen, ursprünglich in Form einer Basilika errichtet, wurde im Laufe der Jahrhunderte immer wieder umgestaltet. Die ältesten Mauerreste, die noch heute als spitzbogige Blenden am unteren Teil des Turmschaftes zu sehen sind, stammen aus dem 13. Jahrhundert. Der dreischiffige Backsteinbau wurde unter mehreren Planänderungen im 14. und 15. Jahrhundert errichtet. 1656/57 erhielt die Kirche einen frühbarocken kupfergedeckten Turmhelm von Peter Marquard. Einen ähnlichen, nicht erhaltenen Turm hatte Marquard auch für St. Michaelis erschaffen. 1732 bis 1737 wurde die barocke Westfassade der Katharinenkirche von Johann Nikolaus Kuhn zur Stützung des Turmes errichtet.

Nach schweren Kriegszerstörungen 1943 bis 1944 wurde die Kirche von 1950 bis 1957 von den Architekten Bernhard Hopp und Rudolf Jäger in der alten Form wieder aufgebaut. Die Gewölbe wurden in der mittelalterlichen Technik erneuert, das neugotische Sandsteinmaßwerk durch Backsteinsparren ersetzt und verschiedene originale Baudetails im Innern der

St. Katharinen.
Nach schweren Kriegszerstörungen 1950–1957 wieder aufgebaut

Kirche freigelegt und restauriert. Die reiche nachreformatori-
sche Innenausstattung – bis auf zwei Epitaphien im Krieg ver-
brannt – wurde durch einzelne alte Kunstwerke ersetzt.
Hauptsächlich schmückt aber Kunst der Nachkriegszeit den
Kirchenraum. Der Züricher Bildhauer Otto Münch schuf von
1956 bis 1959 Altar, Kanzel und Chorgestühl.

Patronin des Gotteshauses, in dem zuerst in Hamburg
evangelisch gepredigt wurde, ist Katharina von Alexandrien.
Die Legende sagt, dass die zypriotische Prinzessin während der
Christenverfolgungen ihren Glauben überzeugend verteidigte.
Kaiser Maxentius in Alexandria ließ sie deshalb aufs Rad span-
nen. Dieses wurde vom Blitz getroffen, aber erst das Schwert
tötete die standhafte Christin. Eine neue, drei Meter hohe
Katharina befindet sich seit 1998 auf dem Dachfirst der Kirche.
Sie hält die Hände in segnender Gebärde in Richtung Hafen.

Durch die Gründung des Freihafens 1881 und dem Bau
der Speicherstadt verlor St. Katharinen ihre Gemeinde. Mit dem
HafenCity-Baubeginn gewinnt die Kirche ihre ursprüngliche
Funktion zurück.

SPEICHERSTADT
Unser Tipp für Kulturbegeisterte: die Speicherstadt. Von
St. Katharinen über Kornhausbrücke (Columbus grüßt)
in das faszinierende Ensemble

10   HAUPTKIRCHE ST. MICHAELIS

Die jetzige Hauptkirche St. Michaelis – auch Michel genannt – ist die dritte große St. Michaelis-Kirche an dieser Stelle. Bekannt durch ihre marmorne Kanzel in Form eines Kelchs, bot ihre Krypta vielen Hamburgern im Zweiten Weltkrieg eine Zuflucht vor den Bombenangriffen.

Krayenkamp 4 c, 20459 Hamburg-City
Fon 3 76 78-100

Kirche und Turm (Fahrstuhl) Mo–Sa 10–17 Uhr,
So 11.30–17 Uhr (Nov–April), Mo–Sa 9–18 Uhr,
So 11.30–17.30 Uhr (Mai–Oktober)

S1, S3 Stadthausbrücke, U3 Rödingsmarkt

Die Hauptkirche St. Michaelis – von Hamburgern liebevoll Michel genannt – ist nicht nur die schönste Barockkirche Norddeutschlands. Der 132 Meter hohe, monumentale Turm sowie die exponierte Lage auf einem Ausläufer des hohen Geestufers der Elbe haben die Kirche zudem zum Wahrzeichen Hamburgs gemacht.

Die erste Große St. Michaeliskirche, von 1648 bis 1673 als dreischiffige Backsteinhalle durch Christoph Corbinus und Peter Marquard errichtet, brannte 1750 durch Blitzschlag ab. 1751 bis 1762 entstand auf den Fundamenten der alten Kirche der Neubau, entworfen von Johann Leonhard Prey unter Mithilfe von Ernst Georg Sonnin. Der zunächst provisorische Turmbau wurde 1777 bis 1786 von Sonnin mit einem markanten holz-kupfernen Aufsatz vollendet. 1906 brannte die Kirche erneut bis auf die Außenmauern nieder, um 1907 bis 1912 in annähernd der alten Form wiederaufgebaut zu werden. Die Beschädigungen an Dach und Gewölbe, die der Zweite Weltkrieg verursacht hatte, waren 1952 beseitigt.

Eindrucksvoll ist das kostbare, in Weiß, einem lichten Grau und Gold gehaltene Innere der Kirche mit den geschwungenen Emporen und dem augenfälligen Teakholz-Gestühl. Von allen

ST. MICHAELIS
Einer der bedeutendsten Kirchenbauten des Barock in Norddeutschland. Die
erste Kirche wurde 1705 durch ein vom Blitz entfachtes Feuer vernichtet. Der
zweite Bau wurde 1906 durch einen Brand fast vollständig zerstört. Der
Neubau (1907–12) ist weitgehend mit dem Vorgängerbau identisch

Seiten hat man einen Blick auf die bemerkenswerte, in Form eines geschwungenen Kelches gestaltete Marmorkanzel von 1910. Von der ursprünglichen Ausstattung blieben lediglich die Marmortaufe, ein Teil des schmiedeeisernen Chorgitters und der eiserne Gotteskasten von 1763 erhalten.

Bemerkenswert ist auch das Gruftgewölbe, das sich unter der ganzen Kirche hinzieht. Hier liegen neben vielen anderen Hamburgern auch Carl Philipp Emanuel Bach und Ernst Georg Sonnin begraben. Außerdem ist in der über Granitpfeilern gewölbten, dämmerigen Halle eine Ausstellung zur Geschichte des Michels zu sehen. Von 1985 bis 1995 wurde der Turmaufsatz der Kirche restauriert und erhielt eine neue Kupferverkleidung. Geblieben ist der einzigartige Blick von der 80 Meter hohen Aussichtsplattform über Hamburgs City und den Hafen.

Tipp

- Interessante Informationen aus der Geschichte von St. Michaelis gibt es in der Ausstellung „Michaelitica" im Gruftgewölbe unter der Kirche. Täglich 11–16.30 Uhr (im Winter nur Fr. Sa, So). Die Multivisions-Dia-Show bietet darüber hinaus einen Einblick in 1000 Jahre Hamburger Kirchengeschichte: Do, Sa, So 12.30 Uhr, 13.30 Uhr, 14.30 Uhr, 15.30 Uhr.

St. Michaelis
Weihnachten im Michel

St. Michaelis
Zweiter Brand der St. Michaelis-Kirche, 3. Juli 1906

St. Michaelis
Seit 1962 erklingt im Michel als Hauptorgel das op. 2000 der Firma Steinmeyer

11   HAUPTKIRCHE ST. NIKOLAI

Neben Hamburgs höchstem Kirchturm befindet sich eine Ruine. Die eng mit Hamburgs Hafengründung verbundene Hauptkirche St. Nikolai am Hopfenmarkt besteht nur noch als Mahnmal. Der Neubau befindet sich am Klosterstern.

Ost-West-Straße/Neue Burg, 20457 Hamburg-City
Fon 37 11 25

Mo–Fr 10–17 Uhr, Sa und So 11–16 Uhr
Behindertengerecht

U3 Rödingsmarkt, Bus 3 Domstraße

Hamburgs höchster Kirchturm – 147 Meter hoch – steht heute vor einer Ruine. Die Kirche fiel den beiden großen Hamburger Katastrophen zum Opfer: 1842 dem Großen Brand, bei dem die mittelalterliche Kirche vollends zerstört wurde, und 1943 dem Feuersturm auf Hamburg im Zweiten Weltkrieg, der nur den Turm und die Ruine übrig ließ.

Die Gründung von St. Nikolai als Pfarrkirche in der Neustadt geht bis ins 12. Jahrhundert zurück. Graf Adolf III. gründete eine Kapelle und ließ sie dem heiligen Nikolaus weihen, dem Schutzheiligen der Seefahrer und Händler – der Berufsgruppe also, die die Neustadt damals prägte.

Im 13. und 14. Jahrhundert wurde St. Nikolai zu einer großen Hallenkirche in gotischer Form mit schmalen Seitenschiffen und einem Turm ausgebaut.

Die vollständige Zerstörung durch den Großen Brand veranlasste die Kirchenoberen einen Wettbewerb für den Wiederaufbau auszuschreiben. Gewinner der Ausschreibung wurde Gottfried Semper aus Dresden mit der Idee eines zentralisierten Kirchengebäudes im Rundbogenstil. Tatsächlich entschied man sich aber für den Entwurf des Engländers George Gilbert Scott, der St. Nikolai im romantisch-mittelalterlichen Stil wieder aufbaute. Hintergrund war, dass St. Nikolai – im Gegensatz zu St.

ST. NIKOLAI
Hamburgs höchster Kirchturm ist heute ein Mahnmal für den Frieden

Petri – der Hamburger Erweckungsbewegung angehörte und fromme Empfindung und Wortgläubigkeit gegenüber lutherischem Rationalismus setzte. Somit entstand eine dreischiffige Basilika mit Querhaus und einem Westturm. Aufwendige Skulpturen und Bilder schmückten den Kirchenbau und unterstrichen den Ausdruck romantisch verklärter Frömmigkeit.

Im Zweiten Weltkrieg brannte St. Nikolai aus. Stehen blieben Reste der Außenwände und der Turm. Heute dient die Ruine als Mahnmal für den Frieden und wurde nach Entwürfen von Gerhart Laage zur Gedenkstätte für die Opfer von Krieg und NS-Herrschaft umgestaltet. Im Turmgeschoss ist die Schwarzweißfassung von Oskar Kokoschkas „Ecce homines" (So sind die Menschen) zu sehen. Außerdem ist ein Dokumentationszentrum in der Krypta, Eingang Neue Burg zu besichtigen, das Aufschluss über Geschichte, Zerstörung und Erhalt von St. Nikolai gibt.

Tipp

- Besuchen Sie auch den Neubau der St. Nikolai Kirche am Klosterstern von Gerhard Langmaack. Seit 1974 befindet sich hier das Kreuzigungsmosaik von Oskar Kokoschka „Ecce homines". Sehenswert ist auch das Glasgemäldefenster an der nördlichen Turmhallenseite, das Szenen aus der Johannes-Offenbarung zeigt. Es wurde von Elisabeth Coester 1939 für die alte Nikolaikirche geschaffen, erstmalig jedoch hier eingesetzt.
- Die Nikolaitür, das Kruzifix und Darstellungen aus der Pfingstgeschichte wurden von Fritz Fleer in Bronze gestaltet. Neuester Blickfang der siebenarmige Leuchter von Rycarda Wyrwol in der Turmhalle.

Harvestehuderstieg 118
Fon 44 11 34-0

Täglich 8–18 Uhr
Behindertengerecht

U1 bis Klosterstern, Bus 34 und 114 bis Klosterstern oder Bus 109 bis Harvestehuder Weg

12   HAUPTKIRCHE ST. PETRI

Die aus dem 12. Jahrhundert stammende St. Petri Kirche
gehört zu den ältesten Hamburger Hauptkirchen. Benannt nach
dem Apostel und Märtyrer Petrus hat sie ein wechselvolle
Geschichte hinter sich. Den Zweiten Weltkrieg hat sie relativ
unbeschadet überstanden.

Speersort 10, 20095 Hamburg-City
Fon 32 57 40-0

Mo, Di, Do, Fr 10–18 Uhr, Mi 10–19 Uhr,
Sa 10–17 Uhr, So 9–21 Uhr

S1, S3 oder U1, U2 bis Jungfernstieg, U3 bis Rathaus,
Busse 31, 34, 35, 36, 37, oder 3, 4, 5, 6, 109 bis
Rathausmarkt oder Gerhart-Hauptmann-Platz

Als Marktkirche das erste Mal im Jahre 1195 erwähnt,
gehört St. Petri zu den ältesten der fünf Hamburger
Hauptkirchen. Der Löwenkopf-Türzieher am linken
Westportalflügel weist mit seiner Umschrift auf die
Fundamentslegung des ersten Turmes im Jahre 1342 hin und
gehört damit nicht nur zu einem wichtigen Zeugnis der St. Petri
Kirche, sondern ist Hamburgs ältestes Kunstwerk.
Der Bau von St. Petri als dreischiffige gotische
Hallenkirche aus dem Jahre 1310/20 sollte trotz baulicher
Erweiterungen bis zum Großen Brand am 7. Mai 1842 Bestand
haben. Zahlreiche Altäre für die verschiedenen Zünfte, z. B. die
Islandfahrerkapelle sowie ein kupfergedeckter Turmhelm, ließen
die gotische Kirche als mächtiges Gesamtgefüge erscheinen.
Die Zerstörungen durch den Großen Brand waren groß:
Nur der untere Teil der Nordwand und der nördliche Nebenchor
bis zu einer Höhe von etwa sieben Metern und die beiden unteren Turmgeschosse blieben erhalten. Heute noch sind die mittelalterlichen Sockelarkaturen im nördlichen Seitenschiff deutlich zu erkennen.

61

Für den Wiederaufbau ab 1844 wurden die Architekten Hermann Peter Fersenfeldt und Alexis de Chateauneuf beauftragt. Nach fünfjähriger Bauzeit war St. Petri in neugotischer Form wieder aufgebaut: Das vierte Schiff wurde verkürzt, der Chor bekam seine ursprüngliche dreidimensionale Form zurück. Die Westfront wurde zu einer repräsentativen Dreiportalfassade umgebildet. Erst 1866 wurde der Turmneubau nach den Entwürfen von Johann Hermann Maack, der auch die Lombardsbrücke erbaute, begonnen.

Alexis de Chateauneuf war nicht nur für den äußeren Wiederaufbau von St. Petri zuständig, sondern beeinflusste auch maßgeblich das Innere der Kirche. Chateauneuf strebte die Einheit von Architekturform, Farbgebung, Bauschmuck und Mobiliar an. Durch einen Mittelpfeiler zentralisierte er die Südschiffe und zog sie räumlich zusammen. Die Querstrukturierung des Raumes ordnete die Kirche und ihre Gemeinde insgesamt auf die Kanzel hin.

ST. PETRI
Türgriff am linken Flügel des Hauptportales, bronzener Löwenkopf, ältestes Kunstwerk Hamburgs. Die umlaufende Schriftzeile lautet: "Im Jahre 1342 ist das Fundament dieses Turmes gelegt worden. Betet für die Juraten"

Auch die Kanzel wurde nach Chateauneufs Entwürfen gebaut. Auf einem aus französischem Sandstein stark profilierten Sockel steht der polygonale Kanzelkorb aus Eichenholz. Die Brüstung zeigt von sechs Kielbogen gerahmte Nischen mit sechs Alabasterfiguren aus dem Taufstein von Maximilian Steffen. In der ehemaligen Taufkapelle – heute Ansgar-Kapelle – befindet sich die Erinnerungstafel für die beiden Architekten der Kirche, Fersenfeldt und Chateauneuf.

Im Zweiten Weltkrieg wurde St. Petri im Vergleich zu den anderen Hamburger Hauptkirchen wenig zerstört. Der Wiederaufbau des Chores und Dachstuhles war bis 1959 abgeschlossen.

Die Orgel wurde 1955 von Rudolf von Beckerath gebaut.

Tipp

- Der mittelalterliche Hochaltar der St. Petri Kirche, errichtet im Jahre 1383 von Meister Bertram von Minden, befindet sich heute in der Hamburger Kunsthalle

- Im Hof des Museums für Hamburgische Geschichte ist das zweigeschossige Renaissanceportal aus dem südlichen Seitenschiff eingebaut.

- Außerhalb der Kirche steht beim Chor zur Mönckebergstraße hin eine Bronzestatue, die an den 1945 in Flossenbrück hingerichteten Theologen Dietrich Bonhoeffer erinnert.

ALSTERARKADEN
Unweit von St. Petri ist das "Kunstwerk Hamburg" (Fritz Schumacher) zu bestaunen, die nach 1842 angelegte Kombination von Börse, Rathaus, Kleine Alster mit Alsterarkaden und Binnenalster

13   JOHANNES-BRAHMS-MUSEUM

Das Museum präsentiert Brahmsiana aller Art: Partituren, Manuskripte, Fotos und Dokumente aus Leben und Werk von Johannes Brahms sowie persönliche Erinnerungsstücke aus Familienbesitz.

Peterstr. 39, 20355 Hamburg-City
Fon 45 21 58
Fax 44 19 16 56
info@brahms-hamburg.de
www.brahms-hamburg.de

Di und Do 10–13 Uhr, jeden 1. Sonntag im Monat 11–14 Uhr; Juni bis September zusätzlich jeden 3. Sonntag im Monat 11–14 Uhr
Führungen während der Öffnungszeiten und außerhalb dieser nach Vereinbarung unter Fon 45 21 58

U3 bis St. Pauli; oder U1 bis Stephansplatz bzw. S11, S21, S31 bis Dammtor, weiter mit Bus 112 bis Museum für Hamburgische Geschichte

Das Johannes-Brahms-Museum befindet sich seit seiner Gründung im Jahre 1971 im ehemaligen Beyling-Stift aus dem Jahr 1751, rekonstruiert und der Brahms-Gesellschaft für ein Museum zur Verfügung gestellt von der Carl-Toepfer-Stiftung. Das Gebäude in der Peterstraße 39 ist dem Geburtshaus des Komponisten im Specksgang 24 (später Speckstr. 60), das 1943 durch Kriegseinwirkungen zerstört wurde, ähnlich.

Die liebevoll aufbereitete Sammlung des Museums umfasst Partituren, Manuskripte, Erinnerungsstücke und Brahmsiana aller Art. Jedes einzelne Exponat ist in deutscher, englischer und japanischer Sprache ausgeschildert, ebenso wie Hinweistafeln auf Leben und Werk von Johannes Brahms (1833–1897). Der Museumskatalog bietet weitere Informationen.

Auf zwei Etagen finden sich neben zahlreichen musikhistorischen Exponaten persönliche Erinnerungsstücke wie das Stricknadeletui der geliebten Mutter des Komponisten. Zahlreiche Tassen und Löffel weisen Brahms als einen begeisterten Tee- und Kaffeetrinker aus.

Und falls Sie neben dem Musikgenuss schon immer mal Brahms' Lieblingsgetränk kosten wollten, ist dort auch das Eierpunsch-Rezept, das der Komponist sich von seiner Mutter nach Wien nachschicken ließ, abgedruckt: 12 Eier, 4 Zitronen und 1 1/2 Pfund Zucker werden schaumig geschlagen, darunter wird 1 Flasche Rum gezogen. Prosit!

Tipp

- In der Peterstraße steht, um das Johannes-Brahms-Museum herum, ein Ensemble sehenswerter Barockhäuser. Dieser touristische Anziehungspunkt wurde nach der Zerstörung der Peterstraße im Zweiten Weltkrieg zwischen 1967 und 1970 von dem Hamburger Kaufmann Alfred Toepfer erbaut.

- Besichtigen Sie auch die beiden Johannes-Brahms-Denkmäler am Platz vor der Musikhalle: der Granit-Kubus von Thomas Darboven zeigt vier Abbildungen des Brahms-Kopfes aus den verschiedenen Lebensabschnitten des Komponisten. Die abstrakte Bronzeskulptur von Maria Pirwitz versinnbildlicht das musikalische Werk und dessen Geist.

JOHANNES-BRAHMS-MUSEUM
Sammlung in rekonstruiertem Ensemble

14   KLINGENDE
   INSTRUMENTENSAMMLUNG

Vornehmlich an Schulklassen richtet sich das Angebot der Hamburger Jugendmusikstiftung, in ihrer Klingenden Instrumentensammlung an die 100 Musikinstrumente kennen zu lernen und auszuprobieren.

Anschrift der Sammlung: Dammtorwall 46 (in der Musikhalle Hamburg), 20355 Hamburg-City
Postanschrift Hamburger Jugendmusikstiftung: Dammtorstr. 21b, 20354 Hamburg
Fon 35 75 23 43 (Hamburger Jugendmusikstiftung)
Fax 35 75 23 41 (Hamburger Jugendmusikstiftung)
info@klingendes-museum.de
www.klingendes-museum.de

Geöffnet nach Vereinbarung und nur für Gruppen (keine individuellen Besuche möglich)
Die Sammlung ist nur mit Führung zu besuchen.

U1 oder Busse 4, 5, 109 Stephansplatz, U2 Gänsemarkt; oder Busse 35, 36, 112 Johannes-Brahms-Platz

Die Gründung der Sammlung erfolgte 1988 durch den damaligen Generalmusikdirektor Prof. Gerd Albrecht. Bis zum April 1997 war sie unter dem Titel "Klingendes Instrumentenmuseum" im Museum für Kunst und Gewerbe untergebracht. Anschließend zog die Sammlung, die eine Kooperation der Hamburger Jugendmusikstiftung und der Musikhalle Hamburg ist, in die heutigen Räume in der Musikhalle.
Die Sammlung umfasst etwa 100 Musikinstrumente. Fast alle sind Orchesterinstrumente: Saiten-, Blechblas-, Holzblas- und Schlagzeuginstrumente. Hinzu kommen Instrumente aus dem Pop- bzw. Rockbereich wie die E-Gitarre, der E-Bass, das Keyboard etc. sowie außergewöhnliche Instrumente wie das Alphorn, die Konzertzither und das Akkordeon.

Alle Ton- und Klangwerkzeuge sind nicht zum Anschauen hinter Glas. Sie stehen zum Anfassen und Ausprobieren bereit. Deshalb ist ein Besuch nur im Rahmen einer Führung möglich. Das Angebot der Klingenden Instrumentensammlung richtet sich besonders an Schulklassen. Der Besuch ist ab dem 4. Schuljahr geeignet.

Info

- Öffentliche Familientage werden in der Regel einmal jährlich angeboten.

Tipp

- Für Musikliebhaber bietet sich auch ein Besuch des nahe gelegenen Johannes-Brahms-Museums an.

KLINGENDE INSTRUMENTENSAMMLUNG IN DER MUSIKHALLE HAMBURG
Ein fröhliches Angebot für Schulklassen

15   KRAMER-WITWEN-WOHNUNG

Die vollständig eingerichtete Kramer-Witwen-Wohnung
veranschaulicht das Wohnen der großstädtischen
Mittelschichten in der Vergangenheit Hamburgs sowie die
Geschichte des Krameramtes.

Krayenkamp 10, 20459 Hamburg-City
Außenstelle des Museums für Hamburgische Geschichte
Fon 37 50-19 88

Di–So 10-17 Uhr, geschlossen am 1. Mai
Führungen nur nach Anmeldung beim Museumsdienst
im Museum für Hamburgische Geschichte unter
Fon 425 24-3 25. Wegen der beengten Räumlichkeiten können nur wenige Besucher gleichzeitig eingelassen werden.

S1, S3 bis Stadthausbrücke; oder U3 bis Rödingsmarkt
oder 37 bis Michaeliskirche; dann etwa fünf Min. zu Fuß.
Das Museum liegt direkt unterhalb des Michels.

Die Krameramtswohnungen am Krayenkamp 10 sind das
letzte erhaltene Beispiel für eine typische Hamburger Wohn-
hofsanlage aus dem 17. Jahrhundert. Das Haus an der Straße,
durch das der Torweg auf den Hof führt, wurde erst um 1700
erbaut, als der Krayenkamp eine vorverlegte Straßenführung
erhielt. Die beiden Häuserzeilen mit dem schmalen Gang
dazwischen wurden 1676 für die Witwen der Kramer, später
Krämer, errichtet und dienten ab 1866 – mit Verkündung
der Gewerbefreiheit und Auflösung der Zünfte – als Altenwohnungen. 1968 wurde aufgrund statischer Versetzungen der
Gebäude eine durchgreifende Restaurierung der Gebäude notwendig. Seit Juni 1974 sind die Bauarbeiten abgeschlossen.
Das Krameramt war der seit 1375 mit Statuten versehene,
zunftmäßige Zusammenschluss der Kleinhändler, die ihren festen Stand oder Laden in der Stadt besaßen und hauptsächlich
mit Gewürzen, Seidenstoffen und Eisenwaren handelten. 1676
ließ die Berufsorganisation der Krämer auf dem von ihr erwor-

KRAMER-WITWEN-WOHNUNG
Die aus dem 17. Jahrhundert stammenden Wohnungen für arbeitsunfähige Amtsbrüder
und Witwen von Kramern (Detailhändler der Kaufleute und Tuchhändler) waren eine
Sozialeinrichtung

benen Gelände nahe der Michaeliskirche 20 Freiwohnungen für
die Witwen ihrer verstorbenen Amtsbrüder errichten. Denn, um
einen neuen Krämer unterzubringen, lag es im Interesse der
Zunft, die Witwen aus den Ladengeschäften in
Altenwohnungen unterzubringen.

Eine dieser alten Witwenwohnungen ist in ihrem
ursprünglichen Zustand erhalten und vom Museum für
Hamburgische Geschichte mit einer vollständigen Einrichtung
eines Krämerhaushaltes aus der Zeit um 1850/60 ausgestattet
worden. Sie kann besichtigt werden und ist heute umgeben von
kleinen Geschäften zum Stöbern: ein Antiquariat, einer Galerie
junger Künstler, einem gutsortiertem Teekontor mit Teestube
sowie einem Restaurant mit Hofcafé. Für die jederzeit mögliche
Außenbesichtigung der beiden Häuserzeilen wird kein Eintritt
erhoben.

16   KUNSTHAUS

Das Kunsthaus zeigt wechselnde Ausstellungen zeitgenössischer – vor allem Hamburger – Kunst.

Klosterwall 15, 20095 Hamburg-City
Fon 33 58 03
Fax 32 17 32

Di–So 11–18 Uhr, Do 11–21 Uhr;
geschlossen während der Umbauphasen
Führungen nach Vereinbarung, Anmeldung
unter Fon 33 58 03 bei Karin Schubert
Behindertengerecht

U1 bis Steinstraße; oder Busse sowie U- und S-Bahnen
bis Hauptbahnhof, von dort 5 Min. zu Fuß

Das Kunsthaus in den Markthallen ist 1993 eröffnet worden. Es ist hervorgegangen aus dem 1962 gegründeten Kunsthaus Hamburg, das in einem markanten, hellen Würfel aus Glas und gelbem Klinker am Ferdinandstor untergebracht war, welcher 1992 abgerissen wurde.
Das Kunsthaus zeigt in einem Foyer und einem zentralen Raum mit 500 qm Ausstellungsfläche jährlich sechs bis acht wechselnde Ausstellungen mit allen zeitgenössischen Formen hauptsächlich Hamburger Kunst. Zudem ist das Kunsthaus Sitz des Berufsverbandes Bildender Künstler Hamburgs e.V. sowie der Lichtwark Gesellschaft e.V. und des Vereins Ateliers für die Kunst e.V.

17   KUNSTVEREIN IN HAMBURG

Der älteste Kunstverein Deutschlands zeigt wechselnde Ausstellungen junger, internationaler zeitgenössischer Künstler sowie Retrospektiven international bedeutender Künstler der Moderne und Postmoderne.

Klosterwall 23, 20095 Hamburg-City
Fon 33 83 44
Fax 32 21 59
hamburg@kunstverein.de
www.kunstverein.de

Di–So 11–18 Uhr, Do 11–21 Uhr
Führungen sonntags um 14 Uhr
Behindertengerecht

U1 bis Steinstraße

Der älteste Kunstverein Deutschlands, der seit 1817 in Hamburg besteht, hat es sich zur Aufgabe gemacht, zeitgenössische Kunst durch Ausstellungen einer breiten Öffentlichkeit zugänglich zu machen. Im August 1993 bezog der Kunstverein neue Räume in den ehemaligen Markthallen am Klosterwall. In zwei Räumen mit insgesamt 1.200 qm Fläche werden hier experimentelle Ausstellungen junger, internationaler zeitgenössischer Künstler sowie Retrospektiven international bedeutender Künstler der Moderne und Postmoderne gezeigt.

Info
- Der Kunstverein bietet zu seinen Ausstellungen Begleitprogramme mit Vorträgen, Filmen und Führungen an.

18 MUSEUM FÜR HAMBURGISCHE GESCHICHTE

Das Museum zeigt: Hamburg von der Stadtgründung bis zur Gegenwart: Hafen und Schifffahrt, Handel und Gewerbe, Münzkabinett, Geistesleben, Kleidermode und Wohnkultur, Geschichte der Juden in Hamburg, Hamburg im 20. Jahrhundert.

Holstenwall 24, 20355 Hamburg-City
Fon 428 41-23 80
Fax 428 43-31 03
info@HamburgMuseum.de
www.HamburgMuseum.de

Mo 13–17 Uhr, Di–So 10–18 Uhr
Kostenlose Führungen (ohne Anmeldung) durch die ständige Sammlung: Di–Sa 14.30, So 11, 14.30 Uhr, Treffpunkt in der Eingangshalle; Führungen nach Anmeldung beim Museumsdienst: Fon 4 28 24-3 25
Behindertengerecht: WC, Rampen, Aufzüge

DB bis Hamburg Hauptbahnhof bzw. Altona, von dort Bus 112 bis direkt vor das Museum oder Bus 36/37, U3 bis St. Pauli, von dort ca. 5 Min. zu Fuß, der Weg ist beschildert

An der Stelle der ehemaligen Bastion Henricus, einem Teil der barocken Befestigungsanlage Hamburgs, die zu Beginn des 17. Jahrhunderts durch den Holländer Jan van Valckenborgh errichtet worden war und die Stadt uneinnehmbar machte, steht heute das Museum für Hamburgische Geschichte. Der imposante Backsteinbau des bedeutenden Hamburger Architekten Fritz Schumacher entstand zwischen 1914 und 1922; noch im Jahr der Fertigstellung wurde das Museum eröffnet.
Typisch für den Baustil Schumachers ist die Integration historischer Elemente im und am Bau. Dem äußeren Bauschmuck war 1994 sogar eine eigene Sonderausstellung gewid-

MUSEUM FÜR HAMBURGISCHE GESCHICHTE
Der imposanter Backsteinbau von Fritz Schumacher entstand zwischen
1914 und 1922

KLEIDERMODE UND WOHNKULTUR
Gut in Szene gesetzte Themen machen die Geschichte Hamburgs sehr lebendig

met: Acht Neon-Zahlen weisen bei einem Rundgang ums Haus den Weg zu ausgewählten Portalen oder Skulpturen von zerstörten Fassaden Hamburger Bürgerhäuser.

Die umfangreiche Sammlung des Museums reicht von den Anfängen Hamburgs um 800 bis zur Gegenwart. Sie umfasst die Bereiche Hafen, Schifffahrt, Handel und Verkehr sowie Darstellungen zur Geistes- und Sozialgeschichte der Stadt, zur Kleidermode und Wohnkultur. Die 1997 neu eröffnete Abteilung "Juden in Hamburg" ist die größte Dauerausstellung dieser Thematik in Norddeutschland. Ab November 2001 ist mit der neuen Abteilung "Hamburg im 20. Jahrhundert" auch die jüngste Vergangenheit umfassend dokumentiert.

Dank des ausführlichen Internetangebotes kann man sich schon vom heimischen PC im Museum orientieren. Im Foyer des Museums steht ein Computerterminal, dessen leicht zu bedienendes Informationssystem "HamburgPanorama" es erlaubt, sich die Standorte von Ausstellungseinheiten im Haus anzeigen zu lassen, Blicke durch die Schausammlungsräume schweifen zu lassen oder aktuelle Veranstaltungs- und Serviceangebote abzufragen. Auch hinter die Kulissen des Museumsbetriebes, z. B. in die Restaurierungswerkstätten, lässt sich schauen.

Beginnen Sie den historischen Rundgang im 1. Obergeschoss – wenn Sie die Treppe hinaufkommen mit dem Börsen-Vorplatz von 1558. "Die Börse – ein Platz der Löwen und Gewandschneider" dokumentiert den Übergang der Hansestadt vom Spätmittelalter zur Frühen Neuzeit. Links im Raum neben der großen Halle finden Sie das Mittelalter Hamburgs dargestellt, etwa die Spuren früher Besiedlung, ein Modell der karolingischen Hammaburg, Hamburg als Bischofssitz und Domstadt. Auch der Kampf gegen die Piraten im 14. und 15. Jahrhundert ist hier ein Thema, doch ob die Schädel der Enthaupteten wirklich Klaus Störtebecker und seinen Mannen gehörten?

Der Nachbarraum ist der Geldgeschichte gewidmet und enthält das sehenswerte Münzkabinett. Im folgenden werden Wege zur Reformation dokumentiert und sakrale Kunst aus Hamburg gezeigt; sehen Sie sich auf jeden Fall den Schiffbauer-Altar an. Versäumen Sie auch nicht, einen Blick an die Decke zu werfen: Die gemalte Holzdecke von 1650 stellt einen lutherischen Monatskalender dar.

Vorbei an den Modellen der Alstermühlen und dem aus der Elbe geborgenen Wrack eines Waffenschmugglerschiffes geht der Weg weiter zur Kaufmannsdiele, die aus einem Haus des 17. Jahrhunderts stammt. Vieles, was ein Kaufmann jener Zeit benötigte, ist hier zu sehen: ein großer Dielenschrank, eine Waage, ein Geldschrank, auch das Kontor ist rekonstruiert.

Der folgende Eckraum enthält das Modell Hamburgs mit seinem Festungsgürtel im 17. Jahrhundert. Die Kirchenmodelle an der Fensterreihe stehen für die einzelnen Kirchspiele, aus denen sich einst die Stadt zusammensetzte.

Gehen Sie weiter durch das Treppenhaus in den großen Saal – auch Zunftsaal genannt, aufgrund der Zunftschilder an der Decke. Hier wird die Geschichte Hamburgs von 1650 bis 1860 dokumentiert. Haben Sie sich schon einmal gefragt, woher der Straßenname "Schulterblatt" kommt? Damals wie heute war das Schanzenviertel ein Kneipenviertel. Die Walfänger, die in Hamburg Station machten, kehrten hier ein und überließen den Wirten die Schulterblätter der Wale als Gasthausschilder. Wenn Sie sich nach rechts wenden, sehen Sie an der Wand die großen, dreieckigen Knochenstücke mit den Resten der historischen Beschriftung. Hauptsächlich ist der Raum dem Thema Admiralität gewidmet: Es sind verschiedene Modelle von Konvoischiffen zu sehen, die den Kauffahrtschiffen Geleitschutz gegen Piraten boten, darunter das prächtige Werftmodell der "Wappen von Hamburg III", die auch "schwimmender Barockpalast" genannt wurde. Ein Hafenmodell führt uns die Szenerie um 850 vor Augen. Die Großsegler liegen (noch) an Duckdalben im Strom, Ewer bringen die Güter an Land. Man sieht das erste Dampfschiff, und mit dem rauchenden Schornstein einer Fabrik kündigt sich das Industriezeitalter an.

Wenn Sie hier den historischen Rundgang unterbrechen, gelangen Sie ins 2. Obergeschoss zu einem Anziehungspunkt ganz besonderer Art, der Modelleisenbahn. Auf 250 qm ist im Maßstab 1:32 der Schienenverkehr über die Elbbrücken zwischen dem Hauptbahnhof und Harburg dargestellt. Mehrmals täglich erklären die Mitglieder des "Vereins Modelleisenbahn

Hamburg" bei ihren Vorführungen den aktuellen und historischen Bahnbetrieb.

Zurück im ersten Stockwerk werden im nächsten Raum (Hamburg 1860–1945) die Arbeitsfelder dreier mit dem Hafen besonders verbundener Berufe präsentiert: eine Segelmacherei, die Utensilien eines Quartiersmannes im Freihafen und dazwischen das Modell einer Reeperbahn zum Schlagen der Taue (Reep = norddeutsch für Seil, Tau), die Hamburgs heute wohl bekanntester Straße ihren Namen gegeben hat. Ein Modell zeigt, wie bis vor ein paar Jahren – vor Beginn des Containerzeitalters – der zeitraubende und personalintensive Umschlag von Stückgütern am Kai erfolgte.

Daneben wird die beachtliche Größe des Hamburger Freihafengebietes anschaulich an einem riesigen Diorama dargestellt, das für die Weltausstellung in Paris im Jahr 1900 angefertigt wurde; hier ist es besonders spannend, den seitdem im Stadtbild vorgenommenen Veränderungen nachzuspüren. Darüber hinaus begeistert eine Vielzahl von Schiffsmodellen durch ihren Detailreichtum; verschiedene Arbeitsplätze auf einer Werft sind in Lebensgröße inszeniert.

Im Korridor nebenan werden Sie von einem komplett ausgestatteten Helmtaucher vom Anfang dieses Jahrhunderts empfangen. An Exponate zum Thema Elbe, etwa Sicherung des Schifffahrtsweges, Lotsenwesen, Fahrrinne, Elbtunnel etc., schließt sich eine erste Dokumentation Hamburger Nachkriegsgeschichte an, wobei der Wiederaufbau und die Verkehrswege im Mittelpunkt stehen. Flugzeuge, Bohrinseln und andere Spezialschiffe sowie die Containerverladung am Burchardkai sind in Modellen dargestellt. Im letzten Raum des historischen Rundgangs lässt sich ein Radargerät aus der frühen Nachkriegszeit per Knopfdruck bedienen.

Wenn Sie in den Raum rechts neben der Halle gehen, betreten Sie das Deck des Frachtdampfers "Werner", der von 1909 bis 1959 die Ostsee befuhr und dessen Aufbauten (Salon, Kombüse und Brücke) ins Museum versetzt wurden. Vom Peildeck haben Sie einen guten Blick auf die Projektionen historischer Filmaufnahmen vom Hamburger Hafen. Ebenfalls auf dem Dampfer "Werner" zu sehen ist eine neue Dauerausstellung der legendären "Wiking"- und "Köster"-Schiffsmodelle.

MUSEUM FÜR HAMBURGISCHE GESCHICHTE
Der Beginn dieses kulturhistorischen Museums geht auf den Verein für
Hamburgische Geschichte (1839 gegründet) zurück. 1886 wurde der
Museumsverein ins Leben gerufen, 1908 wurde die Altertumssammlung in
eine staatliche Einrichtung umgewandelt

Im 2. Obergeschoss macht Sie linker Hand die Abteilung "Juden in Hamburg" mit den jüdischen Lebensfesten und der mehr als 400 Jahre umfassenden Geschichte des Zusammenlebens von Hamburgern christlichen und jüdischen Glaubens vertraut. Eine ganz eigene Atmosphäre entfaltet der einer Synagogeneinrichtung nachempfundene Ausstellungsraum. Computerprogramme halten ein jüdisches Lexikon sowie Informationen über Zentren jüdischen Lebens in Hamburg bereit.

Die Puppenhäuser auf der Galerie deuten das Thema des gegenüberliegenden Flügels bereits an: Hier werden die bürgerliche Wohnkultur des 17. bis 19. Jahrhunderts sowie das literarische Leben Hamburgs präsentiert. Zahlreiche Decken- und Wanddekorationen der ins Museum überführten Zimmer sind erst restauriert worden.

Ein Rundgang setzt sich im Erdgeschoss fort, und zwar im von der Treppe aus gesehen linken Teil. In den ersten beiden Räumen wird – aus konservatorischen Gründen bei reduziertem Licht – Kleidung und Mode des 16. – 20. Jahrhunderts gezeigt. Einblick hinter die äußere Fassade bietet die Unterwäsche. Accessoires wie Fächer, Schuhe und Geldbörsen ergänzen das modische Outfit. Sehen Sie im zweiten Raum etwas genauer hin. Der filigrane Schmuck in der Vitrine rechts an der Wand ist nicht nur aus Eisen, sondern auch aus Haaren gefertigt.

Der hintere Teil des Flures ist dem privaten Mäzenatentum gewidmet, das in der Kaufmannsstadt Hamburg am Anfang vieler kultureller Einrichtungen stand. Die Theatervielfalt der Stadt hat ihren Ursprung in privaten Gründungen, ebenso wie der Aufbau wissenschaftlicher Institutionen bis hin zur Universität.

Ein eigener Raum mit kostbaren Musikinstrumenten wie Klavichorde, Cembali und Klaviere zeugt vom regen Musikleben im Hamburg des 17. und 18. Jahrhunderts. Den Wohlklang der historischen Instrumente können Sie noch heute bei den Vorführungen an jedem dritten Sonntag im Monat genießen.

Das gewaltige, bis ins kleinste Detail ausgearbeitete barocke Holzmodell des Salomonischen Tempels steht im Zentrum des letzten Raumes dieser Abteilung. Ein Film ermöglicht spektakuläre Blicke ins Innere dieses Idealmodells, das göttliche Harmonie versinnbildlichen sollte und damit in seiner Epoche ein Kristallisationspunkt geistiger und kultureller Auseinandersetzungen wurde.

Anschließend finden Sie die aktuellste Ausstellung des Hauses, die Abteilung "Hamburg im 20. Jahrhundert". Die Besucher und Besucherinnen können hier vielen Zeugnissen selbst erlebter Zeitgeschichte wieder begegnen, darunter auch einzelnen Teilen der vielbeachteten Sonderschauen über Hamburg in den Weltkriegen.

Info

- Im Museum für Hamburgische Geschichte finden wechselnde Sonderausstellungen statt, über die Sie sich am Eingang informieren können.

- An der Museumskasse sind Kataloge, Poster, Postkarten, Medaillen und Bücher zur Stadtgeschichte erhältlich.

- Im Winterhalbjahr finden Konzerte auf der Kaufmannsdiele und in der Eingangshalle des Museums für Hamburgische Geschichte statt. Fragen Sie am Eingang nach dem Programm.

- Über die Aktivitäten des Museumsdienstes im Museum für Hamburgische Geschichte informieren Programmhefte, die am Eingang ausliegen. Oder rufen Sie beim Museumsdienst direkt an: Fon 4 28 24-3 25.

- Die Museumsbibliothek hat Di und Mi von 10–17 Uhr geöffnet.

- Im Café Fees können Sie auch im Winter unter einem Glasdach frische Crêpes, gebackene Waffeln oder Kuchen essen. Das im Innenhof gelegene Museumscafé hat Di–So geöffnet. Abends und nachts trifft man hier hauptsächlich jüngere Hamburger Szene.

Tipp

- Ein weiterer Schumacher-Bau befindet sich schräg gegenüber vom Museum: Im fast zeitgleich (1912–15) errichteten Gewerbehaus am Holstenwall12 ist heute die Handwerkskammer Hamburg untergebracht. Gehen Sie hinein und bewundern Sie das einmalig schöne Treppenhaus.

- Vom Museum aus über den Millerntordamm Richtung Landungsbrücken steht im Elbpark ein bombastischer Granitklotz: das Bismarckdenkmal. Die 14,8 m hohe Statue des Reichskanzlers, die auf einem 19 m hohen Plateau steht, wurde zwischen 1903 und 1906 nach einem Entwurf von Hugo Lederer errichtet.

- Direkt neben dem Museum befindet sich einer der Eingänge zur weitläufigen Parkanlage Planten un Blomen.

19 MUSEUM FÜR KOMMUNIKATION HAMBURG

Das Museum widmet sich der Geschichte der Kommunikation vom Boten bis zur E-Mail. Besondere Schwerpunkte sind die Themen Schiffspost und Seefunk.

Gorch-Fock-Wall 1, 20354 Hamburg-City
Fon 35 76 36-0
Fax 35 76 36-20
mk.hamburg@t-online.de
www.museumsstiftung.de

Di–So 9–17 Uhr, an Feiertagen geöffnet außer 24., 31.12. und 1.1. Jeden Sonntag um 14 Uhr finden kostenlose öffentliche Führungen durch die Dauerausstellung statt; Gruppenführungen nach Anmeldung: Fon 35 76 36-0

S11, S21, S31 bis Dammtor; oder U1 bis Stephansplatz; oder U2 bis Gänsemarkt; oder Bus 4, 5, 109, 112 bis Stephansplatz

Das Museum für Kommunikation Hamburg befindet sich im 1887 erbauten Post- und Telegrafengebäude am Stephansplatz, der den Namen des kaiserlichen Generalpostmeisters Heinrich von Stephan trägt. Auf seine Initiative gehen u. a. die Schaffung einer einheitlichen Reichspost- und Telegraphenverwaltung in Deutschland 1875,

MUSEUM FÜR KOMMUNIKATION HAMBURG
Im alten Post- und Telegrafengebäude am Stephansplatz

die Einführung der Postkarte und des Telefons und die
Gründung des Weltpostvereins zurück.

Die Anfänge des Museums liegen in der 1937 im Postamt
am Dovenhof eröffneten „Postgeschichtlichen Sammlung".
Posthausschilder, Bilder, Urkunden, Uniformen und
Fahrzeugmodelle bildeten den Grundstock dieser Ausstellung,
die seit Sommer 1949 im Post- und Telegrafengebäude am
Stephansplatz beheimatet ist. Die fernmeldegeschichtliche
Abteilung des „Postmuseums am Stephansplatz", wie es seit
1966 hieß, war zunächst im Museum für Hamburgische
Geschichte untergebracht. Die Zusammenlegung beider
Abteilungen im Jahr 1984 war mit einer Vergrößerung der
Ausstellungsfläche auf über 1000 Quadratmeter verbunden.

Seit 1955 ist das Museum mit den ehemaligen Postmuseen der Deutschen Bundespost in Frankfurt/Main, Berlin und Nürnberg in der öffentlich-rechtlichen Museumsstiftung Post- und Telekommunikation zusammengeschlossen. Die Stiftung hat ihren Sitz in Bonn und wird finanziell getragen von der Deutschen Post und der Deutschen Telekom.

Nach einer grundlegenden Überarbeitung 1999/2000 gibt die Dauerausstellung vielfältige Einblicke in die Geschichte der Kommunikation vom Wattläufer bis zum Internet. Ausgehend von den unterschiedlichen Transportwegen für Botschaften stellt sie dar, auf welche Weise Nachrichten auf dem Landweg, über bzw. durch Wasser und durch die Luft übermittelt worden sind. Zahlreiche Objekte erzählen, wie Mitteilungen immer schneller und immer weiter übertragen und gleichzeitig längst veraltet geglaubte Pfade immer noch genutzt werden.

Im ersten Ausstellungsraum beleuchten einzelne Themeninseln die herausragenden Wegmarken der allgemeinen Kommunikationsentwicklung: Brief, Telegraf und Telefon. Als typisch norddeutsches Transportmittel begegnet Ihnen zum Beispiel ein Wattenpostwagen, wie er heute noch zwischen Cuxhaven und der Insel Neuwerk verkehrt. Geheimnisvoll leuchtende Kabinette führen in Grundlagen der Kommunikation ein. So regen etwa Morsetaste, Rohrpostbüchse und die Bild-Tonplatte der Raumkapsel Voyager zum Nachdenken darüber an, wie wichtig ein gemeinsamer Code für die Verständigung ist. Einen Überblick über die Bandbreite der Kommunikationslandschaft vermittelt eine Depotwand, die zahlreiche Objekte

POST- UND TELEGRAFEN-GEBÄUDE
Historische Abbildung von 1887

vom Kaffeeprobenbriefkasten über die Eiserne Jungfrau bis zu Otto Waalkes' Ottifon versammelt.

Echolotgeräusche begleiten Sie beim Eintritt in den folgenden Ausstellungsraum, der sich mit der Nachrichtenübermittlung auf dem Wasserweg beschäftigt. Objekte zu den Themen Schiffspost und Seekabel erinnern daran, welch dramatische Beschleunigung der regelmäßige Nachrichtenaustausch mit Übersee im 19. Jahrhundert erfahren hat. Neben Suchankern und Sendegeräten ist ein Stück des ersten Transatlantikkabels von 1858 zu bestaunen, das Tiffany in New York zu Schmuck verarbeitet hat.

Die Überwindung des Luftraums und den Sprung zur weltweiten Kommunikation in Echtzeit schließlich symbolisieren Satelliten und Handys im dritten Ausstellungsraum, der einen Bogen von den Anfängen der Luftpost mit Zeppelin und Flugzeug bis zum Seefunk und zur legendären Küstenfunkstelle Norddeich Radio spannt. Telegramme von Bord der Titanic lassen nicht nur den Mythos lebendig werden, sondern verweisen zugleich auf den engen Zusammenhang zwischen dieser Tragödie mit der Geschichte des Seefunks.

Die verschiedenen Aspekte der Dauerausstellung werden durch mehrere Sonderausstellungen jährlich ergänzt und vertieft.

Info

- Informationen zum museumspädagogischen Programm erhalten Sie unter Fon 35 76 36 12.
- Für Kindergeburtstage und Ferienprogramme können Sie sich unter Fon 35 76 36 17 anmelden.

Tipp

- Beachten Sie auch die Fassaden des Postdienstgebäudes an der Dammtorstraße, am Stephansplatz und am Gorch-Fock-Wall. Das eindrucksvolle Bauwerk ist reichhaltig verziert und geschmückt mit Statuen und Büsten. Auf der achteckigen Kuppel des Turms steht die Figur des Merkur als Sinnbild für Handel und Verkehr.

20   MUSEUM FÜR KUNST UND
       GEWERBE HAMBURG

Das Museum zeigt: Angewandte Kunst und Plastik
Europas vom Mittelalter bis zur Gegenwart, Kunst der Antike,
des Nahen und Fernen Ostens, Historische Tasteninstrumente,
Grafikdesign und Plakatkunst, Fotografie, Mode/Textil, Design
der Gegenwart.

Steintorplatz, 20099 Hamburg-City
Fon 428 54-27 32
Fax 428 54-28 34
service@mkg-hamburg.de
www.mkg-hamburg.de

Di–So 10–18 Uhr, Do 10–21 Uhr
Führungen finden mittwochs um 12 Uhr statt; Vorträge
ohne zusätzliches Entgelt finden von Oktober bis März
sonntags um 11 Uhr statt. Gruppenführungen,
Kindergeburtstage usw. nur nach Anmeldung und
Vereinbarung mit dem Museumsdienst unter
Fon 4 28 24-3 25
Behindertengerecht

Alle U- und S-Bahnen sowie die meisten Busse bis
Hamburg Hauptbahnhof

Der Gründer des Hauses und erste Direktor Justus
Brinckmann schrieb im Jahre 1866 einen zündenden Aufruf zur
Gründung eines Museums, das die Kunstindustrie fördern und
den Geschmack bilden solle. Nach einer Ausstellung in den
Börsenarkaden 1869, auf der die ersten Werke für das neue
Museum erworben werden konnten, wurde 1877 auf dem
Lämmermarkt direkt an der Hamburg-Altonaer Verbindungs-
bahn das neu errichtete Gebäude feierlich eröffnet. Da auch
mehrere Schulen im Haus untergebracht waren, stand dem
Museum bis in die 70er Jahre des 20. Jahrhunderts zunächst
nur das Erdgeschoss, später auch Teile des 1. Obergeschosses

MUSEUM FÜR KUNST UND GEWERBE
Ein lebendiges Haus mit vielen Ausstellungen, Aktionen und einer
vorbildlichen Gastronomie

zur Verfügung. Seit Herbst 2000 ist der Erweiterungsbau im südlichen Innenhof des Gebäudes, der „Schümann-Flügel", zugänglich. Er beherbergt über zwei Etagen die historische Tasteninstrumentensammlung „Beurmann". Im Forum Gestaltung werden aktuelle Designtendenzen unter wechselnden Schwerpunktthemen ausgestellt. Die wissenschaftliche Gerd Bucerius Bibliothek hat ihren Sitz in den beiden unteren Etagen.

Die heutigen Bestände des Museums gehen zu 80 % auf die Sammlertätigkeit Justus Brinckmanns zurück. Schwerpunkte waren die Keramik, die europäische Volkskunst und die Kunst Ostasiens. Auch die herausragende Jugendstilsammlung ist dem 1915 verstorbenen Brinckmann zu verdanken. 1916 wurde mit dem Erwerb der Sammlung Reimers der Grundstock für die Antikenabteilung gelegt. Brinckmanns Nachfolger, Max Sauerlandt, engagierte sich besonders für die Kunst des Expressionismus. Von den Nationalsozialisten wurden 296 Werke beschlagnahmt, die nach dem Krieg durch ähnliche Erwerbungen ersetzt werden konnten. Nach dem Krieg wurden die europäischen Abteilungen, die das Herzstück des Museums bilden, beträchtlich erweitert. Außerdem wird die Sammlung zur Geschichte der Fotografie im Wechsel mit Sonderausstellungen zur Fotografie gezeigt. Im Forum Fotografie werden die Arbeiten zeitgenössischer Fotografen in Wechselausstellungen präsentiert.

Der Besucher betritt das Haus auf der Ostseite. Die Sammlungen sind chronologisch und nach Regionen geordnet und in Schausälen und Kabinetten ausgestellt, die, um zwei Innenhöfe gelagert, über drei Stockwerke verteilt sind. Der Rundgang beginnt im Erdgeschoss links mit der Kunst des Mittelalters. Nach sakralen, europäischen Holzschnitzereien seit dem 6. Jahrhundert (Heiligenfiguren, Kruzifixe, Altarbilder) wird Kunsthandwerk der Spätgotik aus Keramik, Glas und Steingut präsentiert.

Der Anteil der nicht-sakralen Kunst steigt in der daran anschließenden Epoche der Renaissance stark an, doch wurden auf Gläsern, Tellern, zahlreichen Truhen, Schränken und bei Skulpturen noch häufig biblische Motive, besonders aus dem Alten Testament, verwendet. Werfen Sie einen Blick in das holzvertäfelte Lüneburger Zimmer, das um 1575 bis 1580 von Albert von Soest, der für den Rat der Stadt Lüneburg arbeitete, geschaffen wurde. Typisch für die Renaissance ist die blaue Kunst- und Wunderkammer des Museums, in der Kunstwerke aus Gold und Elfenbein präsentiert werden. Beachten Sie außerdem die italienische Majolika, tönerne Feinkeramiken mit Zinnglasur, die schon zur Entstehungszeit als Luxusgüter galten. Abgeschlossen wird der Gang durch die Epoche der Renaissance mit Plastiken aus Italien – besonders schön hier die Vier Jahreszeiten aus der Werkstatt des Filippo Parodi (1630–1702).

Wissenschaftliche Instrumente des 16. und 17. Jahrhunderts werden präsentiert, ehe durchs Treppenhaus die barocke Abteilung mit Möbeln, Kleinplastiken, Silbergeräten, Porzellan und Fayencen erreicht werden kann. Besonders hervorzuheben ist hier der Blohm- und Hartung-Raum mit der berühmten Porzellansammlung von Otto Blohm (1870–1944) und seiner Frau Magdalene (1879–1950) sowie das um 1720 entstandene Mecklenburger Toiletten-Service.

Drei bürgerliche Wohnräume des 19. Jahrhunderts aus längst abgerissenen Häusern repräsentieren die Kunst des Historismus: ein originales Zimmer aus dem Hause des Kaufmanns Christian August Nölting von 1835 bis 1837 in Lübeck mit reichhaltig verzierter Stuckdecke, ein Kabinett von 1830 aus dem Landhaus des Syndikus Karl Sieveking in Hamburg-Hamm sowie das Speckter Zimmer, ein Wohnzimmer von 1834/35 aus dem Abendroth'schen Haus in Hamburg, das mit Wandmalerei nach Entwürfen von Erwin Speckter versehen ist. Historische Musikinstrumente – darunter zahlreiche alte Flügel – werden unter anderem im Louis XVI.-Zimmer ausgestellt. Der weitere Rundgang durch den Historismus führt zum 1909/10 von Martin Haller errichteten Spiegelsaal aus dem ehemaligen Budge-Palais am Harvestehuder Weg, das heute die Hochschule für Musik und Darstellende Kunst beherbergt.

Im 1. Obergeschoss schließt chronologisch die einzigartige Jugendstilsammlung des Museums an, die heute als umfangreichste ihrer Art in Deutschland gelten darf. Mittelpunkt der Sammlung ist das vollständig im Jugendstil eingerichtete

Pariser Zimmer, das Justus Brinckmann 1900 auf der Pariser Weltausstellung erwarb.

Seit Herbst 2000 sind Möbel der Moderne im Stil der Neuen Sachlichkeit und Art deco zu sehen. Neue Schauräume zeigen Mode und Plakate von der Jahrhundertwende bis in die 50er Jahre des 20. Jahrhunderts.

Ebenfalls im 1. Obergeschoss befinden sich die Antikenabteilung, die Ostasienausstellung, die Sammlung islamischer Kunst und Sonderausstellungsräume. Den Sammlungsschwerpunkt der im Süden des Gebäudes gelegenen Antikenabteilung stellt die etruskische Plastik dar. Als Beispiel sei die hockende Sphinx aus dem 6. Jahrhundert v. Chr. genannt. Außerdem werden antiker Schmuck, zahlreiche Vasen, Gefäße und Skulpturen, Mumienporträts aus Ägypten und römische Porträts ausgestellt.

Die Kunst des Islams wird durch Textilien, Teppiche, Fayencen, Porzellan, Bronze und Buchkunst repräsentiert. Von besonderem künstlerischen Interesse sind die Funde aus dem Grabmal des Königs Buyan Kuli Chan (1348–1368) und die Fliesenwand des Mausoleums.

Die Ostasienabteilung umfasst eine chinesische Abteilung u. a. mit Porzellan und Lacken der Ming und Qing-Zeit und eine umfangreiche Sammlung japanischen Kunsthandwerks: Hier sind Wandteppiche, Ukiyoe-Malerei, japanische Keramik, Schwertzierate und Holzschnitte ausgestellt.

Legen Sie im Buddhismus-Raum eine kleine, meditative Pause ein. Ganz mit rotbraunem Stoff ausgeschlagen, werden hier mehrere Buddha-Skulpturen präsentiert. Werfen Sie auf jeden Fall einen Blick ins Teehaus Shoseian. Als besondere Attraktion wird jedes 3. Wochenende im Monat eine japanische Teezeremonie durchgeführt. Bei einer Schale grünem, schaumigen Tee und einer japanischen Süßigkeit werden Sie in die Rituale des Teetrinkens im alten Japan eingeführt.

Im 2. Obergeschoss wird die Sammlung zur Geschichte der Fotografie – im Wechsel mit Sonderausstellungen zum Thema Fotografie – gezeigt. Angefangen bei Daguerreotypien und Karotypien wird die Entwicklung der künstlerischen Fotografie bis in die Gegenwart dokumentiert. Im Forum Fotografie werden in Wechselausstellungen die Arbeiten zeitgenössischer

Fotografen präsentiert. Im Anschluss finden Sie in neu gestalteten Räumen Kunsthandwerk und Design der letzten 40 Jahre. Die Grafische Sammlung gibt in einer Dauerausstellung einen Überblick über die Geschichte der Plakatgestaltung. Weitere Schausammlungen der Ostasienausstellung u. a. mit Porzellan aus China und japanischer Druckgrafik sind ebenfalls im 2. Obergeschoss untergebracht.

Im neuen Schümann-Flügel werden auf zwei Etagen rund 90 ausgewählte historische und moderne Tasteninstrumente der Sammlung Beurmann gezeigt. Cembali, Spinette, Virginale und Clavichorde stehen, nach regionalen Schulen gruppiert, im Erdgeschoss. Zu den kostbarsten Exponaten zählen das Virginal

MUSEUM FÜR KUNST UND GEWERBE
In der Destille, einem der besten Museumsrestaurants der Stadt, wählen Sie aus einem reichhaltigen Buffet aus, der Wirt schätzt den Preis – er stimmt immer

und die beiden Cembali von Giovanni Celestini, der um 1580–1600 in Venedig tätig war. Im späten 18. Jahrhundert wurden Cembalo und Spinett von Hammerflügel und Tafelklavier verdrängt. Diesen Neuentwicklungen und ihren Nachfolgern, dem Konzertflügel und dem Piano, ist das erste Obergeschoss gewidmet. Jüngstes Exponat ist hier der Flügel Vivace des Hamburger Designers Peter Maly.

Im 2. Obergeschoss des Schümann-Flügels befindet sich das Forum Gestaltung. Als eine sich beständig wandelnde Ausstellung der Gegenwart konzipiert, werden auf über 800 qm aktuelle Entwicklungen in den Bereichen Produkt- und Industriedesign, Mode und Textilien, Grafikdesign, Fotografie und Kunsthandwerk gezeigt.

Info

- Im Museum finden jährlich ca. dreißig Sonderausstellungen mit regelmäßigen Führungen statt. Eine musikalische Führung in der Sammlung historischer Tasteninstrumente gibt es regelmäßig donnerstags um 18.30 Uhr, samstags um 15 Uhr und sonntags um 16 Uhr mit Ausnahme des ersten Sonntags im Monat. Dann gibt es dort den PIANOON – Musik und Spaß für Jung und Alt. Jeweils um 15 Uhr führen wechselnde Künstler ein unterhaltsames und spielerisches Programm rund um die Musik auf. Im Anschluss daran bietet um 16.30 Uhr die Musikwerkstatt die Möglichkeit für Laien, ihr musikalisches Können vorzuführen. Jeweils am ersten Donnerstag eines Monats stellen in der Reihe „Gespräche über Gestaltung" Designer ihre Arbeit vor.
- Alljährlich in den ersten drei Adventswochen findet die beliebte Jahresmesse des norddeutschen Kunsthandwerks statt.
- Die Termine für die japanische Teezeremonie mit japanischer Süßigkeit und einer Schale grünem, schaumigem Tee erfahren Sie unter Fon 4 28 54-27 32; Anmeldung erforderlich.
- Konzerte werden einmal im prachtvollen Spiegelsaal (Fon 4 28 54-28 27), zum anderen in der Sammlung historischer Tasteninstrumente veranstaltet (Fon 4 28 54-27 32).
- Der Spiegelsaal, das Vestibül und andere Räumlichkeiten können für öffentliche und private Veranstaltungen gemietet

werden (Information: Spiegelsaal Fon 4 28 54-28 27, Vestibül u. a. Fon 4 28 54-31 58).

- Der Museumsdienst bietet Information und Beratung zu Museumsgesprächen, Kindergeburtstagen, Erwachsenenfeiern, Kursen, Ferienprogrammen, zum DesignLabor und zu Ausstellungen an (Info unter Fon 4 28 54-26 34, Anmeldung unter Fon 4 28 24-3 25). Im DesignLabor können Design-Objekte in ihrer Funktion betrachtet und erfahrbar gemacht werden.

- Alle Führungsblätter des Museums, die detaillierte Informationen zu herausragenden Exponaten geben, sind am Anfang des Rundgangs im Erdgeschoss links (einzeln auch während des Rundgangs) erhältlich

- Die Gerd Bucerius Bibliothek hat Di, Mi und Fr von 11–17.30 Uhr, Do von 11–20.30 Uhr geöffnet. Einmal im Monat gibt es eine wechselnde Veranstaltung zum Thema Buch.

- Am Eingang des Museums verkauft die Hamburger Bücherstube Felix Jud & Co zu den Öffnungszeiten des Museums Kataloge, Bücher, Plakate und Postkarten, Fon 428 54-28 31.

- Jeden Mittwoch von 14–16 Uhr wird Beratung durch die Mitarbeiter des Museums angeboten. Kunstgegenstände werden begutachtet, ohne dass allerdings Angaben zum Marktwert gemacht werden.

- Die Destille im 1. Obergeschoss des Schümann-Flügels ist nach wie vor Spitzenreiter unter den Hamburger Museumsrestaurants. Hausgemachte Salate, Rohkostgemüse, Fleisch und Fisch, Käse, Obst, Eintopf und Desserts – der Gast wählt selbst, bezahlt wird nach Menge. Geöffnet Di–So 10–17 Uhr, Buffet bis 16 Uhr, Fon 2 80 33 54.

HAMBURG, DA GRÜNT MIR WAS ......

Wussten Sie, dass Hamburg mit rund 6.900 ha öffentlicher Grünfläche und 245.000 Straßenbäumen eine der grünsten Städte Deutschlands ist ?
Das Fachamt für Stadtgrün und Erholung der Umweltbehörde und die Gartenbauabteilungen der 7 Bezirksämter sorgen gemeinsam dafür, dass die Planung, der Bau und die gärtnerische Pflege der öffentlichen Grünflächen am Freizeit- und Erholungsbedarf der Stadtbevölkerung ausgerichtet sind.

Fachamt für Stadtgrün und Erholung der Umweltbehörde
Billstr.84, 20539 Hamburg
Tel.: 040-428.45-3951/3955   Fax: 040-428.45-2070
www.stadtgruen.hamburg.de

Das Fachamt für Stadtgrün und Erholung schafft die rechtlichen, finanziellen und fachlichen Voraussetzungen für Planung, Bau, Pflege und Entwicklung von Grün in der Stadt, stellt bezirks übergreifende Fach- und Programmplanungen auf und ist u.a. Ansprechpartner für gartendenkmalpflegerische Fragestellungen.

Die **Gartenbauabteilungen der 7 Bezirksämter** und ihre **Natur-schutzreferate** sind zuständig für den Bau und die Unterhaltung

der öffentlichen Grünanlagen, Kinderspielplätze, Sportstätten und der bezirklichen Friedhöfe und stehen für Auskünfte zum Grün vor ihrer Haustür, Baumfällgenehmigungen und Fragen zu Natur- und Landschaftsschutzgebieten zur Verfügung.

.... DA MACH ICH MIT

Auch Sie können dazu beitragen, dass Hamburg grün bleibt, indem Sie sich ehrenamtlich für die Pflege und Unterhaltung Ihrer Grünanlagen einsetzen und z.B.

- ❑   aktiv mitmachen
- ❑   Initiativen unterstützen
- ❑   Projekte durch Sponsoring oder Übernahme von Patenschaften fördern
- ❑   Anregungen geben und sich verantwortlich fühlen.

Auf unserer Webseite finden sie u.a.:

- **300 tolle Freizeitangebote**: Infos u.a. zu Badestellen, Grillplätzen, Eis- und Rodelbahnen, Inline-Skating, Beachvolleyballplätzen, Bootsvermietungen, Freiluftmuseen, Zoos
- Daten und Fakten über Hamburger **Stadtbäume**
- **Parkführer**: wie z.B: Hamburger Stadtpark, Harburger Stadtpark, und die Alster
- Infos zu **buchbaren Veranstaltungsflächen** im öffentlichen Grün
- **Aktuelle Veranstaltungshinweise**

21　PLANTEN UN BLOMEN, WALL-ANLAGEN UND ALTER ELBPARK

Im Herzen der Hansestadt gelegen, ist Planten un Blomen das Aushängeschild Hamburgs zwischen Millerntor, Dammtorbahnhof und Fernsehturm. Es ist der Oberbegriff für den Grüngürtel um die westliche Innenstadt und umfasst neben dem Kerngelände die Großen und Kleinen Wallanlagen und den Alten Botanischen Garten.

S11, S21, S31 bis Dammtor, U1 bis Stephansplatz, U2 bis Messehallen, U3 bis St. Pauli, Bus 35 bis Heinrich-Hertz-Turm, Busse 34, 36, und 4, 5, 109, 112 bis Stephansplatz

Der früher hier vorhandene Wallring war lange Zeit Teil der aus dem 17. Jahrhundert stammenden Befestigungsanlagen der Stadt. 1804 beschlossen Rat und Bürgerschaft die Entfestigung der Stadt, 1813/14 erfolgte während der französischen Besatzungszeit eine teilweise Wiederherstellung der bis dahin zum Teil abgetragenen Anlagen und ab 1819/20 schliesslich die endgültige Schleifung und Umwandlung in eine öffentliche Parkanlage nach Plänen des Bremer Kunstgärtners Altmann. Die Anlagen im landschaftlichen Stil erfüllten wesentliche Erholungsfunktionen der Bevölkerung, waren eine besondere Sehenswürdigkeit und wurden Fremden mit Stolz gezeigt.

Und es wundert es nicht, dass auf dem Gelände auch zahlreiche Gartenbauausstellungen stattfanden, z. B. 1869 zwischen Millerntor und Elbe. 1880 wurde die Deutsche Seewarte (heute steht hier die Jugendherberge auf dem Stintfang) gebaut, 1896 die Kersten-Miles-Brücke mit den flankierenden Seehelden und 1906 das monumentale Bismarckdenkmal. Nördlich des Millerntores fand 1897 eine weitere große Gartenbauausstellung statt.

Zwischen Dammtor und Holstentor entstanden zwischen 1879 und 1912 das Justizforum und in der Nähe etwa zur gleichen Zeit die großen Gebäude der Reichspostverwaltung mit Telegrafenamt, die General-Zolldirektion und die Musikhalle.

Erwähnt sei auch der Bau der Eisenbahnstrecke zur Verbindung der beiden Bahnhöfe der Hamburg-Berliner und der Altona-Kieler-Bahn. Die hier liegende Straße „An der Verbindungsbahn" erinnert noch heute daran.

Die Straße „Bei den Kirchhöfen" erinnert an die zahlreichen, von verschiedenen Gemeinden genutzten Friedhöfe vor dem Dammtor. 1821 entstand südlich davon auf Initiative des Naturgeschichte-Professors Alfred Brehm die Anlage des Botanischen Gartens am Dammtor und nördlich davon 1861 der Zoologische Garten, der 1930 schließen mußte, nachdem der Tierpark von Carl Hagenbeck ihm den Rang ablief.

1935 wurde das Gelände unter Auflassung der Friedhöfe durch die Niederdeutsche Gartenschau „Planten und Blomen"

Planten un Blomen
Wassertreppe und Rosengarten

PLANTEN UN BLOMEN
Abends wird aus diesen Fontänen eine farbige Lichtorgel

(Gartenarchitekt Karl Plomin) komplett umgestaltet und erhielt seinen noch heute verwendeten Namen.

1953 brachte die Internationale Gartenbauausstellung im Kernbereich von Planten un Blomen eine Wiederbelebung der früheren Ausstellungsbereiche und eine Verbindung zum Alten Botanischen Garten. Zusammen mit den Großen und Kleinen Wallanlagen wurde das Gelände nun als eine Einheit betrachtet und im Zuge der IGA 1963 und IGA 1973 und dem Bau des Congess-Centrums (CCH) erneut umgestaltet und verändert. Manches ging dabei leider verloren. Der Botanische Garten zog schließlich auf ein neues Gelände nach Klein-Flottbek.

1990 entstand ein japanischer Landschaftsgarten im Bereich des Alten Botanischen Gartens und in den Folgejahren der Japanische Garten mit einem See und einem Teehaus als Mittelpunkt, beide Anlagen nach Plänen von Prof. Araki. Zu erwähnen ist in diesem Zusammenhang auch die Neuanlage des Rosengartens. Im Alten Botanischen Garten sind darüber hinaus die Mittelmeerterrassen, der alte Wallgraben sowie die Schaugewächshäuser (Architekt Hermkes) des Botanischen Gartens einen Besuch wert.

Heute finden sich im Bereich von Planten un Blomen zahlreiche Attraktionen. An Sommerabenden ist besonders die Wasserlichtorgel im Parksee ein beliebter Treffpunkt. Einmalig in Größe und Ausstattung begleiten die Wasserfontänen der Lichtorgel rhythmisch die Musik. Nördlich der Wasserkaskaden, die noch aus der Zeit von 1935 stammen, befindet sich der neu angelegte Apothekergarten und ein Musikpavillon. Wer mit Kindern unterwegs ist, darf die Attraktion des „Buller-Bergen"-Spielplatzes an der Marseiller Straße nicht verpassen. Die große Anlage läßt Kinderherzen höher schlagen.

Im Bereich der Großen und Kleinen Wallanlagen befindet sich die Wassertreppe, ein Kindertheater, seit 1998 die Rollschuhbahn bzw. im Winter die Eisbahn und eine Minigolfanlage.

„Planten und Blomen" ist heute ein besonders aufwendig gepflegter Schau- und Erlebnispark und bietet neben dem Blumen- und Staudenschmuck auch naturnahe Bereiche und eine Vielzahl an Attraktionen für alle Besucher.

Info

- Die Tropengewächshäuser des Botanischen Gartens haben vom März bis Oktober Mo–Fr 9–16.45 Uhr, Sa, So, Feiertag 10–17.45 Uhr geöffnet und von November bis Februar Mo–Fr 9–15.45 Uhr, Sa, So, Feiertag 10–15.45 Uhr. In der Mittagspause sind die Häuser von 12–12.45 Uhr geschlossen.

Planten un Blomen
Ein aufwendig gepflegter Schau- und Erlebnispark

RICKMER RICKMERS
Das Schiff lief 1896 in Bremerhaven vom Stapel

22   RICKMER RICKMERS

Der 1896 gebaute Museumswindjammer liegt seit September 1987 an den Hamburger Landungsbrücken und kann als eindrucksvolles Denkmal der Seefahrt um die Jahrhundertwende besichtigt werden.

Bei den St. Pauli Landungsbrücken – Brücke 1A,
Fiete-Schmidt-Anleger, 20359 Hamburg-City
Fon 3 19 59 59
Fax 31 50 27, RickmerRickmers@t-online.de
www.rickmer rickmers.de

Täglich 10–18 Uhr

U3 oder S1, S3 oder Bus 112 bis Landungsbrücken

Die Rickmer Rickmers lief 1896 als Vollschiff aus Stahl in Bremerhaven vom Stapel. Nach einer wechselvollen Geschichte, in der die Rickmer-Rickmers zuletzt als Schulschiff im Dienst der portugiesischen Marine stand, rottete das Schiff über 20 Jahre lang bis Anfang 1983 als Depotschiff in der Marinewerft vor sich hin. Im Mai 1983 wurde das Schiff erstmals auf dem Hamburger Hafengeburtstag präsentiert. Nach vier Jahren Restaurierungsarbeiten liegt die Rickmer Rickmers nun seit über zehn Jahren als Seefahrts-Denkmal und Museum am Fiete-Schmidt-Anleger an den Landungsbrücken. Wenn Sie über das Deck und durch die Back streifen, fühlen Sie sich zurückversetzt in die Zeit auf hoher See um die Jahrhundertwende.

Info
- Im 2.Deck befindet sich ein empfehlenswertes Restaurant mit schmackhafter norddeutscher Küche, Fon 35 69 32 03.

Tipp
- Verbinden Sie Ihren Museumsbesuch mit einem Gang durch den Alten Elbtunnel und der Besichtigung der Cap San Diego.

23   SPEICHERSTADTMUSEUM

Das Museum dokumentiert die Geschichte der Speicherstadt und der Arbeit in den Speichern. Typische Arbeitsgeräte und Warenproben veranschaulichen den Arbeitsalltag in den Quartiersmannsbetrieben und Handelskontoren.

St. Annenufer 2, 20457 Hamburg-City
Außenstelle des Museums der Arbeit
Fon 32 11 91
Fax 32 13 50
speicherstMuseum@aol.com
www.speicherstadtmuseum.de

Di–So 10–17 Uhr
Führungen durch die Speicherstadt und das Museum jeden Sonntag um 11 Uhr, Treffpunkt Kornhausbrücke/Bei St. Annen; Führungen zu anderen Zeiten nach Vereinbarung unter Fon 32 11 91; besondere Angebote für Schulklassen und Jugendgruppen sowie Begleitprogramme für Messen, Kongresse, Firmenbesuche

U1 bis Meßberg, Ausgang Brandstwiete; oder Bus 3 bis Domstraße oder Meßberg, von dort 5 Min. zu Fuß

Mitten in der historischen Speicherstadt, auf einem Lagerboden im Speicher der Fa. Eichholtz & Cons., hat das Speicherstadtmuseum sein Domizil. Die Sammlung des Museums ist aus der Ausstellung Speicherstadt – Arbeitsort und Baudenkmal seit 100 Jahren hervorgegangen, die hier 1988 und 1989 vom Museum der Arbeit gezeigt wurde.

Die Ausstellung umfasst Arbeitsgeräte, Warenproben sowie zahlreiche Vergrößerungen historischer Fotos, die die Arbeit in den Speichern und Handelskontoren, die Architektur- geschichte und den Bau der Speicherstadt dokumentieren.

In einem Rundgang werden die verschiedenen Tätigkeits- bereiche im Speicher dargestellt: Der Annahme der Waren an

SPEICHERSTADTMUSEUM
Inmitten der Speicherstadt: größter Lagerhauskomplex der Welt. Siebzig Architekten
und Ingenieure errichteten die Gebäude mit 300.000 qm Lagerfläche. Es galt als
Zeichen der Vereinigung der freien Stadt Hamburg mit dem Deutschen Reich

der Luke folgt das Wiegen, Zählen und Bemustern der
Packstücke sowie das Reinigen und Sortieren der Ware.
Außerdem werden der Beruf des Quartiersmannes und der des
Ewerführers porträtiert.

Zwei weitere Schwerpunkte des Speicherstadtmuseums
sind der Tee- und Kaffeehandel. Anbau und Ernte, Welthandel
und Verschiffung, Verkostung und Vermarktung dieser alltägli-
chen Genussmittel werden anhand von Fotos, Warenproben,
Dokumenten und Inventar aus den Handelsfirmen sowie typischen Verpackungen dargestellt. Von der Teekiste über Proben-
geschirr und Probenröster bis zum Verlesetisch für Kaffee-
bohnen reicht hier die Spannweite der Ausstellungsstücke.

Info

- Im Eingangsbereich können Sie Postkarten, Bücher und Broschüren zur Speicherstadt kaufen.

- In unregelmäßigen Abständen werden Betriebsbesichtigungen bei in der Speicherstadt ansässigen Firmen angeboten. Besonders beliebt sind auch die monatlichen Krimilesungen. Termine bitte im Museum erfragen.

- In der gemütlichen Kaffeeklappe – in der Ausstellung inmitten von Teekisten und Sackstapeln – können Sie verschiedene Teespezialitäten und Kuchen probieren.

24   SPICY'S GEWÜRZMUSEUM

Das einzige Gewürzmuseum der Welt zeigt alles vom Gewürzanbau bis zum Fertigprodukt: über 700 Exponate aus den letzten fünf Jahrhunderten sowie ca. 60 Rohgewürze zum Riechen, Schmecken und Anfassen.

Am Sandtorkai 32/II, 20457 Hamburg-City
Fon 36 79 89
Fax 36 79 92
mail@spicys.de
www.spicys.de

Di–So 10–17 Uhr
Führungen nur nach telefonischer Anmeldung

U3 bis Baumwall, 5 Min. zu Fuß

Das Gewürzmuseum hat seit April 1993 seine Räumlichkeiten in der Speicherstadt gefunden. In dem alten Speicher wurde zuletzt Kakao gelagert. Jetzt wird der Besucher hier nicht nur in die Welt der Gewürze – vom Anbau bis zum Fertigprodukt – eingeführt, sondern frei nach der Idee des Museums: "Riechen, Schmecken, Anfassen" liegen alle Gewürze und Kräuter offen und laden den Besucher zu teilweise sehr intensiven Geschmackserlebnissen ein. Bei den verschiedenen Chilischoten sollte man es jedoch besser beim Anfassen belassen. Kardamom hingegen kann geschmeckt werden; es wird besonders gegen Mundgeruch empfohlen und ist zum Mitnehmen auch an der Museumskasse erhältlich.

Das Gewürzmuseum präsentiert seine Sammlung von Geräten zum Reinigen, Sieben, Mahlen und Mischen von Gewürzen in einem großen, übersichtlichen Raum. Verschiedene Exponate aus der Inkazeit sind zu sehen, z. B. ein Stampfholz zum Zerkleinern von Kräutern sowie eine Silberschale, aus der bei rituellen Festen ein berauschendes Gemisch aus Rinderblut, Alkohol und Gewürzen getrunken wurde.

Zwischen diesen Sammlungsgegenständen werden über 60 Originalgewürze gezeigt, teilweise in Gebinden wie sie aus dem Ausland kommen, die alle gerochen, probiert und angefasst werden können. Außerdem wird mit Hilfe von Fotos, Bildern, Karten und Schautafeln der Ursprung des Gewürzanbaus und der Herstellung dargestellt. Zusätzlich zur ständigen Sammlung finden im Gewürzmuseum wechselnde Sonderausstellungen statt, die auch den künstlerischen, verfremdeten Umgang mit Gewürzen zum Thema haben.

Info

- An der Museumskasse sind diverse Publikationen und Poster zum Thema "Gewürze" erhältlich.

- Da das Museum aus Feuerschutzgründen ungeheizt ist, empfehlen wir im Winter den Genuss eines Glases sehr leckeren, selbstgewürzten Glühweines.

Tipp

- Verbinden Sie Ihren Museumsbesuch mit einem Spaziergang durch die historische Speicherstadt. Hintergründe über dieses Gebiet erfahren Sie im Speicherstadtmuseum. Oder besuchen Sie das ebenfalls in der Speicherstadt gelegene Deutsche Zollmuseum, das Afghanische Museum, die Ausstellung Dialog im Dunkeln, Hamburg Dungeon und das Miniatur Wunderland Hamburg. Wir empfehlen eine Barkassenfahrt durch die Speicherstadt. Siehe Anzeige Reederei & Schiffsvermietung Gregors.

SPICY´S GEWÜRZMUSEUM
Spannende Sammlung von Gewürzen, Geräten und Exponaten aus alter Zeit

- Stadtrundgänge der besonderen Art durch die Speicherstadt bietet Volker Roggenkamp/ StadtkulTour an. Begeben Sie
sich mit dem Nachtwächter, in historischem Kostüm, auf einen
ungewöhnlichen Rundgang (ein Besuch des Gewürzmuseums ist
auf Anfrage möglich) oder folgen Sie Pfeffermann auf einem
Rundgang mit Würze. Info: StadtkulTour Fon/Fax 36 62 69,
Mobil 0171–98 29 758, aktuelle Termine für Rundgänge mit
Nachtwächter und Pfeffermann auch über www.spicys.de.
- Bis zur historischen Deichstraße sind es nur wenige hundert Meter: Hier finden Sie die Reste der Hamburger Altstadt
mit Kaufmannshäusern aus dem 17. Jahrhundert. Hier brach
1842 der Große Brand aus, der fast die ganze Stadt zerstörte.
Gehen sie auf der rechten Seite einmal durch zum Nikolaifleet.

DEICHSTRASSE

Von hier aus nahm der Große Brand von 1842 seinen Anfang, die Hälfte der Innenstadt wurde zerstört, 51 Menschen verloren ihr Leben, 20.000 wurden obdachlos. "Gottlob, man kollektierte für uns..." schrieb Heinrich Heine

Tipp

- Zum Brandanfang, Deichstraße 25, Fon 36 55 20. In Hamburgs ältester Schankwirtschaft wird norddeutsche Küche serviert.

- Alt-Hamburger Aalspeicher, Deichstraße 43, Fon 36 29 90. Hamburgische Gerichte.

- Ti Breizh, Deichstraße 39, Fon 37 51 78 15. Kleine gemütliche bretonische Crêperie.

- Auch den klassischen Kolonialwarenhändler findet man in der Deichstraße. Leckere Hausmannskost bis italienische Pasta wird an Stehtischen mit Blick auf den Fleet angeboten.

Speicherstadtmuseum

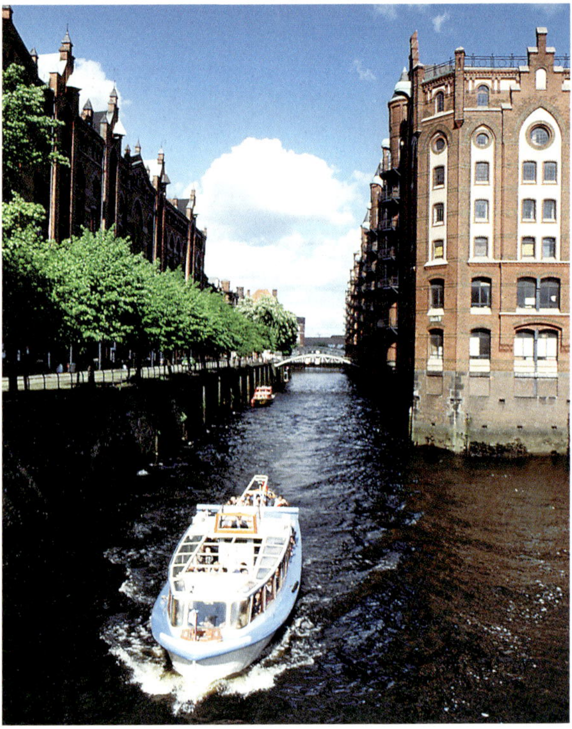

Erleben Sie ein traditionsreiches Stück Hamburg!

Kaffeesäcke, Teekisten und Kautschukballen, Hand-
haken, Griepen und Probenstecher…; im authentischen
Rahmen eines über 100 Jahre alten Lagerhauses
zeigt das Speicherstadtmuseum typische Arbeitsgeräte
und Warenproben, die die Arbeit in den Quartiers-
mannsfirmen und Handelshäusern der Speicherstadt
illustrieren.

Dienstag bis Sonntag: 10.00 - 17.00 Uhr
Öffentliche Führungen jeden Sonntag um 11.00 Uhr,
Treffpunkt: Kornhausbrücke.

St. Annenufer 2 (U1-Meßberg)
20457 Hamburg
Tel. 040 - 32 11 91 · Fax 040 - 32 13 50
SpeicherstMuseum@aol.com
www.Speicherstadtmuseum.de

ERNST BARLACH GESELLSCHAFT

Ernst Barlach

ist ein Mann des Nordens.
Der kargen Natur, dem weiten
melancholischen Himmel
zwischen Nord- und Ostsee ist er
mit ganzer Liebe verfallen. Daher
hat er sein Leben auch nahezu
vollständig in Norddeutschland
verbracht. Dieses Land findet in
dem Werk Ernst Barlachs sein
ästhetisches Äquivalent. Wer sich
heute in der Landschaft um Wedel
und Ratzeburg bewegt, der sucht
unwillkürlich nach den Vorbildern
zu Barlachs Gestalten, denn das
Land ist weitgehend das gleiche
geblieben. Wie es in mächtigen
Wogen gegen den Horizont
schwingt, gibt es eine „deutliche
Vorstellung der Nieendlichkeit".
Dieses Land, mit seinem
starken, meergenährten Wind
und seinen Wolkenbänken ist
es, das auch heute noch
an Barlachs Figuren erinnert.

Tauchen Sie ein in die Seele
Norddeutschlands, besuchen
Sie die Museen der Ernst
Barlach Gesellschaft,
besuchen Sie die Ernst
Barlach Museen in Wedel
und in Ratzeburg.

ERNST BARLACH MUSEUM WEDEL
Mühlenstraße 1, 22880 Wedel
Di-Sa 10-12 und 15-18 Uhr
So 10-18 Uhr
Tel. 0 41 03/91 82 91

ERNST BARLACH MUSEUM RATZEBURG
Barlachplatz 3, 23909 Ratzeburg
Di-So 10-13 und 14-17 Uhr
Tel. 0 45 41/37 89

1962-2002
40 Jahre Ernst Barlach Haus Hamburg
Kunst, die mich angeht

Wichtige Ausstellungen Gustav Heinrich Wolff – Plastik, Graphik, Handzeichnungen **1964/65 |** Henri Laurens 1885-1954 – Plastik, Graphik, Handzeichnungen **1965 |** Mutz Keramik – Werke von Ernst Barlach und anderen **1966 |** Käthe Kollwitz in ihrer Zeit 1867-1945 **1967 |** Edvard Munch – Graphik aus dem Munchmuseum Oslo **1968 |** Von Delacroix bis Maillol – Handzeichnungen französischer Meister des 19. Jahrhunderts **1969 |** Ernst Barlach, Holzplastiken, Jubiläumsausstellung zum 100. Geburtstag des Künstlers **1970 |** Emil Nolde »Ungemalte Bilder« – Aquarelle 1938-1945 **1971 |** Ernst Barlach Handzeichnungen – Die Sammlung Niescher **1972 |** Henry Moore – Das graphische Werk 1931-1973 **1974 |** Christian Rohlfs – Zeichnungen und Aquarelle **1975 |** Paula Modersohn-Becker zum 100. Geburtstag **1976 |** Th. A. Steinlen – Gemälde, Zeichnungen, Graphik **1978 |** Die Sammlung Reinhard Piper **1981 |** Rolf Nesch – Sammlung Reinhard des Arts **1985 |** Conrad Felixmüller 1897-1977. Ein Querschnitt durch sein Werk **1985 |** Georg Baselitz – Graphik 1964-1981 **1985 |** Ernst Barlach – Figur und Landschaft **1986 |** Anita Rée 1885-1933 **1987 |** Im Zauberwald – Der junge Barlach **1988 |** Willem Grimm 1904-1986 **1989 |** Franz Nölken 1884-1918 **1990/91 |** »Kunstwerke, die mich angehen« – Der Sammler Hermann F. Reemtsma **1992/93 |** Bilder vom Menschen – Gustav Seitz 1906-1969 **1993 | Eröffnung des Erweiterungsbaus November 1996 |** Das Jahr 1909 – Ernst Barlach in Florenz **1996 |** Zeichner des Simplicissimus – 70 Karikaturen **1997 |** Constantin Meunier 1831-1905 – Skulpturen, Gemälde, Zeichnungen **1998 |** Von Rom nach Rothenburg – Deutsche Zeichnungen des 18. und 19. Jahrhunderts **1998 |** Nolde, Schmidt-Rottluff und ihre Freunde – Die Sammlung Martha und Paul Rauert 1905-1958 **1999 |** Der Tierbildhauer August Gaul **1999/2000 |** Max Beckmann Krieg – Zeichnungen und Druckgraphik 1913-1918 **2000/01 |** Lyonel Feininger – Lustige Blätter aus einer Privatsammlung **2001 |** Ernst Barlach und die Elemente **2001 |** Henry Moore Figures – Lithographien aus dem Besitz des British Council **2001**

Das älteste private Kunstmuseum in Hamburg feiert 2002 sein 40jähriges Bestehen. Seit der Eröffnung im Jahr 1962 entwickelte sich das Museum zu einem festen Bestandteil des kulturellen Lebens der Hansestadt. Es wird bis heute privat getragen. Neben der wichtigsten Sammlung an Bildwerken Ernst Barlachs werden hier interessante Sonderausstellungen gezeigt – außerdem finden Konzerte, Vorträge und Führungen statt.

Vorschau für das Jubiläumsjahr 2002
Aufbruch: Eugeen van Mieghem – Ein flämischer Maler am Vorabend der Moderne
25. November 2001 – 17. Februar 2002
Der neue Holzschnitt: Penck, Kluge, Dick ... – Werke aus der Sammlung Peter Kemna
3. März – 26. Mai 2002
Im Auftrag des Impressionismus –
Max Liebermann und der Jenisch Park
9. Juni – 25. August 2002
Der Zeichner Ernst Barlach – 40 Jahre Ernst Barlach Haus in Hamburg
15. September – 17. November 2002
Monet, Slevogt, Beckmann – Meisterwerke einer norddeutschen Privatsammlung
2. Dezember 2002 – März 2003

ERNST BARLACH HAUS
STIFTUNG HERMANN F. REEMTSMA

Jenischpark
Baron Voght-Straße 50 a
22609 Hamburg
Tel. 040/82 60 85
Dienstag – Sonntag 11-18 Uhr
www.barlach-haus.de

HAMBURG (OHNE CITY)

Altona 25 Altonaer Museum in Hamburg – Norddeutsches
Landesmuseum *122*

26 Christianskirche (Klopstockkirche) *127*
Altonaer Volkspark *130*

27 Heine Haus *132*

28 Museumshafen Övelgönne *133*
Dampfeisbrecher ELBE *136*

Barmbek 29 Museum der Arbeit *138*

Bergedorf 30 Museum für Bergedorf und die Vierlande
Schloß Bergedorf *142*

Billwerder 31 Deutsches Maler- und Lackierer-Museum *144*

Blankenese 32 Hirschpark *147*

33 Maria Grün *151*

34 Puppenmuseum Falkenstein *153*

35 Römischer Garten *155*

Eidelstedt 36 Eidelstedter Heimatmuseum *157*

Eimsbüttel 37 Kirche des Seligen Prokop in Hamburg
Russisch Orthodoxe Kirche im Ausland *158*

Eppendorf 38 Hayns Park *161*
Squares in Hamburg. Innocentiapark, Eppendorfer Park,
Biedermannplatz (ehem. Schleidenpark) *162*

Finkenwerder 39 Gorch Fock Haus *164*

Fischbek 40 Informationshaus Fischbeker Heide Schafstall *165*

Fuhlsbüttel 41 Gedenkstätte Konzentrationslager und Strafanstalten
Fuhlsbüttel 1933-1945 *166*
Wacholderpark *168*

Hamm 42 Bunkermuseum *169*

43 Gedenkstätte Bullenhuser Damm *171*

Harburg 44 Hamburger Museum für Archäologie und die
Geschichte Harburgs – Helms-Museum *172*
Harburger Stadtpark *176*

45 Kunstverein Harburger Bahnhof *178*

46 Phoenix Kulturstiftung *179*

Klein Flottbek 47 Botanischer Garten der Universität Hamburg *181*

48 Ernst Barlach Haus *186*

49 Jenisch-Haus *188*

Alphabetisch nach Stadtteilen gegliedert, innerhalb der Stadtteile
alphabetisch nach Objekten.

50 Jenisch Park *190*

51 Tabakhistorische Sammlung Reemtsma *192*

Neuengamme 52 KZ-Gedenkstätte Neuengamme *193*

Ohlsdorf 53 Friedhof Ohlsdorf *197*

54 Museum Friedhof Ohlsdorf *201*

Othmarschen 55 Wissenschaftliches Institut für Schifffahrts- und
Marinegeschichte *203*

Poppenbüttel 56 Gedenkstätte Plattenhaus Poppenbüttel *205*

Ruthenburgsort 57 WasserForum *207*

Rotherbaum 58 Alstervorland *210*

59 Geologisch-Paläontologisches Museum
der Universität Hamburg *213*

60 Mineralogisches Museum der Universität Hamburg *215*

61 Museum für Völkerkunde Hamburg *217*

62 Schausammlung des Botanischen und Zoologischen
Museums der Universität Hamburg
Botanisches Museum *224*
Zoologisches Museum der Universität Hamburg *227*

St. Georg 63 Domkirche St. Marien *230*

St. Pauli 64 Abwasser- und Sielmuseum *233*

65 Erotic Art Museum *235*

66 Hamburger Schulmuseum *236*

67 Gedenk- und Bildungsstätte Israelische Töchterschule *238*

Stellingen 68 Hagenbecks Tierpark *240*

Vierlande 69 Rieck-Haus Vierländer Freilichtmuseum *243*

Volksdorf 70 Museumsdorf Volksdorf *245*

Wandsbek 71 Heimatmuseum Wandsbek *248*

Wellingsbüttel 72 Alstertal-Museum *250*

Wilhelmsburg 73 Erlebnismuseum Wilhelmsburger Mühle *251*

74 Museum der Elbinsel Wilhelmsburg *253*

Winterhude 75 Planetarium *255*

76 Stadtpark Winterhude *259*

Wohldorf 77 Naturschutz-Informationshaus Duvenstedter Brook *262*

Ahrensburg 78 Schlossmuseum Ahrensburg *263*

Reinbek 79 Schloss Reinbek *266*

R.-Ehestorf 80 Freilichtmuseum am Kiekeberg *269*

RICKMER RICKMERS

Das schwimmende Wahrzeichen Hamburg

Willkommen an Bord! Nähere Informationen zur RICKMER RICKME
erhalten Sie auf Seite 103 dieser Ausgabe oder unt
www.rickmer-rickmers.

Willkommen im Museumsrestaurant

VIERLÄNDER KATE

Museumsstraße 23
22765 Hamburg
Im Altonaer Museum!
Tel./Fax: 040/392304
Öffnungszeiten: Di–So 10–18 Uhr
Sonderveranstaltungen bis 120 Personen
nach 17 Uhr
Susanne Ramm & Hans-Jürgen Behrmann

Alles über unser Wasser

WasserForum

Norddeutschlands größtes und modernstes Wassermuseum

Geöffnet dienstags, donnerstags und sonntags 10 – 16 Uhr

Gruppenführungen an allen Tagen nach Vereinbarung, Tel. 78 88 24 83;

jeden 1. Sonntag im Monat um 11 Uhr kostenlose Themenführungen.

Eintritt frei!

Ort: Billhorner Deich 2 (HWW-Gelände)
Mit der S-Bahn bis Rothenburgsort,
Busse 120 und 124 bis Billhorner Deich

Hamburger Wasserwerke GmbH

Raum 1:
Geschichte bis zur Gegenwart

Raum 2:
Moderne Wasserversorgungstechnik

Raum 3:
Wasser, Mensch, Umwelt

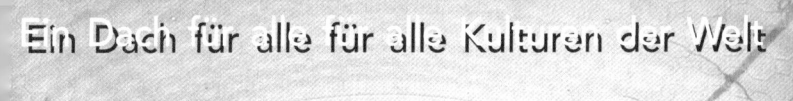
Ein Dach für alle für alle Kulturen der Welt

Restaurant   Bibliothek   Museumsshop   Events

Museum für Völkerkunde Hamburg

Rothenbaumchaussee 64   20148 Hamburg
Tel. 01805 308888   www.voelkerkundemuseum.com

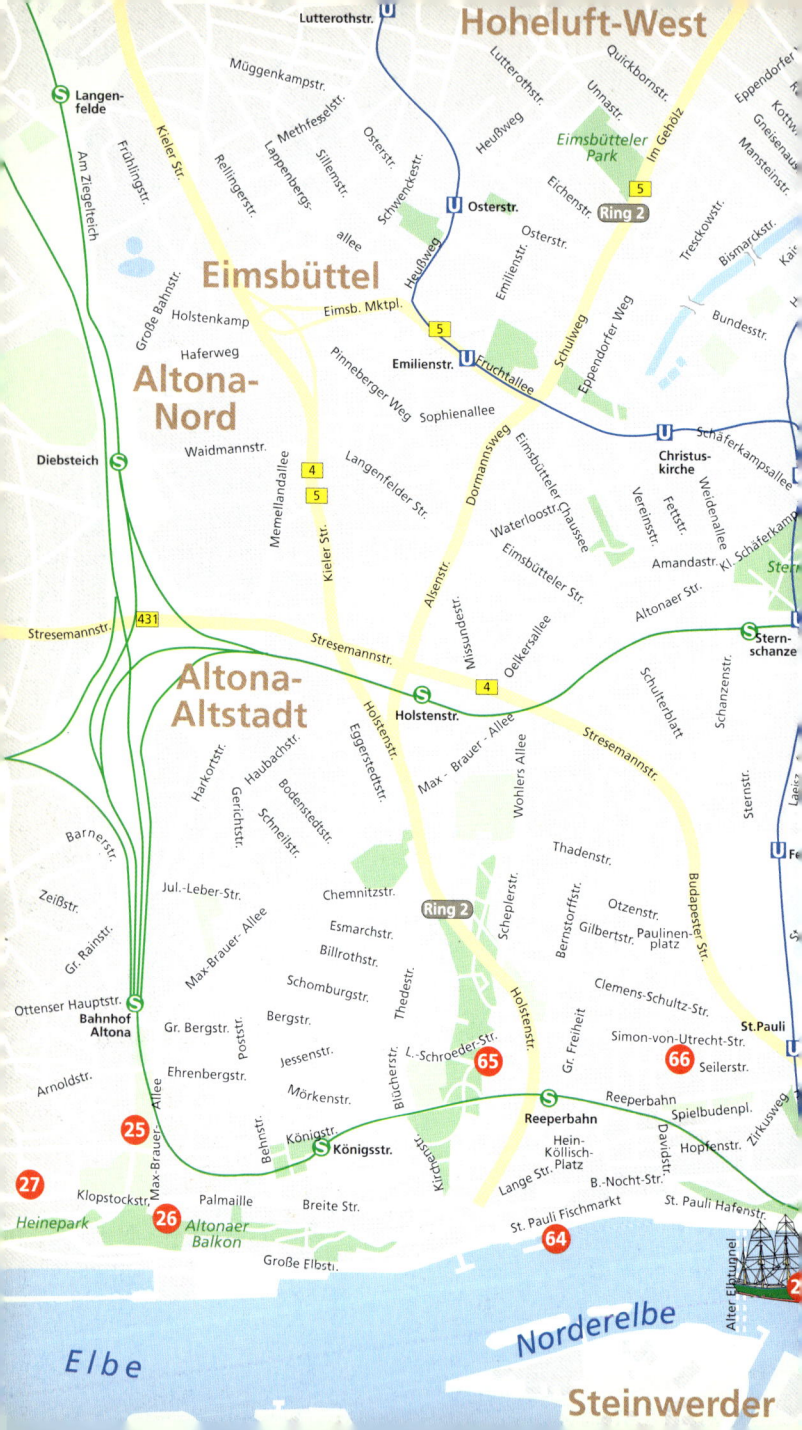

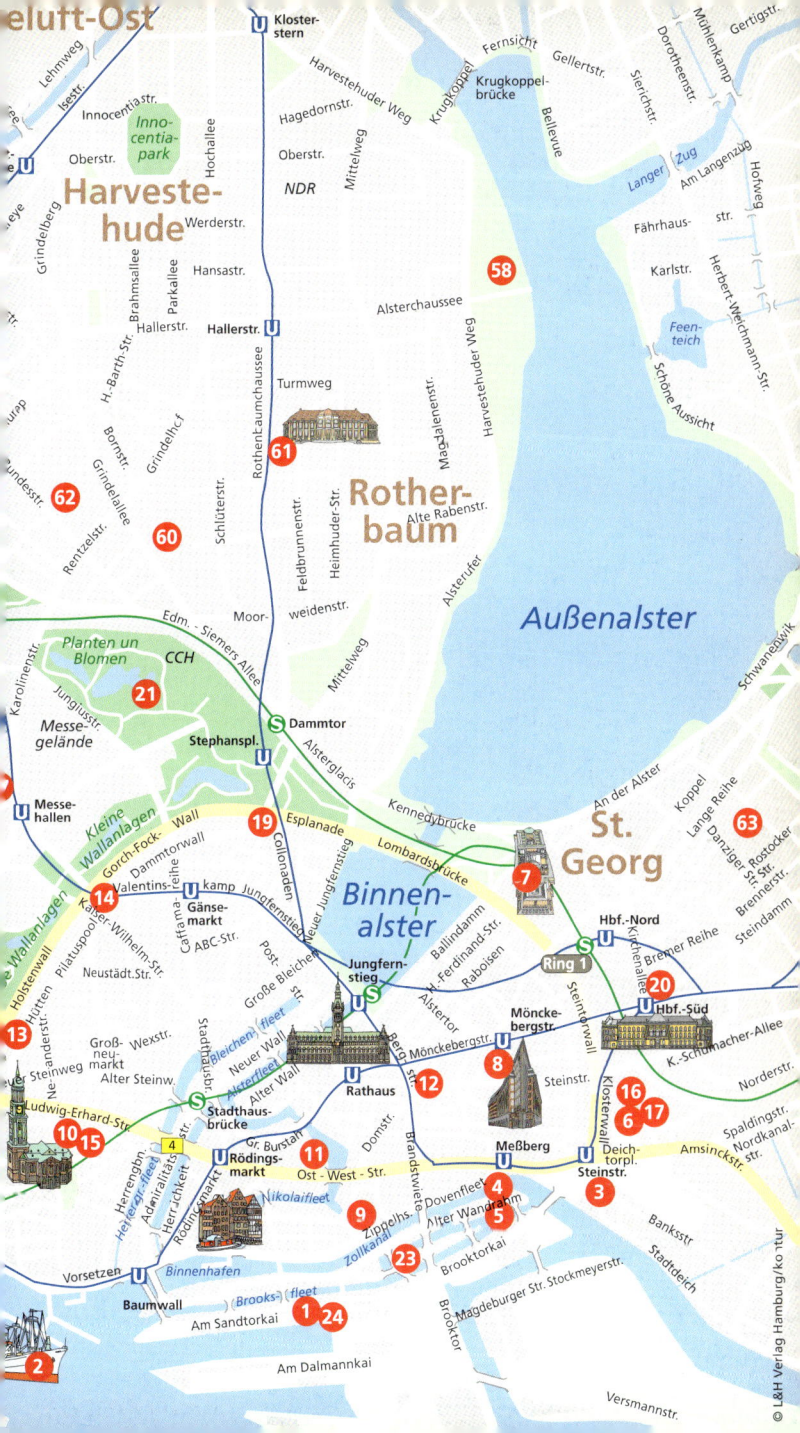

25 ALTONAER MUSEUM IN HAMBURG NORDDEUTSCHES LANDESMUSEUM

Das Museum zeigt Schausammlungen zu Schifffahrt und Fischerei, bäuerlicher und kleinstädtischer Kultur in Norddeutschland, Kunsthandwerk aus Norddeutschland, Spielzeug sowie norddeutsche Landschafts- und Genrebilder.

Museumsstraße 23, 22765 Hamburg-Altona
Postanschrift: Postfach 50 01 25, 22701 Hamburg
Fon 4 28 11-15 14
Fax 4 28 11-21 22

Di-So 10-18 Uhr, Führungen zu Sonderausstellungen finden sonntags um 14, 15 oder 16 Uhr statt; weitere Führungen nach Vereinbarung, Anmeldung beim Museumsdienst bei Frau Baireuther unter Fon 4 28 11-15 43, für Sonderausstellungen bei Frau Sonntag-Kroll unter Fon 4 28 11-28 98. Wissenschaftliche Führungen unter Fon 4 28 11-28 98. Behindertengerecht (WC, Aufzüge), bis auf einen Sonderausstellungsraum, der für Rollstuhlfahrer nicht zugänglich ist

S1, S3, S31 oder Busse bis Bahnhof Altona, von dort 3 Min. zu Fuß

Die Geschichte des Altonaer Museums reicht bis in das Jahr 1863 zurück, als Bürger der damals noch dänischen Stadt ein öffentliches Museum zum Zweck der Allgemeinbildung gründeten. Die damalige Sammlung umfasste naturkundliche, geographisch-ethnographische und regionalhistorische Exponate. Unter der Leitung des 1. hauptamtlichen Direktors, Otto Lehmann (1899–1931), entwickelte sich das Altonaer Museum zu einem weithin als vorbildlich anerkannten landeskundlichen Museum. Bedingt durch die Verluste im Zweiten Weltkrieg verlagerte sich der Sammlungsschwerpunkt auf Kulturgeschichte und bildende Kunst. Nachdem durch einen

Großbrand 1980 Teile des Gebäudes – und damit wiederum auch wichtige Sammlungsgegenstände – zerstört wurden, wurde das Museum in 10-jähriger Arbeit modernisiert und wiederhergestellt. Jedoch sind bis heute einige Abteilungen noch nicht wieder zugänglich. Trotzdem ist das Altonaer Museum aufgrund seiner Größe und Vielfalt der Sammlungen eines der bedeutendsten kulturgeschichtlichen Museen für Norddeutschland.

Das Museum gliedert sich in die Abteilungen Schifffahrt und Fischerei, bäuerliche und kleinstädtische Kultur in Norddeutschland, eine Galerie mit norddeutschen Landschaftsbildern, die Ausstellung Spielzeug – ein Kindertraum und die Abteilung Kunsthandwerk.

Beginnen Sie Ihren Rundgang im Erdgeschoss, das dem Thema Schifffahrt und Fischerei gewidmet ist. Nehmen Sie von der Eingangshalle den Weg geradeaus. Ein paar Treppen hinunter gelangen Sie in einen dreischiffigen Säulensaal mit der im Aufbau befindlichen Abteilung Fischerei. Sehenswert sind die historischen Segelschiffe im Maßstab 1:5, etwa ein Pfahlewer um 1800 oder ein Finkenwerder Hochseekutter von 1903. Anschaulich werden an Schiffsmodellen in Vitrinen verschiedene Fangtechniken demonstriert. Im hinteren Bereich der Halle können Sie in eine Helgoländer Hummerbude um 1900 hineinblicken, die aussieht, als hätte der Fischer sie gerade erst verlassen. Ein Badekarren von Borkum erinnert daran, wie sittlich es um die Jahrhundertwende am Strand zuging. Im Raum nebenan finden Sie unten eine eindrucksvolle Parade von Galionsfiguren, die – wie sie früher dem rauen Meer und bösen Geistern trotzten – stolz von der Wand in den Raum hineinragen. Auf dem Umgang oben sind Bilder und Objekte wie zahlreiche Harpunen zum Thema Walfang ausgestellt. Ebenfalls im Erdgeschoss, vom Eingang gleich nach rechts, befindet sich die Abteilung Kauffahrteischifffahrt. Hier können Sie 27 Modelle gleichen Maßstabs von schleswig-holsteinischen Segelschiffen aus dem 19. Jahrhundert bewundern. In Vorbereitung sind Ausstellungen zum Schiffbauhandwerk.

Gehen Sie zum Eingang zurück und dann eine Treppe hinauf. Besuchen Sie links die Abteilung Spielzeug. Auf kindgerechte Weise wird hier historisches und auch neueres Spielzeug präsentiert. Bunte Lampions und Drachen hängen von der Decke; Teddys, Rollschuhe und Eisenbahnen sind auf Wattewolken gebettet. Aber nicht nur Kindern gehen hier die Augen über. Auch Erwachsene können einen Aufbau aus verschiedenen Puppenstuben bewundern und einen Blick in die liebevoll bis ins kleinste Detail gestaltete Puppenschule von 1880 werfen: "Diese alten Hüte am Garderobenhaken waren schon Großmutters Entzücken", bemerkt eine ebenfalls verzückte Besucherin. Außerdem bietet im 2. Obergeschoss ein Spielwarenladen Hunderte von käuflichen Spieldingen aus heutiger Produktion nach traditionellen Vorbildern an.

Aus der Spielzeugabteilung kommend, geht es dann links in einen aus konservatorischen Gründen abgedunkelten Raum mit Trachten und Kostümen aus Norddeutschland. Hier werden bäuerliche Kleidung aus den Landschaften des Sammelgebietes und bürgerliche Mode von 1760 bis 1926 präsentiert. Hüte, Hauben und Zylinder sowie zeitgleiches Mobiliar vervollständigen das Bild.

Weiter geradeaus gelangen Sie in einen hellen Saal mit 28 Bauernhaus- und Mühlenmodellen sowie originalen Wagen und Schlitten aus dem 19. Jahrhundert. Die einzelnen Bauformen der vielfältigen Hauslandschaften Schleswig-Holsteins werden anschaulich erläutert. In den zwei darüber liegenden Stockwerken können Sie die guten Stuben solcher Häuser erleben. 17 originale Räume vom Ende des 17. bis zum Anfang des 19. Jahrhunderts sind hier in zwei Fluchten des Museums eingebaut. Geschnitzte, intarsierte, bemalte und gefliese Wände, bemalte Decken, reich dekorierte Möbel und Hausrat zeugen vom Wohlstand in den selbstständigen Bauernlandschaften Schleswig-Holsteins und des nördlichen Niedersachsens. Besonders prächtig ist die Bauernstube aus Groß Wisch (Wilstermarsch) mit ihren reich ornamentierten Wandpaneelen und der Deckenmalerei. Außerdem finden Sie im oberen der beiden Stockwerke auch den Dufke-Laden, ein vollständig erhaltenes Gemischtwarengeschäft von der Elbinsel Altenwerder. Wenn Sie jetzt sehen wollen, wie ein vollständig eingerichtetes kleines Bauernhaus dieser Region aussieht, folgen Sie den Schildern Vierländer Kate. Ein komplettes Haus des 18. Jahrhunderts aus den Vierlanden östlich von Hamburg ist Stein für Stein und Balken für Balken ins Museum übertragen worden. Anschließend sollten Sie noch einen Blick in den Vortrags- und Konzertsaal mit den Genrebildern werfen. Im Vorraum – dem Raucherzimmer des Museums – sind als Dauerleihgabe der „Tabakhistorischen Sammlung Reemtsma" zahlreiche tabakhistorische Exponate wie Pfeifen und Tabakdosen ausgestellt.

Ein Stockwerk tiefer können Sie Ihren Besuch abschließen mit einem Rundgang durch die Galerie mit norddeutschen Landschaftsbildern. Sie sehen Gemälde von L. P. Strack (1761–1836) über H. Kaufmann (1808–1899) und L. Gurlitt (1812–1897) bis E. Heckel, K. Schmidt-Rottluff, E. Bargheer und F. Radziwill. Im begehbaren Innenhof finden sich Plastiken von B. Luginbühl und J. Koch. Die Abteilung Kunsthandwerk im 2. Obergeschoss umfasst künstlerisch gestaltetes Gebrauchsgut aus Norddeutschland und den angrenzenden Gebieten von der Spätrenaissance bis zum Jugendstil.

Info

- Im Museum werden zahlreiche Sonderausstellungen gezeigt.
- In der Eingangshalle können Sie Bücher, Kataloge, Poster, Postkarten und Repliken kaufen.
- Der Spielwarenladen hat Di–So von 10–18 Uhr geöffnet. Mitglieder der "Freunde des Altonaer Museums" stehen Ihnen hier zum klassischen Verkaufsgespräch zur Verfügung.
- Begutachtung von kunst- und kulturhistorischen Gegenständen durch die Mitarbeiter des Museums ist mittwochs von 14–16 Uhr im Lesesaal der Bibliothek möglich.
- Graphiken können Do und Fr von 13–16 Uhr (Fon 4 28 11-25 04), Bildpostkarten Mi 13–16 Uhr nach vorheriger Anmeldung (Fon 4 28 11-21 57) besichtigt werden.
- Im Winter finden Vorträge zu Schwerpunktthemen statt. Außerdem wird ein Konzertzyklus mit sechs Kammermusikabenden veranstaltet.
- Programmhefte über die Aktivitäten des Museumsdienstes im Altonaer Museum liegen aus.
- Die sehr empfehlenswerte Museumsgaststätte befindet sich in der Vierländer Kate. Gute norddeutsche Spezialitäten, Fon 39 23 04.

ALTONAER MUSEUM
Dufke-Laden, Kaufmannsladen aus Altenwerder, gegründet 1890

Tipp

- Das Altonaer Rathaus südlich vom Museum am Platz der Republik befindet sich im Gebäude des 1834/44 erbauten Bahnhofs der Eisenbahnlinie Hamburg-Kiel. Die Südseite des ehemaligen Bahnhofs ist heute noch erhalten. Die neu gestaltete Neorenaissancefassade an der Nordseite des Gebäudes ist durch einen Giebel gekrönt, dessen Relief Karl Garbers und Ernst Barlach 1896–98 geschaffen haben.

- Wenn Sie den Ottensener Marktplatz überqueren, gelangen Sie zur Christianskirche. Beachten Sie auf dem malerischen, historischen Friedhof die Grabstätte des Dichters Friedrich Gottlieb Klopstock (1724–1803), der hier mit seinen beiden Frauen Meta und Johanna Elisabeth unter zwei Linden ruht.

26   CHRISTIANSKIRCHE (KLOPSTOCKKIRCHE)

Die Christianskirche wurde als einschiffige Backsteinkirche im 18. Jahrhundert erbaut. Auf ihrem idyllischen Kirchhof befindet sich die Ruhestätte des Dichters Friedrich Gottlieb Klopstock.

Klopstockplatz 4, 22765 Hamburg-Altona
Fon 39 82 52 59

Di 15−17 Uhr und auf Anfrage

S3, S31, S1 bis Altona etwa 7 Minuten Gehweg;
Busse 36, 112 oder 115 bis Rathaus Altona

Die einstige Dorfkirche in Ottensen, die Christianskirche, hat ihren dörflichen Charme trotz unmittelbarer Nähe zur stark befahrenen Elbchaussee bewahrt. Pittoresk, von Bäumen und Büschen umgeben, liegt der fünfseitig geschlossene Saalbau mit großem barockem Mansardendach und Westturm gleich hinter dem Altonaer Rathaus.

CHRISTIANSKIRCHE
Einstige Dorfkirche in Ottensen

Die Christianskirche, benannt nach dem dänischen Landes- und Kirchenherrn König Christian VI., wurde 1735−38 nach den Plänen von Otto Johann Müller erbaut. Im Zweiten Weltkrieg wurde die Christianskirche stark beschädigt und von Bernhard Hopp und Rudolf Jäger bis 1958 wieder aufgebaut. Noch aus dem 19. Jahrhundert stammen das Turmdach und das Westportal, vor dem zwei Stahlglocken mit den Inschriften „Geduldig in Trübsal" und „Haltet an am Gebet" stehen. Bemerkenswert im Innern der Kirche ist der Kanzelaltar aus der Erbauungszeit sowie das aus gotländischem Kalkstein bestehende Taufbecken aus dem 13. Jahrhundert. Auf der Empore steht die im Krieg gerettete Orgel aus dem 18. Jahrhundert. Im Turm der Kirche befindet sich ein für Hamburg einmaliges Glockenspiel − das Carillon, das von Hand und automatisch gespielt werden kann.

Dass die Christianskirche auch Klopstockkirche genannt wird, hängt mit der Grabstätte des berühmten Dichters zusammen. Neben zahlreichen anderen Familiengrüften seit dem 18. Jahrhundert sowie Grabsäulen mit Inschrift oder Bild − Stelen genannt −, befindet sich hier auch Friedrich Gottlieb Klopstocks letzte Ruhestätte. Bereits im Jahre 1759 erwarb er die Grabstätte auf dem seinerzeit neu angelegten Friedhof. Vor dem Westportal unter einer der damals gepflanzten Linden steht heute Klopstocks Grabstein, der von einem Relief der trauernden Religion, das Philipp J. Scheffauer 1804 schuf, geschmückt wird. Daneben befinden sich schlichtere Grabstelen, die an Klopstocks Frauen Meta und Johanna Elisabeth erinnern. Der ehemalige Friedhof ist seit 1954 aufgelassen und eine öffentliche Grünanlage.

Info

- Führungen sind auf Anfrage möglich. Der Gottesdienst findet sonntags 10 Uhr statt.
- Jeden ersten Samstag im Monat wird von 15.30−16 Uhr das Carillon (Glockenspiel) − einmalig in Hamburg − gespielt.

CHRISTIANSKIRCHE
Im Turm der Kirche befindet sich das Carillon,
ein in Hamburg einmaliges Glockenspiel

ALTONAER VOLKSPARK

Der Altonaer Volkspark ist Hamburgs größte Parkanlage (zusammen mit dem unmittelbar angrenzenden Altonaer Friedhof 380 ha). Er entstand etwas zeitversetzt mit dem Hamburger Stadtpark im damals preußischen Altona und bietet neben großen waldartigen Bereichen Attraktionen wie dem berühmten Dahliengarten, dem Schleswig-Holstein-Garten und dem Schulgarten mit den geschnittenen Hecken und den reichhaltigen Stauden und Rosenpflanzungen.

S1/S11 Othmarschen, dann Bus bis Ebertallee/Luruper Chaussee. Über Kielkamp, dann links August-Kirch-Straße zum Haupteingang. Oder S 21 Stellingen, Busse 188, 2 und 3 bis Stadionstraße

Wie in Hamburg wurde auch in Altona lange Zeit um die Anlage eines Volksparks diskutiert. Die Arbeiten begannen 1914 auf dem Gelände der ehemaligen Bahrenfelder Tannen und wurden nach dem 1. Weltkrieg im Rahmen von Notstandsarbeiten in mehreren Abschnitten nach Entwürfen von Ferdinand Tutenberg, Altonas erstem Gartendirektor ausgeführt.

Der Park gliedert sich im wesentlichen in vier Teile. Zuerst ist dies der Hauptteil mit dem Haupteingang und der großen Wiese, wo im Frühjahr ein überwältigender Narzissenschmuck zu sehen ist, dann der Bereich des ehemaligen Schulgartens, wo heute statt der Beete für die Schülerinnen und Schüler Altonas der großartige Blütenschmuck zahlreicher Stauden, Rosen und seltener Ziergehölze zu bewundern ist, nördlich davon der Teil mit der „Tutenberg" genannten Aussichtshöhe und dem niedersächsischen Bauernhaus und schließlich der große Bereich mit dem Stadion, der ausschließlich der sportlichen Betätigung vorbehalten ist. Ein früher hier vorhandener Paddelsee und das Planschbecken sind schon seit langer Zeit verschwunden. Ein schwerwiegender Eingriff für den Park waren der Bau der Bundesautobahn A 7, die die Zugänglichkeit von den Wohngebieten im Osten stark eingeschränkt hat und sicherlich auch dazu beigetragen hat, dass das Besucheraufkommen deutlich geringer als z.B. im Hamburger Stadtpark ist.

Eine besondere Attraktion im Volkspark ist der Dahliengarten am Eingang der Luruper Chaussee, der heute als ältester Dahliengarten Deutschlands gilt, europaweit die meisten Raritäten aufweist und über die Saison mehr als 200.000 Gartenfreunde anzieht. Bemerkenswert ist aber auch der vor kurzem neu angelegte Schleswig-Holstein-Garten, der u.a. an die dänische Vergangenheit Altonas erinnert.

ALTONAER VOLKSPARK
Zum 25. Regierungsjubiläum von Kaiser Wilhelm II. wurde die Schaffung des Parks 1913 beschlossen, von 1914-27 vom Gartenbaudirektor F. Tutenberg umgesetzt

27 HEINE-HAUS

Das Heine-Haus ist das Gartenhaus des Hamburger Bankiers Salomon Heine und Außenstelle des Altonaer Museums.

Elbchaussee 31, 22765 Hamburg-Altona
Fon 4 28 11-15 14
Infos unter Fon 4 28 11-15 14, Behindertengerecht

S1, S3, S31 oder Busse bis Bahnhof Altona,
Bus 115 bis Rothestraße,

Das 1832 erbaute Gartenhaus ist der letzte erhaltene Rest von dem Landsitz des Bankiers Salomon Heine (1767–1844) und dient dem Verein Heine-Haus als Begegnungsstätte mit jüdischer Kultur in Hamburg und Altona. Das Altonaer Museum nutzt das Innere mit dem im Originalzustand restaurierten Kuppelsaal für wechselnde Ausstellungen, Konzerte und Vorträge zur jüdischen Kultur. Das Haus ist einer der wenigen in Hamburg erhaltenen originalen Schauplätze aus dem Leben von Heinrich Heine (1797–1856), der ein Neffe Salomon Heines war.

Tipp
- Im Heinepark findet der Besucher noch historische Reste der Parkgestaltung, die der Parzellierung entgangen sind.

HEINE-HAUS
Heute ein lebendiger Veranstaltungsort
für Vorträge, Lesungen, Konzerte

28   MUSEUMSHAFEN ÖVELGÖNNE

Im Museumshafen liegen fast 30 originalgetreu restaurierte Schiffe: Segelschiffe der norddeutschen Klein- und
Küstenschifffahrt wie Fracht- und Fischewer, Kutter, Tjalken und
andere Hafen- und Dienstfahrzeuge.

Anleger Neumühlen, 22763 Hamburg-Altona
Fon 39 73 83
infos@museumshafen-oevelgoenne.de
www.museumshafen-oevelgoenne.de

Ganzjährig geöffnet,
Besuch jederzeit möglich
Führungen nach Vereinbarung mit dem Hafenmeister
Gunter Kersten unter Fon 0177-332 09 54

Bus 112 oder Hafenfähre 62 bis Neumühlen (Fähre:
Landungsbrücken–Finkenwerder–Landungsbrücken mit
Halt in Neumühlen)

Der Verein Museumshafen Övelgönne e.V. wurde 1976
gegründet, um in einem – durch den Bau des neuen Elbtunnels
entstandenen – Hafenbecken in Altona einen Museumshafen
aufzubauen. Fast 30 historische Schiffe haben heute hier ihren
Ankerplatz: originalgetreu restaurierte Segelschiffe der nord-
deutschen Klein- und Küstenschifffahrt wie Fracht- und
Fischewer, Kutter, Tjalken und andere verschiedenartige
Segelschiffstypen, Hafen- und Dienstfahrzeuge.
Die ersten Schiffe kamen 1977 in den Museumshafen,
darunter die "Aurora von Altona", ein aus Eiche gebauter
Fischkutter von 1934, und der holländische Frachtsegler
"Fortuna". 1978 erwarb der Verein den kräftigen
Dampfschlepper "Tiger", der ein Jahr später zum
Hafengeburtstag wieder in Betrieb genommen wurde. Über-
haupt ist es ein Anliegen des Vereins, die außer Dienst gestell-
ten Schiffe der Berufsschifffahrt voll funktionsfähig wiederher-
zustellen. Das 1888 gebaute Feuerschiff "Elbe 3" ist das

Flaggschiff des Museumshafens. Das rotleuchtende Stahlschiff wurde 1977 von der Wasser- und Schifffahrtsdirektion Nord ausgemustert und dem Verein geschenkt. Abgesehen von einigen Fahrten im Jahr liegt die "Elbe 3" ständig im Museumshafen und kann an den Wochenenden auch besichtigt werden.

Aber nicht nur historische Schiffe werden hier präsentiert: Einer der ältesten Hamburger Hafenkräne fand 1989 seine letzte Arbeitsstätte im Museumshafen. Der 1898 in der Anfangszeit der Elektrifizierung des Hafens erbaute Kran war bis 1989 am Rüschkanal in Finkenwerder für Strom- und Hafenbau im Einsatz.

Der Besuch im Museumshafen ist ein wirkliches Erlebnis – auch wenn Sie nicht immer alle Schiffe vor Ort antreffen. Denn die beste Pflege für ein Segelschiff besteht immer noch darin, dass es auch wirklich gesegelt wird!

Info

- Mit der "Elbe 3", "Freiherr von Maltzahn", "Tiger", "Claus D.", "Johanna", "Anna" und verschiedenen anderen Schiffen können Gästefahrten durchgeführt werden. Auskünfte beim Hafenmeister Gunter Kersten unter Fon 0177-332 09 54 oder infos@museumshafen-oevelgoenne.de.

MUSEUMSHAFEN ÖVELGÖNNE
Schwimm-Dampfkran "Saatse", Eigentümer ist das Museum für Arbeit in Hamburg-Barmbek

MUSEUMSHAFEN ÖVELGÖNNE.
Über 30 originalgetreu restaurierte Schiffe sind hier zu bestaunen

DAMPFEISBRECHER ELBE

Ab Sommer 2002 ist der Dampfeisbrecher ELBE nach mehr als 25 Jahren Stilllegung erstmals wieder auf seinem Fluss unter Dampf zu sehen. Die ELBE ist der letzte noch erhaltene dampfbetriebene Eisbrecher für Binnenreviere.

Im Jahre 1911 wurde die ELBE von der Schiffswerft, Eisengießerei und Maschinenfabrik der Gebrüder Wiemann in Brandenburg an der Havel für die königlich-preußische Elbstromverwaltung Magdeburg gebaut. In Lauenburg beheimatet war der Dampfer als Schlepper und Eisbrecher auf der Elbe und bei Bedarf auf den märkischen Wasserstraßen im Einsatz.

Nach seiner Außerdienststellung im Jahre 1975 wurde die ELBE an einen Schiffsliebhaber verkauft, der es dem Berliner Museum für Verkehr und Technik stiftete. Doch das Museum war an einer Inbetriebnahme nicht interessiert und so gelangte die ELBE im Austausch gegen andere Museumsexponate in die Niederlande. Dort kaufte der heutige Eigner den durch seine lange Stilllegung gezeichneten Dampfer und ließ ihn über die Nordsee nach Hamburg schleppen.

Die Besatzung selbst restauriert mit Hilfe der Werft Heinrich Buschmann in Hamburg den Dampfeisbrecher möglichst originalgetreu. Der elegante Aufbau aus Teakholz auf dem Vorschiff gibt dem Schiff ein unverwechselbares Erscheinungsbild. Im Maschinenraum, der auch den Fahrgästen zugänglich ist, dreht sich wieder die 90 Jahre alte 2-Zylinder-Verbunddampfmaschine mit einer Leistung von 280 PS. Wer möchte, darf vor dem Dampfkessel auch einmal selbst die Kohlenschaufel in die Hand nehmen.

Der Dampfeisbrecher ELBE wird für nostalgische Hafenrundfahrten eingesetzt und kann für Sonderfahrten auch gechartert werden.

Info

    - Dampfeisbrecher ELBE Personenschiffahrt
Inhaber: Matthias Kruse
Maria-Louisen-Str. 35, 22301 Hamburg
Fon 040 / 41 30 37 37, Fax 040 / 41 30 37 39
Kruse.matthias@t-online.de
www.dampfeisbrecher-elbe.de

DAMPFEISBRECHER ELBE
1911 für die königlich-preußische Elbstromverwaltung gebaut

29   MUSEUM DER ARBEIT

Das Haus befasst sich mit der Veränderung von Arbeits-
und Lebensbedingungen im Zuge der Industrialisierung. Es
fragt nach sozialen, kulturellen und ökologischen Auswirkungen
technischer Entwicklungen aber auch nach der gesellschaftli-
chen und privaten Arbeitsteilung zwischen den Geschlechtern.

Wiesendamm 3, 22305 Hamburg-Barmbek
Fon 4 28 32-23 64
Fax 4 28 32-31 79
info@museum-der-arbeit.de
www.museum-der-arbeit.de

Mo 13−21 Uhr, Di−Sa 10−17 Uhr,
So und Feiertage 10−18 Uhr
Gruppenführungen nach Anmeldung beim Museumsdienst
unter Fon 4 28 24-325, Behindertengerecht

U2, U3 oder S1 bis Barmbek

Ende der 70er Jahre entstand in Hamburg die Idee für ein
Museum der Arbeit, das Zeugnisse einer verschwindenden
Industriekultur bewahren sollte. 1980 wurde der
Museumsverein gegründet, der als Standort für das Museum die
ehemalige Produktionsstätte der New York Hamburger Gummi-
Waaren Compagnie von 1871 wählte − eines der ältesten noch
existierenden Fabrikensembles in Hamburg. 1985 wandte sich
das Museumsprojekt mit den Tagen der offenen Tür erstmals an
die Öffentlichkeit und war seitdem für Kurse der Druckwerkstatt
und für Wechselausstellungen geöffnet. Durch einen
Senatsbeschluss von 1989 wurde das Museum der Arbeit 1990
als 7. staatliches Museum gegründet. Die Dauerausstellungen
des Museums sind seit Januar 1997 in der Neuen Fabrik
zugänglich.
Das Museum der Arbeit sammelt und bewahrt Dinge, die
man in den herkömmlichen kulturgeschichtlichen Museen oft
vergeblich sucht: Zeugnisse der Arbeit und der Alltagswelt des

Industriezeitalters. Dabei ist das Sammlungs- und
Forschungsfeld vor allem auf Hamburg und seine Umgebung
konzentriert. Gesammelt werden technik-, sozial- und kulturge-
schichtlich interessante und aussagekräftige Gegenstände wie
ganze Werkstätten, Möbel, Berufs- und Alltagskleidung,
Werkzeuge, Haushaltsgegenstände, Maschinen und Geräte, die
als lebensweltliche Quellen des Industriezeitalters erforscht und
bewahrt werden. Das Archiv des Museums enthält eine umfang-
reiche Sammlung persönlicher Dokumente wie Zeugnisse,
Lehrbriefe, Ausweise, Briefe und Fotografien. Zum Herzstück der
Sammlung gehören solche Gegenstände, die dem Museum von
Privatpersonen überlassen werden und die eng mit Biographien,
Geschichten und Erinnerungen verknüpft sind. Archivalien zur
Geschichte Hamburger Firmen werden ebenso gesammelt wie
Plakate und Flugschriften, die soziale und politische
Bewegungen dokumentieren.

Den Auftakt der Dauerausstellung bilden Exponate aus
der Zeit um 1900, die sich unter dem Leitmotiv Leben in der
industrialisierten Welt zusammenfügen. Es handelt sich um teils
alltägliche, teils ungewöhnliche Dinge, die sich oft erst auf den
zweiten Blick als Zeugnisse wichtiger Aspekte der
Industrialisierung entpuppen – etwa in Hinblick auf Mobilität
oder Arbeits- und Zeitdisziplin. In einem teilrekonstruierten
Großensemble der Anstecknadelfabrik Carl Wild wird aus der
Arbeitswelt eines für Hamburg typischen, mittleren Betriebes
berichtet.
Im 1. Obergeschoss befindet sich die Abteilung Grafisches
Gewerbe mit dem Schwerpunkt "Mechanisierung und Ende des
Buchdrucks". "Arbeit im Kontor – Handel mit Übersee" nennt
sich eine weitere Abteilung im 1. Obergeschoss. Hier werden
die Tätigkeiten in Hamburger Handelskontoren mit den
Bedingungen der Rohstoffgewinnung in Ländern der "Dritten
Welt" verknüpft. Das Massenkonsumgut Kakao und Kautschuk
als Rohstoff für industrielle Weiterverarbeitung sind die
Beispiele dafür. Letztere ist in der Geschichte der New York
Hamburger Gummi-Waaren Compagnie gegenwärtig. Eine
Vielfalt von Hartgummiprodukten dokumentiert die
Anwendungsbereiche von Kautschuk.

MUSEUM DER ARBEIT

MUSEUM DER ARBEIT
Die Sozialgeschichte der Arbeit und die Industriekultur der Region. Das
Museum steht auf dem ehem. Gelände der New York-Hamburger-Gummi-
Waaren Compagnie zwischen dem Barmbeker Bahnhof und dem Osterbekkanal

Im 2. Obergeschoss hat die Geschlechtergeschichte ihren Platz. An veröffentlichten und privaten Bildern sind die Kontinuitäten und Veränderungen von Geschlechterrollen vom 18. Jahrhundert bis heute zu studieren, hier werden als typisch männlich bzw. weiblich erachtete Arbeitsplätze und Lebensentwürfe vorgestellt, die Frage nach neuen (und alten) Familienmodellen wird aufgeworfen.

Info

- Im 3. Obergeschoss zeigt das Haus wechselnde Sonderausstellungen.

- Ein großer museumspädagogischer Veranstaltungsbereich umfasst ein umfangreiches Angebot zum Selber- und Mitmachen. In den museumseigenen Werkstätten werden Kurse in den Bereichen Schrift, Satz und Druck veranstaltet. Nähere Information unter Fon 4 28 32-23 86.

- Als Außenstelle wird unter dem Namen „Museum am Hafen" eine Sammlung von Großobjekten bewahrt und an verschiedenen Orten präsentiert: Schwimm-Dampfkran „Saatsee" von 1918, Hamburger Kastenschute H 11347 von 1913, Van-Carrier VC 26, ein Container-Transportfahrzeug der 1. Generation von 1971, Schuten-Dampfsauger „Sauger IV" von 1909, zwei Wasserschutzpolizeiboote – das leichte Hafenstreifenboot Alfred Wachholz von 1959 sowie das Unterelbestreifenboot Elbe 1 von 1965 – und weitere Objekte, die weitgehend funktionsfähig sind und alle ehrenamtlich betrieben werden. Weitere Einzelheiten unter Fon 4 28 32-23 64.

- Das Museum verfügt im Erdgeschoss über ein eigenes Café, in dem auch außerhalb der Öffnungszeiten Feiern ausgerichtet werden können. Auch die Alte Fabrik, ein über 600 qm großer Raum auf dem Museumsgelände kann gemietet werden. Anfragen an Bettina Hedwig, Event Marketing, Fon 4 28 32-31 77.

30 MUSEUM FÜR BERGEDORF UND DIE VIERLANDE

Das Museum im Schloß Bergedorf dokumentiert die Geschichte und bäuerliche Kultur der Elbmarschen, sowie die Entwicklung des Schlosses, die Stadtgeschichte und Altes Handwerk in Bergedorf.

Schloß Bergedorf
Bergedorfer Schloßstraße 4, 21029 Hamburg-Bergedorf
Abteilung des Museums für Hamburgische Geschichte
Fon 4 28 91-25 09
Fax 4 28 91-29 74
museum@schloss-bergedorf.de
www.schloss-bergedorf.de

Di, Mi, Do, Sa, So 10-17 Uhr, Führungen durch den Museumsdienst, Anmeldung unter Fon 4 28 91-25 09

S 21 bis Bergedorf, Behindertengerecht

Das Bergedorfer Schloss liegt in einer Parkanlage an der Bille; es ist die einzige noch aus dem Mittelalter erhaltene derartige Anlage auf Hamburger Staatsgebiet. Ursprünglich stand hier eine Wasserburg, die von Albrecht von Orlamünde (1182–1242) um 1220 angelegt worden war. Später übernahmen die Sachsenherzöge die Burg, ehe im Jahre 1420 die Hansestädte Hamburg und Lübeck zusammen Stadt und Burganlage eroberten. Gemeinsam herrschten sie über das neue geschaffene Amt Bergedorf beinahe 450 Jahre – ein in der europäischen Geschichte beispiellos langes Kondominium. Die Amtsverwaltung wurde im Schloss eingerichtet, ehe 1868 Hamburg Lübecks Anteil für 200.000 Taler kaufte und somit Alleinbesitzerin wurde.

Die Sammlungen des Museums gehen zurück auf den 1847 gegründeten Bergedorfer Bürgerverein, der bereits in den 1890er Jahren erstmals einen Teil seiner historischen Objekte der Öffentlichkeit zugänglich machte. 1953 schenkte der

Bürgerverein seine mittlerweile umfangreichen Sammlungen dem Hamburger Staat, und zwei Jahre später konnte in der vierflügligen Schlossanlage das Museum für Bergedorf und die Vierlande, eine Abteilung des Museums für Hamburgische Geschichte, eingerichtet werden.

Im Kellergewölbe des Gebäudes sind die Rüst- und Waffenkammern, Folterinstrumente sowie weitere Gegenstände aus dem Mittelalter und der Frühen Neuzeit zu sehen. Das Erdgeschoss birgt die vollständige Inneneinrichtung des im Jugendstil eingerichteten Bergedorfer Café Möller. Die Caféräume können ebenso wie der angrenzende große Saal für diverse Veranstaltungen gemietet werden. Die anderen Räume des Erdgeschosses werden für Sonderausstellungen genutzt. Im ersten Obergeschoss erinnern heute noch das Gerichts- und vor allem das prächtig ausgestattete Landherrenzimmer an die Funktion des Schlosses als Amtsgebäude. Das klassizistisch eingerichtete Soltauzimmer bietet Einblicke in die gehobene Bergedorfer Bürgerkultur; hier ist auch ein Klavichord des berühmten Hamburger Instrumentenbauers Hieronymus Albrecht zu sehen. Das Vierlanden-Zimmer zeugt vom vielfältigen Reichtum der bäurischen Kunst, Kultur sowie des Handwerks mit seinen Trachten, Silberschmuck und den auch überregional bedeutsamen Intarsienarbeiten.

SCHLOSS BERGEDORF
1422 angelegt, später mehrfach erweitert. 1868 löste Hamburg die Rechte der Stadt Lübeck ab

31 DEUTSCHES MALER- UND LACKIERER-MUSEUM

In einem aufwendig restaurierten Fachwerkhaus aus dem 18. Jahrhundert dokumentiert das Museum die Geschichte der Zünfte, Malerämter und Innungen sowie des kreativen Maler- und Lackiererhandwerkes.

Billwerder Billdeich 72, 22113 Hamburg-Billwerder
Fon 22 33 15 und 7 33 87 06
Fax 2 29 03 28
farbe-hamburg@t-online.de
www.farbe-hamburg.de

Sa und So 10-13 Uhr, Führungen jederzeit möglich nach Terminabsprache mit der Maler- und Lackierer-Innung Hamburg unter Fon 34 38 87. Die Gebühren richten sich nach der Gruppenstärke.

S21 bis Mittlerer Landweg, dann Bus 330 bis Deutsches Maler- und Lackierermuseum

Das deutsche Maler- und Lackierer-Museum präsentiert seit dem Jahr 1984 seine umfangreiche Sammlung im Billwerder Glockenhaus, so benannt nach dem Dachreiter-Aufbau mit Glocke. Lückenlos wird heute in dem sorgfältig restaurierten Gebäude aus dem 18. Jahrhundert die traditionsreiche Geschichte des Malerhandwerks, die bis in das 12. Jahrhundert zurückreicht, dokumentiert. Außerdem wird ein Einblick in die verschiedenen Anwendungsgebiete und Arbeitstechniken des Malerberufes gewährt.

Der Fahnensaal mit einer klassizistischen Wand- und Deckendekoration hat als einziger Raum eine stilgerechte Möblierung erhalten. Tisch und Stühle im klassizistischen Stil unterstreichen seinen festlichen Charakter. An der Rückfront hängen Innungsfahnen aus Berlin, Hamburg und Halle/Saale von 1814, die anlässlich des Lukasfestes – der Evangelist Lukas ist Schutzpatron der Maler – am 18. Oktober benutzt werden.

Im anschließenden Zunftsaal werden mit Amtsrequisiten, Laden, Urkunden, Wappen, Medaillen und bildlichen Darstellungen die geschichtlichen Hintergründe des Maler- und Lackiererhandwerks aufgezeigt. Die Gründungsdaten der ältesten Ämter und Zünfte sind auf einer Schrifttafel verzeichnet.

Im Silbersaal ist der Innungsschatz aus dem 17. Jahrhundert zu bewundern, der aus vier großen, prunkvollen Deckelpokalen und einem Humpen besteht. Bei der Begrüßungszeremonie wurden sie zum umgehenden Trinken benutzt, woher ihre Benennung "Willkomm" stammt. Auf der Amtskette von 1982 sind alle Ältermänner und Obermeister des Hamburger Maleramtes seit 1375 verzeichnet, die bekanntesten unter ihnen sind Meister Bertram und Meister Franke. Schriftliche Zeugnisse wie Lehr- und Meisterbriefe, Wanderbücher, Prüfungsordnungen sowie Gesellen- und Meisterstücke aus dem 17. und 18. Jahrhundert dokumentieren den Bereich der Ausbildung.

In der Lukasdiele sind neben Lukasbildern, auf denen der Schutzpatron stets mit seinem Attribut, dem Stier, und Malutensilien gezeigt wird, mehrere Meisterstücke zu sehen. Als Befähigungsnachweis musste für die Meisterprüfung ein Ölgemälde von bestimmter Größe mit einer Landschaftsdarstellung und einer figürlichen Szene darin angefertigt werden. Das ausgestellte Meisterstück von Johann Jacob Buchholz aus dem Jahre 1787 stellt ein biblisches Thema dar: die Verstoßung der Hagar. Ebenso beeindruckend wie das großformatige Gemälde ist der eichene Obermeisterstuhl, der 1925 zum 550-jährigen Bestehen der Hamburger Innung gestiftet wurde.

Im Obergeschoss befindet sich eine komplett eingerichtete, funktionsfähige Malerwerkstatt mit Pigmenten, Bindemitteln, Werkzeugen und Geräten, die von 1928 bis 1960 in Willingen in Betrieb war. In der Geräte- und Balkondiele werden Arbeitsproben und Werkzeugen Techniken wie Holz- und Marmormalerei, Schablonenmalerei und Vergoldung demonstriert. Ein besonderes Schmuckstück ist die um 1630 entstandene, bemalte Holzdecke. Im Schildersaal werden die vielfältigen Arbeitsgebiete des Malers aufgezeigt. Es sind Beispiele für Glasarbeiten, Buch-, Schrift- und Schildermalerei, die Gestaltung von Fassaden und Giebelflächen sowie Tapeten zu sehen. In einer Glasvitrine werden Lackmalerei aus Ostasien

sowie Tuschkästen aus China präsentiert. Dass ein Maler nicht nur Handwerker und Techniker, sondern auch Gestalter und Künstler ist, beweisen die zahlreichen Studien, Skizzen und Entwürfe für Wandmalereien im Malersaal.

Eine Besonderheit ist der dem Glockenhaus zugeordnete regelmäßige Gartenteil, der mit seinen barockisierenden Gestaltungselementen Ende des 20. Jahrhunderts neu angelegt worden ist. Er zeigt mit seiner Kombination aus Zier- und Nutzpflanzen und den kleinen Buchshecken, wie die seinerzeit zahlreichen Sommer- und Landhausgärten an der Bille ausgesehen haben könnten und bildet zusammen mit dem Museum ein attraktives Ziel, besonders für Wanderer und Radfahrer.

Info

- Anlässlich des Lukastages werden um den 18. Oktober Sonderausstellungen im Museum durchgeführt.

32 HIRSCHPARK

Die Entstehung des heute so genannten Hirschparks geht zurück auf das ausgehende 18. Jahrhundert, als Johan Caesar IV. Godeffroy in Dockenhuden den seinerzeit größten Landsitz an der Elbe anlegen ließ. Johan Caesar VI., ein begeisterter Jäger ließ schließlich um 1860 im Park ein eingefriedetes Wildgehege anlegen, wo auch heute noch Hirsche zu sehen sind. Besonders erwähnenswert ist eine über 200 Jahre alte Lindenallee.

Zwischen Elbchaussee und Elbuferweg
Hamburg-Blankenese

Ganzjährig Tag und Nacht geöffnet

S 1 oder S 11 bis Blankenese, dann Schnellbus 36 oder Busse 1, 22 oder 286 bis Mühlenberg

Im Jahre 1786 ersteigerte der Hamburger Kaufmann Johan Caesar IV. Godeffroy (ein Nachfahre einer Hugenottenfamilie aus La Rochelle) in Dockenhuden umfangreiche Ländereien samt Lusthof, liess sich in den Jahren 1789–92 durch den dänischen Architekten Christian Frederik Hansen dort ein klassizistisches Landhaus errichten und begann unmittelbar danach mit der Anlage eines Landschaftsgartens im englischen Stil, der schon bald von Zeitzeugen als sehenswert beschrieben worden ist. Mitte des 19. Jahrhunderts gab es geschwungene Wege, Teiche und einen Beltwalk mit Aussichtsplätzen auf die Elbe. Gegen ein Trinkgeld an den Gärtner war der Park jedem anständig gekleideten Besucher offen.
Johan Caesar V. arrondierte das Gelände und gab große Summen für die Parkpflege aus. Seine Frau Sophie kümmerte sich insbesondere um die weitere Ausgestaltung des Parks, in dessen Gewächshäusern u.a. Orangen und Ananas wuchsen. Heute kann man nur noch erahnen, dass sich früher weite Blicke auf den Elbstrom, auf die Bauten in Baurs Park oder auch den Krähenberg mit dem Gosslerhaus boten.

HIRSCHPARK
Die vierreihige, etwa 200 Jahre alte Lindenallee verknüpft den
formalen Garten der Jahrhundertwende mit einem Landschaftsgarten

Johan Caesar VI., der Bauherr des Hirschgeheges ließ weitere Änderungen am Park vornehmen und brachte durch die Anlage von Schmuckgärten südlich der Lindenallee neobarocke Formen in den Landschaftspark. Zusätzlich wurden zahlreiche Rhododendren angepflanzt. 1879 wurde er zahlungsunfähig, der Besitz ging zunächst an den Hamburger Kaufmann Behrenberg-Goßler, dann an den Altonaer Kaufmann Wriedt (Die Anlage hieß vorübergehend Wriedts Park) und schließlich 1924 an die Stadt Altona, die durch eine Teilparzellierung und Bebauung die Pflege des restlichen Parkteils sicherstellen konnte.

Heute sind neben dem Wildgehege vor allem die alte Lindenallee und zumindest zur Blütezeit die zahlreichen Rhododendren Anziehungspunkte im Park, der in Teilen den Charakter eines Waldparks hat. Vom reetgedeckten Witthüs aus, der letzten Wohnstätte des Hamburger Schriftstellers Hans-Henny Jahnn (ein Gedenkstein an den Dichter befindet sich in der Nähe des Hauses) beginnt man am besten seinen Spaziergang durch den Park oder lässt ihn hier enden, frei nach dem Motto der Inschrift über dem Eingang des Landhauses „Der Ruhe weisem Genuss".

Tipp

- Zum Einkehren bieten sich die im Hirschpark gelegenen Witthüs Teestuben an (Elbchaussee 499 a), geöffnet Di – Sa 14–22 Uhr und So 10–22 Uhr.

Info

- In der Nähe von Hirschpark und Baurs Park liegen in Blankenese die ebenfalls öffentlichen Grünanlagen Hesse-Park und Gosslers Park. In allen vier etwa 200 Jahre alten Anlagen befinden sich als zentrale Punkte noch die ehemaligen, heute durch Bezirksdienststellen genutzten Herrenhäuser und geben einen Einblick in das frühere Leben begüterter Familien.

- Georg Friedrich Baur, Konferenzrat in Altona erwarb zwischen 1802 und 1817 verschiedene Grundstücke an der Elbchaussee und fasste sie zu einem großen Landsitz zusammen. An der Gestaltung der Gartenanlage hatte Joseph-Jacques Ramée, ein französischer Emigrant, der sich seinerzeit als Architekt und Gartenarchitekt im Hamburger Raum hervortat

großen Anteil. Ihm wird die Grundstruktur der Anlage zuge-
schrieben, die von Anderen in späteren Jahren ergänzt worden
ist. Der Park liegt unmittelbar am steilen Elbufer und bietet für
Hamburg beträchtliche Höhenunterschiede. Dem am Mühlen-
berger Weg liegenden Herrenhaus ist eine geneigt liegende
Wiese zugeordnet. Bemerkenswert waren früher zahlreiche
Parkgebäude, Kleinarchitekturen und die heute nur noch eingeschränkt wahrnehmbaren Aussichten. Das Wegenetz zeigt noch
weitgehend den Originalverlauf. An Stelle der alten Pagode auf
dem Kanonenberg steht heute ein moderner Leuchtturm zur
Sicherung des Schiffsverkehrs auf der Elbe, wie auch in der
Nachkriegszeit Teile der Parkanlage parzelliert und bebaut worden sind. Gleichwohl ist hier zusammen mit dem Herrenhaus
(1829–1836 von Johann Matthias Hansen und Ole Jörgen
Schmidt) ein beeindruckendes Zeugnis damaliger Landschafts-
gestaltung erhalten geblieben, das nach den geplanten
Restaurierungsarbeiten auch wieder stärker erlebbar sein wird.

HIRSCHPARK
Im 19. Jahrhundert von Johann Cesar VI. Godeffroy angelegt,
seine Enkel legten das Hirschgehege an

33   MARIA GRÜN

Die Blankeneser Kirche Maria Grün stellt in ihrer asketi-
schen Rundform einen traditionell untypischen Kirchenbau dar.
Im Stil des Neuen Bauens von Clemens Holzmeister erbaut sind
auch die von Heinrich Campendonk entworfenen Fenster sehr
sehenswert.

Schenefelder Landstr. 3, 22587 Hamburg-Blankenese
Fon 86 03 74
kirchengemeinde@mariagruen.de
www.mariagruen.de

Täglich 8.30 bis Einbruch der Dunkelheit, Sa ab 10 Uhr

S1, S11 Blankenese; Busse 36 oder 1, 22, 286 Mühlenberg

Die Zeit des Neuen Bauens, die durch den Architekten
Karl Schneider das Stadtbild der Hansestadt seit den Zwanziger
Jahren prägt, wurde auch für den Bau neuer Kirchen von großer
Bedeutung.
In parkähnlicher Umgebung baute der österreichische
Architekt Clemens Holzmeister von 1928–1930 die katholische
Kirche Maria Grün. Der traditionelle Stil eines Kirchengebäudes
wurde hier ersetzt durch einen Rundbau in geometrischer
Grundform mit flach geneigtem Zeltdach. Der Turm ist in kubi-
scher Form gehalten und der asketische Rundbau ist durch drei
Nischen für Sakristei und Kapellen ergänzt. Blickfang sind im
Inneren der Kirche die fünf hohen Chorfenster mit Engeldar-
stellungen. Sie wurden von Heinrich Campendonk entworfen,
einem bedeutendem Maler Anfang des 20. Jahrhunderts, der
zeitweise dem Kreis des „Blauen Reiters" angehörte. Auch die
erst später eingesetzten Fenster mit Mariensymbolen stammen
von Campendonk.

Architekt Clemens Holzmeister begann seine Karriere mit
eindrucksvollen Kirchenbauten, in der die Einbeziehung des
Kirchenbaus in seine landschaftliche Umgebung von zunehmen

MARIA GRÜN
Aus der Zeit des Neuen Bauens, 1928–1930

der Bedeutung war. Daneben baute er z. B. das Große Festspielhaus in Salzburg, allerdings auch das „National-Denkmal", das die Nazis in der Golzheimer Heide bei Düsseldorf ihrem Vorkämpfer Schlageter setzen ließen.

Info

    - Gottesdienste finden am Samstag 18 Uhr, Sonntag 10.30 Uhr und 18 Uhr
    - Unregelmäßig werden Konzerte veranstaltet

34   PUPPENMUSEUM FALKENSTEIN

Das Puppenmuseum Falkenstein zeigt Puppen, Puppenstuben, Daguerreotypien und Bildnisse von 1780 bis in die 50er Jahre des 20. Jahrhunderts.

Grotiusweg 79, 22587 Hamburg-Blankenese
Fon 81 05 82
Fax 81 81 66
elke.droescher@t-online.de
www.elke-droescher.de

Di–So 11–17 Uhr
Führungen nur in Ausnahmefällen (Fon 81 05 81)
Behindertengerecht

Vom S1, S11 bis Blankenese, dann mit dem Bus 286 bis Falkenstein oder Bus 1 bis Tinsdaler Kirchenweg, der linker Hand in den Grotiusweg mündet, je 10 Min. zu Fuß

Eine eindrucksvolle Bauhaus-Villa am Elbufer beherbergt das Puppenmuseum Falkenstein. Das 1923 von Karl Schneider erbaute Landhaus am Falkenstein ist eines der frühesten und größten Landhäuser im Stil des Neuen Sachlichen Bauens. Am Rand des Sven-Simon-Parks gelegen, bietet sich von dort ein herrlicher Panoramablick über die Elbe. Aus 100 Metern Höhe kann man von der Steilküste bis zum Hamburger Hafen und ins Alte Land am gegenüberliegenden Ufer sehen.

Die Sammlung des Puppenmuseums umfasst etwa 60 Puppenstuben, -häuser, -küchen, -läden, -schulen und ca. 300 Puppen vom Biedermeier bis 1940. In dieser – ausschließlich unter Glas zu bewundernden – Miniaturwelt der Puppenstuben spiegelt sich die kulturgeschichtliche Veränderung der vergangenen 200 Jahre wider. Der Besucher erfährt, was zu einem gutbürgerlichen Haushalt unserer Vorfahren gehörte. Denn Puppe und Stube wurden seinerzeit genutzt, um Mädchen spielend lernen zu lassen, wie ein 'ordentlicher Haushalt' auszusehen habe. Außerdem werden zu der Guckkastenwelt der

PUPPENMUSEUM FALKENSTEIN
Inmitten einer weitläufigen Parkanlage im landschaftlichen Stil, mit Elementen aus
den zwanziger Jahren. Gustav Lütge hat den Park in den 60er Jahren für Axel Springer
weiterentwickelt

Puppenstuben zeitgenössische Kinderbildnisse, Daguerreotypien, Kupferstiche, Bilderbögen und Kinderbücher präsentiert.

Tipp

- Ebenfalls im Haus befindet sich Elke Dröschers Galerie
für zeitgenössische Kunst – der Kunstraum Falkenstein (geöffnet nach Vereinbarung, Fon 81 05 81). Schönster Elbblick!

35   RÖMISCHER GARTEN

Ende des ausgehenden 19. Jahrhunderts entstand der durch sein südliches Erscheinungsbild so genannte Römische Garten oberhalb des Falkensteiner Ufers in Blankenese. Von hier ergeben sich weite Ausblicke auf den Elbstrom und die südlich davon liegende Marschenlandschaft. Ein Kleinod ist das am Steilufer liegende Heckentheater und die für deutsche Gärten einzigartige Thuja-Girlandenhecke.

Über den Elbhöhenweg zwischen Falkensteiner Ufer und Falkentaler Weg zu erreichen, Hamburg-Blankenese

Ganzjährig Tag und Nacht geöffnet

S1 oder S11 bis Blankenese dann Bus 48 bis Waseberg

Die Anfänge dieses ehemaligen Privatgartens reichen in die Zeit zwischen 1880 und 1890 als Park des Hamburger Kaufmanns Julius Richter zurück. Hier am südexponierten Geesthang entstand durch die charakteristische Terrassenstruktur, die vielfältigen Aussichten und südlich anmutende Vegetation ein Kleinod an der Elbe.

1897 wurde der Garten durch den hanseatischen Bankier Moritz M. Warburg erweitert und umgebaut. Es entstand durch den Bau von Stützmauern die heute noch vorhandene Terrasse mit dem Rosengarten, daran anschließend die Rasenfläche mit dem rechteckigen Wasserbassin und ab 1924 das über die so

RÖMISCHER GARTEN
Girlandenhecke, einzigartig
für deutsche Gärten des
20. Jahrhunderts

RÖMISCHER GARTEN
Heckentheater mit weiten vielfältigen Ausblicken auf die Elbe

genannte „Würzburger Treppe" vom Rosengarten aus erreichba-
re und vor kurzem restaurierte Heckentheater mit seinen
Rasenstufen. Herausragendes Merkmal des Römischen Gartens
ist jedoch die aufwendig geschnittene und sehr beeindruckende
Thuja-Girlandenhecke unmittelbar am Rand der Stützmauer.

36   EIDELSTEDTER HEIMATMUSEUM

Das Museum stellt die Geschichte Eidelstedts dar. Die
Sammlung umfasst die Abteilungen Landwirtschaft, Handwerk
und Wohnen um 1900.

Alte Elbgaustr. 12, 22523 Hamburg-Eidelstedt
Fon 570 95 99
Fax 570 83 63

Do 15-18 Uhr und nach Vereinbarung
Gruppenführungen nach Vereinbarung im Eidelstedter
Bürgerhaus unter Fon 5 70 95 99

Busse 4, 39, 181, 183, 185, 281, 283 Eidelstedter Platz

Das Eidelstedter Heimatmuseum wurde im Herbst 1984
gegründet, um die wenigen vorhandenen Zeugnisse aus der
dörflichen Zeit Eidelstedts für die interessierte Nachwelt zu
erhalten. Sie betreten das Museum durch eine Klöntür, wie sie
für die meisten Bauernhäuser typisch war. Der größte
Ausstellungsraum ist dem Handwerk und den Bauern gewidmet. Die Bilder der ältesten Eidelstedter Bauernhäuser, von
denen leider keines mehr erhalten ist, hängen am Eingang.
Außerdem sind hier landwirtschaftliche Geräte sowie zahlreiche
Handwerkzeuge ausgestellt. Die anliegenden Räume sind der
Eidelstedter Geschichte, dem Elternhaus des Tischlermeisters
Christens und dem Wohnen um 1900 gewidmet.

37 KIRCHE DES SELIGEN PROKOP IN HAMBURG – RUSSISCHE ORTHODOXE KIRCHE IM AUSLAND

Zwar erscheint der weiße Bau der Russischen Orthodoxen Kirche an der Hagenbeckstraße mit den königsblauen und goldenen Zwiebeltürmen wie aus einem Märchen, er entspricht aber in Ausführung und Ausstattung traditionellen Vorgaben.

Hagenbeckstr. 10, 22527 Hamburg-Eimsbüttel
Fon 40 40 60

Nur während des Gottesdienstes sonntags ab 10 Uhr

U2 bis Lutterothstraße, Ausgang Lenzweg

1965 wurde die von einem baltischen Baron im nordrussischen Stil erbaute Russische Orthodoxe Kirche in Hamburg dem Heiligen Prokop von Ustjug geweiht. Die Kirche in der Hagenbeckstraße gehört zu den russischen Kirchen im Ausland, die als Folge der Oktoberrevolution außerhalb Russlands entstanden. Die russischen Auslandskirchen organisierten das kirchliche Leben der mehr als eine Million zählenden Gläubigen in der Emigration und unterstehen nicht dem Moskauer Patriarchen.

Die Ausgestaltung und der Bau der Kirche folgt, wie auch der Gottesdienst, der hier Göttliche Liturgie genannt und überwiegend in kirchenslawisch abgehalten wird, einem strengen, jahrhundertealtem Ritus.
Der Schutzheilige der Kirche – der Hl. Prokop – stammte aus Lübeck und kam Ende des 13. Jahrhunderts zunächst als Hansekaufmann nach Nowgorod. Schließlich trat er in ein Kloster ein, verließ dieses aber wieder, als er die Bewunderung seiner Mitbrüder auf sich zog. Der Hl. Prokop gehört zu den sogenannten Gottesnarren, die eine besondere Form der Askese wählten. Tagsüber lebt der Gottesnarr unter freiem Himmel, in Lumpen gekleidet, von den Menschen verspottet und verfolgt.

KIRCHE DES SELIGEN PROKOP IN HAMBURG
Sie entstand als Folge der Oktoberrevolution und organisiert das kirchliche Leben der
Gläubigen in der Emigration

Heilige und Ikonen sind von großer Bedeutung für die
Russische Orthodoxe Kirche. Sie erscheinen an der Ikonostase,
welche den Altarraum vom Kirchenschiff trennt. Rechter Hand
befindet sich die Darstellung Christi. Linker Hand ist die Ikone
der Gottesmutter von Kazan zu sehen, auf der das Kind Jesu
frontal dem Betrachter zugewandt auf dem Schoß der Mutter
sitzt. Die im Kind bereits angelegte Gottheit wird hierdurch
betont.

Der Altarraum ist außerdem geprägt durch die Königstür,
die nur zu bestimmten Anlässen geöffnet wird. Beim Abend-

mahl oder zu Ostern, dem wichtigsten Fest der Russischen Orthodoxen Kirche werden die Sakramente durch die Königstür getragen.

Auffallend ist die aufwendige Ausmalung der Kirche, die der byzantinischen Tradition folgt. Auf feuchtem Putz wurde in der Technik mittelalterlicher Freskenmalerei in vier Hauptbildern das Leben Jesu gemalt.

In der Zentralkuppel befindet sich Christus in der Darstellung als Allherrscher. Unter ihm, zwischen den langen schmalen Fenstern sind die Ikonen der vier Erzengel.

Über dem Triumphbogen im Chorraum ist das Pfingstwunder zu sehen: Die Zwölf Apostel werden vom Heiligen Geist, der als Taube dargestellt ist, belebt. Gegenüber bildet die Ikone der Dreifaltigkeit, gemalt von Rubjov, die Szene der drei Männer ab, die zu Besuch bei Abraham sind und an einem Tisch sitzend essen und trinken. Die Darstellung mit den drei Männern ist die einzige Möglichkeit, dem Gottvater, der nicht abgebildet werden darf, symbolisch Gestalt zu geben.

Die Russischen Orthodoxen Kirchen verehren mehrere Heilige: In Hamburg ist auf der linken Seite das Bild des Hl. Aleksander Nievskij zu sehen. Er wehrte als Heerführer Einfälle von verschiedener Seite auf die Stadt Nowgorod ab. Auf der rechten Seite ist der Hl. Konstantin der Große mit seiner Mutter Helena abgebildet. Helena fand das "Wahre Kreuz", dem Wunder nachgesagt werden.

Der Hauptturm der Russischen Orthodoxen Kirche in Hamburg ist mit goldenen Sternen besetzt – ein Zeichen dafür, dass eine Kirche der Gottesmutter geweiht ist. Da der Todestag des Hl. Prokop mit dem Tag der Erscheinung der Gottesmutter-Ikone zusammenfällt, ist auch die Hamburger russische Kirche berechtigt, die Sterne auf dem Hauptturm zu tragen.

Info

- Die Kirche kann im eigentlichen Sinne nicht besichtigt werden; man kann jedoch unter Rücksichtnahme auf die Gemeindemitglieder an der Göttlichen Liturgie am Sonntag um 10 Uhr teilnehmen.

38   HAYNS PARK

Als Bestandteil des Alsterwanderwegs gehört der Hayns Park zu einem beliebten Ausflugsziel nicht nur der Eppendorfer.

Hamburg-Eppendorf

Behindertengerecht

U1 bis Lattenkamp; dann Bus 114 bis Schubackstraße oder Eppendorf Markt

Namenspatron und Begründer des Hayns Park ist der Senator und wohlhabende Kaufmann Max Theodor Hayn sen. Hayn kaufte im Jahr 1873 das Anwesen, das einen großen Garten an der Alster und den sogenannten Kärtnerhof umfasste. Zeugnisse belegen, dass der Garten in seiner Struktur schon vorhanden war. Markanter Blickfang im Park ist der vor kurzem restaurierte Säulenpavillon in der Nähe des Alsterufers.

Wie andere Parkanlagen auch wurde der Hayns Park in den zwanziger Jahren des 20. Jahrhunderts zur teilweisen Bebauung freigegeben. Der damalige Gartendirektor der Stadt, Otto Linne, gestaltete die Restflächen unter Einbeziehung des Pavillons in eine für die Bevölkerung gut nutzbare Parkanlage um, deren besondere Qualitäten in der Lage unmittelbar am Alsterlauf zu sehen sind. Nach der Einweihung 1931 entwickelte sich besonders das kreisrunde Planschbecken zu einem beliebten Ausflugsziel für Eltern und ihre Kinder.

Tipp
- Als Ausflugslokal bietet sich "Zur alten Mühle Eppendorf" (Eppendorfer Landstr. 176, Fon 51 78 20) an.
- Der Bootsverleih Silwar vermietet Tret- und Ruderboote u.ä. Wasserfahrzeuge.

SQUARES IN HAMBURG
INNOCENTIAPARK, EPPENDORFER PARK,
BIEDERMANNPLATZ
(EHEM. SCHLEIDENPARK)

Mit dem Innocentiapark entstand in Hamburg erstmalig nach englischem bzw. französischem Vorbild eine öffentliche Grünanlage auf einem freien Platz. Dieses Gelände wurde in den Zeiten des großen Städtewachstums bewusst von der Bebauung ausgespart, gärtnerisch gestaltet und sollte vor allem den vergleichsweise wohlhabenden Anwohnern der Erholung dienen. Die Steigerung der umliegenden Grundstücksertragswerte war dabei sicherlich kein Zufall.

Der etwa 3 ha große Innocentiapark in Harvestehude entstand 1884/85 auf einem Gelände des Klosterland-Konsortiums und bildet auch heute noch den Mittelpunkt des regelmäßigen Straßenrasters zwischen Grindelberg und

EPPENDORFER PARK
im Kerngebiet des Bezirks Hamburg-Nord, in unmittelbarer Nähe des Universitätskrankenhauses Eppendorf/UKE

BIEDERMANNPLATZ
Dritte squareartige Grünfläche Hamburgs

Rothenbaumchaussee. Durch die Geländemodellierung und den dichten Gehölzbestand wird das Innere des kleinen Parks nach außen hin abgeschirmt.

Gewissermassen als ein großer Vorplatz des Eppendorfer Krankenhauses wurde 1889/90 der über 7 ha große Eppendorfer Park angelegt. Er wird durch die auf den ehemaligen Haupteingang des Krankenhauses zuführende Achse in zwei nahezu gleichgroße Hälften geteilt. Kleine Hügel, Gehölz-kulissen zur Straße hin, ein kleiner Teich und geschwungene Wegeführungen für einen angenehmen Spaziergang sind typi-sche Kennzeichen von Garten- und Parkplanungen dieser Zeit.

1903/04 entstand mit dem Schleidenpark (heute Bieder-mannplatz) in Barmbek die dritte squareartige Grünfläche Hamburgs. Neu ist hier die Abkehr von den früher verwendeten rechteckigen Formen und erstmalig die Anlage eines Kinder-spielplatzes. Ungewöhnlich für die damalige Zeit ist aber auch die Lage in einem Arbeiterviertel und eine Bebauung von fünf bis sechsgeschossigen Etagenhäusern mit Kleinwohnungen. Der Biedermannplatz steht mit seinen Angeboten für die Bedürf-nisse der Großstadtbewohner aber auch für einen Wandel hin zu einer sozialen Stadtplanung, wie sie später beim Winter-huder Stadtpark im großen Stil umgesetzt werden konnte.

39   GORCH FOCK HAUS

Das Elternhaus Gorch Focks in Finkenwerder zeigt Bilder, Fotografien und Bücher des Schriftstellers.

Neßdeich 6, 21129 Hamburg-Finkenwerder
Fon 742 65 01

Jeden 1. Donnerstag im Monat 14-18 Uhr; für Gruppen auch außerhalb der Öffnungszeit nach Vereinbarung Führungen mit Vortrag über die Geschichte von Finkenwerder, Anmeldung unter Fon 7 42 65 01 bei Werner Marquart

Mit der Hafenfähre 62 von den Landungsbrücken nach Finkenwerder, weiter mit Bus 150 bis Nordmeerstraße, die Gedenkstätte liegt direkt gegenüber, oder direkt mit Bus 150 ab Bahnhof Altona bis Nordmeerstraße

Gorch Fock ist das Pseudonym des Schriftstellers Johann Kinau (1880–1916), der mit Werken wie "Seefahrt tut Not" berühmt geworden ist. In seinem Elternhaus in Finkenwerder am Neßdeich 6 können Sie – umgeben von Familienfotos der Kinaus – in alten Fotoalben das Finkenwerder vom Anfang des Jahrhunderts wiederaufleben lassen und in den Büchern der Kinaus schmökern; denn nicht nur Johann, sondern auch seine Brüder Jakob (1884–1965) und Rudolf (1887–1975) haben sich als Schriftsteller einen Namen gemacht. Darüber erzählen Ihnen die sehr freundlichen Mitglieder der Heimatvereinigung – auch schon mal auf Plattdeutsch – gerne mehr.

Info

- Auf dem Alten Finkenwerder Friedhof befindet sich das Grab Johann Kinaus. Der Friedhof stammt aus dem Jahre 1844. Anfahrt mit Bus 251 vom Anleger Finkenwerder zur Endhaltestelle Finkenwerder Friedhof/Westerschule.

40 INFORMATIONSHAUS
FISCHBEKER HEIDE SCHAFSTALL

Das Informationshaus klärt über das Naturschutzgebiet Fischbeker Heide anhand von Tafeln zum Thema Landschaft, Kultur, Pflanzen- und Tierwelt auf. Die wichtigsten Kleintiere und Vögel sind ausgestellt.

Fischbeker Heideweg 43 a, 21149 Hamburg-Fischbek
Fon 7 02 66 18
Fax 7 02 66 18

April bis Oktober: Di–Fr 10–13 Uhr, Sa 12–17 Uhr, So 11–17 Uhr, Führungen für Schulklassen und andere Gruppen, Anmeldung unter Fon 7 02 66 18
Behindertengerecht

S3 bis Neugraben, weiter mit Bus 250 bis Fischbeker Heideweg, dann ca. 10 Min. zu Fuß

Näheres über das Naturschutzgebiet Fischbeker Heide im Süden von Hamburg erfahren Sie im Informationshaus Schafstall. Schautafeln und -vitrinen informieren über die Entwicklung der Landschaft und die Kulturgeschichte des Bezirks Harburg von der Eiszeit bis heute. Die Tier- und Pflanzenwelt wird in ihren Biotopen gezeigt. Vogel- und Kleintierpräparate des Gebietes sind in mehreren Schaukästen ausgestellt. Zudem gibt es ein Hörspiel, ein Fühlspiel und Riechdosen.

41   GEDENKSTÄTTE KONZENTRATIONS-LAGER UND STRAFANSTALTEN FUHLSBÜTTEL 1933–1945

Die Gedenkstätte dokumentiert die Geschichte des Konzentrationslagers und das Schicksal seiner Gefangenen unter anderem anhand von Originalgegenständen und einer nachgestalteten Einzelzelle.

Suhrenkamp 98, Torhaus, 22335 Hamburg-Fuhlsbüttel
Außenstelle der KZ-Gedenkstätte Neuengamme
Fon 4 28 96-03 (KZ-Gedenkstätte Neuengamme)
Fax 4 28 96-5 25 (KZ-Gedenkstätte Neuengamme)
info@kz-gedenkstaette-neuengamme.de
www.hamburg.de/Neuengamme/fuhlsbuettel.html

So 10-17 Uhr und nach Vereinbarung; geschlossen am 1. Mai und zwischen Weihnachten und Neujahr
Führungen und Museumsgespräche nur nach Voranmeldung beim Museumsdienst unter Fon 4 28 24-3 25

S1, S11 oder U1 bis Ohlsdorf, weiter mit Bus 110; oder U 1 bis Alsterdorf, weiter mit Bus 26 bis Suhrenkamp

Seit 1987 befindet sich im ehemaligen Eingangsgebäude der Strafanstalt Fuhlsbüttel, einem zweitürmigen Torhaus, die Gedenkstätte Konzentrationslager und Strafanstalten Fuhlsbüttel. Für Tausende von Verfolgten des NS-Regimes wurde seit 1933 das Eingangsgebäude des im zeitgenössischen Sprachgebrauch als "Kola-Fu" bezeichneten KZ-Fuhlsbüttel zum "Tor zur Hölle". Kurz nach der Machtergreifung der Nationalsozialisten in Hamburg Anfang März 1933 richtete die Hamburger Staatspolizei in Gebäuden der Fuhlsbüttler Strafanstalten ein Konzentrationslager ein. Ab 1936 durfte das KZ, das schnell zum Inbegriff für Grauen und Sterben wurde, nur noch als Polizeigefängnis bezeichnet werden. Bis zur Befreiung im Mai 1945 kamen hier über 250 Frauen und Männer ums Leben – sie starben an den Folgen der

Misshandlungen, wurden ermordet oder in den Tod getrieben. Auch die Strafanstalten Fuhlsbüttel selbst, die der Justiz unterstanden, waren Teil des nationalsozialistischen Verfolgungsapparates. Aus der "Sicherungsverwahrung" wurden viele Strafgefangene ab 1942 in Konzentrationslager zur "Vernichtung durch Arbeit" überstellt. Von Oktober 1944 bis Februar 1945 wurde außerdem ein Teil des Zuchthauses von der SS als Außenlager des KZ Neuengamme genutzt.

Heute erinnert eine im Eingangsbereich des Torhauses angebrachte Gedenktafel an die im "Kola-Fu" und im KZ-Außenlager getöteten Gefangenen. In der Ausstellung werden die Geschichte des Konzentrationslagers und das Schicksal seiner Gefangenen dargestellt. Zahlreiche Originalgegenstände und eine nachgestaltete Einzelzelle sind Teil der Dokumentation. Die Gedenkstätte Konzentrationslager Fuhlsbüttel wird in Zusammenarbeit mit der KZ-Gedenkstätte Neuengamme von der Arbeitsgemeinschaft ehemals verfolgter Sozialdemokraten und der Vereinigung der Verfolgten des Naziregimes – Bund der Antifaschisten betreut.

GEDENKSTÄTTE KONZENTRATIONSLAGER UND
STRAFANSTALTEN FUHLSBÜTTEL 1933–1945
Torhaus Fuhlsbüttel – ehemaliger Eingang der Strafanstalt Fuhlsbüttel

Info

- Gespräche mit Zeitzeugen und ehemaligen Gefangenen des Kola-Fu vermitteln: Arbeitsgemeinschaft ehemals verfolgter Sozialdemokraten unter Fon 24 13 36 und Vereinigung der Verfolgten des Naziregimes – Bund der Antifaschisten unter Fon 31 42 54.

Tipp

- Weitere Gedenkstätten für die Opfer des National-sozialismus im Hamburger Bereich sind die KZ-Gedenkstätte Neuengamme, die Gedenkstätte Plattenhaus Poppenbüttel, die Gedenk- und Bildungsstätte Israelitische Töchterschule und die Gedenkstätte Bullenhuser Damm.

WACHOLDERPARK

Die seinerzeit renommierte Hamburger Gartenbaufirma Jacob Ochs gestaltete durch seinen künstlerischen Leiter Leberecht Migge zwischen 1910/11 den damals so genannten nur 0,7 ha großen „Öffentlichen Garten Fuhlsbüttel" am Wacholderweg in Fuhlsbüttel. Er ist nicht nur in der Fachwelt sehr bekannt sondern steht mit seinen Lindenlaubengängen, den beiden Baumhainen, der zentralen Wiese und dem Spielbereich in seiner regelmäßigen Gestaltung für die Verwirklichung der damals viel diskutierten Ideen der Gartenkunstreform.

Obwohl in der Nachkriegszeit ein kleiner Teil im Osten für eine Stellplatzanlage geopfert werden musste, ist die ursprüng-liche Gestaltungsidee immer noch zu erleben. Die heute Wacholderpark genannte Anlage wurde 1996 restauriert.

Bergkoppelweg/Wacholderweg

U 1 Fuhlsbüttel, Bus 172 bis U-Fuhlsbüttel

42   BUNKERMUSEUM

In einem Bunker aus dem Zweiten Weltkrieg zeigt das Stadtteilarchiv Hamm eine Ausstellung rund um den Luftschutz – mit Fotos, Objekten, Dokumenten, Zeitzeugenberichten und Luftschutzkoffern.

Wichernsweg 16, 20537 Hamburg-Hamm
Fon 2 51 39 27 (Stadtteilarchiv Hamm)
Fax 2 51 89 41
stadtteilarchiv@hh-hamm.de
www.hh-hamm.de

Do 10–12 und 15–18 Uhr, Führungen für maximal 50 Personen nach vorheriger Terminabsprache mit Gunnar Wulf oder Kerstin Rasmußen unter Fon 2 51 39 27 außerhalb der Öffnungszeiten (ggf. auch an Wochenenden)

U3 bis Rauhes Haus; Bus 116 bis Rauhes Haus

Das am 1. Oktober 1997 eröffnete Bunkermuseum des Stadtteilarchivs Hamm ist das einzige seiner Art in Hamburg und dem weiteren Hamburger Umland. Seit 1995 wurde der unterirdische Vier-Röhrenbunker aus dem Jahre 1940/41 zum Museum ausgebaut und in einer der vier Röhren so hergerichtet, wie er während des Zweiten Weltkrieges ausgestaltet war.
Das Bunkermuseum will Geschichte direkt vor Ort vermitteln. Es erinnert an die Zerstörung Hamburgs im Jahre 1943 sowie die Auswirkungen des Krieges auf die Menschen. Auch und gerade jüngeren Menschen soll deutlich werden, dass Kriege kein Mittel der Auseinandersetzung sind.
In der ersten Röhre des Bunkers wird anhand von Fotos und Texten die Entwicklung des Dorfes Hamm zum Stadtteil dargestellt – speziell die nähere Umgebung des Bunkers. Außerdem werden die Luftangriffe der Deutschen auf den mit Hamm vergleichbaren Londoner Stadtteil Holborn sowie die Auswirkungen auf die Bevölkerung dokumentiert. Die zweite Röhre ist dem Bunkerbau selbst gewidmet. Hier werden

Zeitzeugenberichte mit authentischen Schilderungen der Ereignisse vom Juli 1943 eingespielt. Die dritte Röhre, die auch Toilettenzellen (nicht zum Benutzen!) hat, wurde mit nachgebautem Mobiliar in ihren Originalzustand versetzt: Auf der einen Seite befinden sich Bänke mit Platz für 50 Personen, auf der anderen Seite Ablagen mit Luftschutzgepäck u. ä. Außerdem finden sich hier zahlreiche Dokumente wie z. B. Luftschutzvorschriften sowie eine Original-Lüftungsmaschine, Wehrmachtsdecken, ein Feuerlöschgerät u. a. In der vierten Röhre werden Fundstücke von diversen Bunkerbegehungen und Spenden von Besuchern gezeigt: Gasmasken, Bunkerleuchten, vom Feuersturm verformte Materialien wie Flaschen und Löffel u. a. Ein Blick auf Nordeuropas größte Befestigungsanlage in Dänemark verdeutlicht den zeitgleich stattfindenden Bunkerbau für den Angriff. Auch hier finden sich zu den jeweiligen Themen Zeitzeugenberichte.

Info

- In unregelmäßigen Abständen finden in der zweiten Röhre des Bunkers Diavorträge und ähnliche Veranstaltungen statt. Termine erfahren Sie durch die Presse oder direkt im Bunkermuseum.

- Achtung: Das Museum hat kein WC!

BUNKERMUSEUM
Geschichte direkt vor Ort vermittelt

GEDENKSTÄTTE BULLENHUSER DAMM
Rosengarten zum Gedenken

HAMM

43 GEDENKSTÄTTE BULLENHUSER DAMM

Die Gedenkstätte erinnert an 20 jüdische Kinder, die 1945 in der Schule von SS-Männern erhängt wurden.

Bullenhuser Damm 92, 20539 Hamburg-Hamm
Außenstelle der KZ-Gedenkstätte Neuengamme
Fon 4 28 96-03 (KZ-Gedenkstätte Neuengamme)
info@kz-gedenkstaette-neuengamme.de
www.hamburg.de/Neuengamme/bullenhuserdamm.html

So 10–17 Uhr, Do 14–20 Uhr und nach Vereinbarung
Führungen und Museumsgespräche nach Anmeldung
beim Museumsdienst unter Fon 4 28 24-3 25

S21 bis Rothenburgsort, etwa 5 Min. zu Fuß;
Bus 130

Am 20. April 1945 erhängten SS-Männer des KZ-Neuengamme im Keller des Schulgebäudes am Bullenhuser Damm 20 jüdische Kinder und 24 sowjetische KZ-Häftlinge. Seit 1980 befindet sich an diesem Ort eine Gedenkstätte, die das Schicksal der Ermordeten dokumentiert. Der Raum, in dem die Kinder umgebracht wurden, ist im ursprünglichen Zustand erhalten. 1999 wurde die Gedenkstätte erweitert und neugestaltet. Neben der Ausstellung vermitteln nunmehr Computer-Präsentationen, Filme und Lesemappen weitere Informationen.
Hinter der Schule befindet sich ein Rosengarten, in dem jeder eine Rose zum Gedenken an die Opfer pflanzen kann.

44 HELMS-MUSEUM – HAMBURGER MUSEUM FÜR ARCHÄOLOGIE UND DIE GESCHICHTE HARBURGS

Die im Jahre 2000 eröffnete ständige Ausstellung des Helms-Museums zeigt eine der größten Sammlungen Norddeutschlands zur Ur- und Frühgeschichte. Im Haupthaus zeigt das Museum Wechselausstellungen und in der Alten Feuerwache Harburger Stadtgeschichte und Regionalgeschichte des nördlichen Niedersachsens.

Haupthaus (Wechselausstellungen)
Museumsplatz 2, 21073 Hamburg-Harburg
Fon 428 71-36 09
Fax 428 71-26 84
Archäologische Dauerausstellung
Harburger Rathausplatz 5, 21073 Hamburg-Harburg
Fon 428 71-24 97
Dependance Alte Feuerwache (Stadtgeschichte)
Hastedtstraße 30-32, 21073 Hamburg-Harburg
Fon 428 71-26 31

info@helmsmuseum.de
www.helmsmuseum.de

Di–So 10–17 Uhr, Führungen für Schulklassen und andere Gruppen nach Anmeldung beim Museumsdienst unter Fon 4 28 24-3 22; Auskünfte bei Rüdiger Articus unter Fon 4 28 71-38 82; Führungen zu Sonderausstellungen nach besonderer Ankündigung
Eingeschränkt behindertengerecht

S3, S31 bis Harburg Rathaus, dann ca. 2 Min. zu Fuß

Das Helms-Museum – Hamburger Museum für Archäologie und die Geschichte Harburgs ist aus dem im Jahre 1898 gegründeten Museumsverein hervorgegangen. Die seinerzeit nach seinem Mitbegründer, dem Harburger Mühlenkaufmann und Senator August Helms, benannte Einrichtung war zunächst nur Heimatmuseum für Harburg. Seit 1930 lag der Schwerpunkt der Sammlungen des Museums auf der Ur- und Frühgeschichte.

Als zentrales archäologisches Museum Hamburgs bietet es einen Einblick in die Geschichte Hamburgs und der näheren Umgebung von der Steinzeit bis zum Mittelalter. Zudem wird die Geschichte der ehemals selbständigen Stadt Harburg sowie des Harburger Umlandes mit seiner bäuerlichen Kultur dargestellt.

Durch Zusammenlegung der archäologischen Sammlungen einzelner Hamburger Museen besitzt das Museum eine der größten Sammlungen Norddeutschlands zur Ur- und Frühgeschichte. Zudem verfügt es über Bestände zur Ur- und Frühgeschichte ganz Europas. Die archäologische Dauerausstellung befindet sich in den ehemaligen Bücherhallen am Harburger Rathausplatz, nur wenige Schritte vom Haupthaus entfernt.

Hier finden Sie die Anfänge der Menschheitsgeschichte in der Hamburger Region, Zeugnisse vom Neandertaler bis zum Mittelalter. Originale von der Steinzeit bis zur Neuzeit informieren über Grabungsergebnisse, die durch Modelle und bildliche Rekonstruktionen erläutert werden. Herausragende Stücke sind das älteste Paddel der Schifffahrtsgeschichte, Zeugnisse über jungsteinzeitlich bäuerliche Kultur oder Hinweise auf frühes Metallhandwerk in der Bronzezeit und Eisenzeit. Erstmals werden Boote aus dem spätmittelalterlichen Friedhof von Moorburg gezeigt, die eine einmalig beobachtete Grabsitte belegen. Münzschatzfunde zeugen vom Reichtum in dieser Region.

Die Ausstellung setzt die regionale vorgeschichtliche Entwicklung in den größeren gesamteuropäischen Raum. Dieses geschieht durch originale Funde, die zu den Sammlungen des Hauses gehören. Darunter befinden sich viele herausragende Fundkomplexe, die Marksteine in der vorgeschichtlichen Darstellung.

Die ständige Ausstellung zur Harburger Stadtgeschichte und zur Regionalgeschichte des nördlichen Niedersachsens befindet sich in der Dépendance Alte Feuerwache in der Hastedtstraße. Sie zeigt u. a. eine alte Apothekeneinrichtung, den Laden einer Harburger Kaffeerösterei, den Darboven-Laden aus dem Jahre 1895, und mehrere Modelle zur Harburger

HELMS-MUSEUM
Erstes Museum Hamburgs mit Internet-Café

HELMS-MUSEUM
Darboven-Laden um 1895 in der Dependance Alte Feuerwache

Geschichte. Wollen Sie einen Ausflug in die Lüneburger Heide machen, sollten Sie sich vorher in der Abteilung Regional-geschichte das plastische Heidedorfmodell des Malers Friedrich Wilhelm Schwinge aus dem Jahr 1910 anschauen.

Info

- Schulklassen und andere Kindergruppen (z. B. Kinder-geburtstagsfeiern) lädt der Museumsdienst in die Steinzeit ein. In erlebnisreichen zwei Stunden lernen die begeisterten Kinder, aus Feuersteinen Werkzeuge wie Messer, Schaber, Pfeilspitzen oder einen Faustkeil herzustellen und mit Feuerstein und Zunder Feuer zu entfachen wie ihre Vorfahren vor 10.000 Jahren. Oder sie mahlen Korn auf Handsteinmühlen und backen aus dem Mehl kleine Fladenbrote, die sie anschließend aufessen können.

- An der Kasse des Hauptgebäudes und in der Alten Feuerwache sind Kataloge, Poster, Postkarten und verschiedene Verkaufsobjekte wie z. B. ein Urzeit-Feuerzeug erhältlich.

- Über die Aktivitäten des Museumsdienstes im Helms-Museum – Hamburger Museum für Archäologie und die Geschichte Harburgs informieren Programmhefte, die im Eingangsbereich ausliegen. Oder rufen Sie beim Museumsdienst direkt an: Fon 4 28 24-3 25.

Tipp

- Zum Museum gehören mehrere archäologische Außenstellen: Ein archäologischer Wanderpfad in der Fischbeker Heide führt an zahlreichen Grabhügeln, an einem Urnenfriedhof und an Mergelkuhlen vorbei. Schrifttafeln geben die nötigen Informationen. Zu erreichen ist der Wanderpfad mit der S3, S31 bis Neugraben und weiter mit Bus 240 bis Waldfrieden. Außerdem können Sie den Burgwall aus der Zeit Karls des Großen bei Hollenstedt, das Gräberfeld bei Soderstorf und das Hünenbett im Klecker Wald besichtigen.

- In der Hamburger Innenstadt befindet sich eine weitere attraktive Außenstelle des Museums: der sogenannte Bischofs-turm aus dem 11. Jahrhundert am Speersort 10 (im Keller des Radio-Hamburg-Gebäudes) kann Mo–Fr von 10–13 und 15–17 Uhr und Sa von 10–13 Uhr besichtigt werden, Fon 32 57 40 27.

HARBURGER STADTPARK

Der Harburger Stadtpark liegt zusammen mit dem großen Schulgarten westlich der Außenmühle und entstand durch die Gärtnerfamilie Hölscher im wesentlichen in den zwanziger und dreißiger Jahren des 20. Jahrhunderts, wurde aber nach dem 2. Weltkrieg noch in mehreren Abschnitten erweitert und vergrößert.

S3/S31 Harburg, Bus 145 oder 245 bis Rabenstein

1926 fand die Einweihung des Harburger Stadtparks statt, der auch heute noch durch das bewegte Gelände immer wieder zahlreiche Ausblicke auf den See der Außenmühle bietet. Im Vergleich zum Hamburger Stadtpark und dem Altonaer Volkspark stand gestalterisch in Harburg nun das Auf und Ab einer Dünenlandschaft mit weiten Teichflächen unter Einbeziehung der Umgebung im Vordergrund. Prägend ist die Abfolge von Parkräumen, deren Naturformen teils gewahrt, teils aber auch in eine architektonische Form gebracht worden sind um durch diesen Gegensatz zur Landschaft das Reizvolle des Geländes zu erhöhen.

1929-32 wurde der Harburger Schulgarten nördlich des Stadtparks in überwiegend regelmäßigen Formen gebaut und bildet heute mit den Dahlienterrassen, den Gärten der Jahrtausende, dem Blindengarten oder dem Apothekergarten viele Anziehungspunkte.

HARBURGER STADTPARK
Zusammen mit dem großen
Schulgarten und den Langenbeker
Wiesen ist der Park lohnendes Ziel

HARBURGER STADTPARK
Nach dem 2. Weltkrieg in mehreren Abschnitten erweitert und vergrößert

In den später zum Park hinzugekommenen Langenbeker Wiesen südlich der Außenmühle entstanden durch die Renaturierung von Bächen und Gräben und die vielen Teiche und Inseln wertvolle Biotope, die seltenen Pflanzen und Tieren als Rückzugsgebiet dienen aber auch den Erholungssuchenden ruhige Aufenthaltsmöglichkeiten bieten.

Besondere Attraktionen sind neben Außenmühlenfest und dem neuerbauten, vom Marmstorfer Weg aus erreichbaren großem Wasserspielplatz vor allem auch der etwa 3 km lange Rundwanderweg um die 26 ha große Außenmühle, das am Ostufer liegende neue MidSommerland-Bad oder auch eine Fahrt mit dem Tretboot.

Ein Parkführer ist in der Gartenbauabteilung des Bezirksamtes Harburg erhältlich.

45 KUNSTVEREIN HARBURGER BAHNHOF

Der Kunstverein zeigt Wechselausstellungen zeitgenössischer Kunst: junge Talente sowie Künstler der mittleren Generation, die neue Wege gegangen sind.

Hannoversche Straße 85, 21079 Hamburg-Harburg
(Im alten Fernbahnhof)
Fon 76 75 38 96, -7, -5
Fax 76 75 47 85
kunstverein-harburg@web.de

Di–So 13–18 Uhr, Do bis 20 Uhr

S3, S31 bis Bahnhof Harburg

Der Kunstverein Harburger Bahnhof geht auf die Initiative von zwei Harburger Künstlern zurück und besteht seit 18. November 1999. Er befindet sich direkt auf dem Gelände des alten Harburger Fernbahnhofs. Der moderne Ausstellungsraum war ehemals ein Erster-Klasse-Wartesaal.

Der Kunstverein hat sich zum Ziel gesetzt, ein Ort der Darstellung und Auseinandersetzung vor allem für die Malerei zu sein. Er will junge Talente aufspüren sowie Künstler der mittleren Generation, die neue Wege gegangen sind, in Erinnerung rufen. Dazu gehört z. B. auch die Erweiterung der Malerei durch die Möglichkeiten neuer Medien.

Mit der Eröffnungsausstellung des Schweizer Malers Franz Gertsch und Auszügen aus der Sammlung wurden bereits Maßstäbe gesetzt.

46   PHOENIX KULTURSTIFTUNG

Die Phoenix Kulturstiftung zeigt jährliche Wechselausstellungen mit internationalen Privatsammlungen bildender Kunst. Die Sammlung Falckenberg ist als permanente Ausstellung vorgesehen.

Phoenix-Fabrikhallen, Tor 2
Wilstorfer Straße 71, 21079 Hamburg-Harburg
Fon 32 50 67-62
Fax 32 50 67-63

Die Ausstellung ist nur im Rahmen von ca. zweistündigen Führungen zugänglich, an denen bis zu 20 Personen teilnehmen können. An den Wochenenden finden ca. 6 Führungen statt. Wochentags erfolgen Führungen nach Anmeldung.

S3, S31 bis Bahnhof Harburg

Die Harburger Phoenix AG und Harald Falckenberg haben die Phoenix Kulturstiftung gegründet. Sie befindet sich in ehemaligen Werkshallen der Phoenix AG − gleich neben dem Kunstverein Harburger Bahnhof. Auf einer Fläche von 2.300 qm sind jährliche Wechselausstellungen mit internationalen privaten Kunstsammlungen geplant.

Den Anfang macht die vom Direktor der Deichtorhallen Zdenek Felix gestaltete Ausstellung „PhoenixArt 2001", die bis Sommer 2002 zu sehen ist. Sie zeigt im Kontext mit Arbeiten aus der Sammlung Falckenberg (u. a. Franz Ackermann, John Bock, John Chamberlain, Sigmar Polke, Rachel Khedoori, Sherrie Levine, Gerhard Richter und Frank Stella) ausgewählte Beispiele der Sammlung F.C. Gundlach mit bedeutenden Fotoarbeiten der 90er Jahre (u. a. Nan Goldin, Martin Parr und Joel Peter Witkin) sowie Konzeptkunst und Minimal Art aus der Sammlung Lafrenz (u. a. Donald Judd, On Kawara und Kenneth Noland).

Neben den jährlichen Wechselausstellungen ist die Sammlung Falckenberg als permanente Ausstellung vorgesehen. Sie ist in einem begehbaren Lager von etwa 1.700 qm untergebracht. Die meisten Arbeiten befinden sich in Schiebewänden, die der Besucher herausziehen kann. Außerdem werden größere Installationen, insbesondere von Thomas Hirschhorn, Jonathan Meese und Franz West/Mike Kelley gezeigt.

BOTANISCHER GARTEN DER UNIVERSITÄT HAMBURG
Die idealisierte Landschaft im Japanischen Garten

47 BOTANISCHER GARTEN DER UNIVERSITÄT HAMBURG

Der Botanische Garten vermittelt einen Einblick in die Pflanzenwelt Europas, Amerikas, West- und Zentralasiens, Japans, Chinas und in die Biologie der Pflanzen. Auf 25 Hektar sehen Sie über 10.000 Pflanzenarten.

Hesten 10, 22609 Hamburg–Klein Flottbek
(Eingang zum Freigelände in der Ohnhorststraße)
Fon 4 28 16-4 76
Fax 428 16-489
hortus@botanik.uni-hamburg.de
www.bghamburg.de

Sommer: Täglich 9–20 Uhr; Winter: Täglich 9–16 Uhr (in den Übergangzeiten bis etwa 1 Stunde vor Sonnenuntergang). Eine Führung durch das Freigelände bietet die Gesellschaft der Freunde des Botanischen Gartens vom 1. April bis 30. September sonntags um 10 Uhr an, Treffpunkt Eingang Ohnhorststraße; Gruppenführungen nach Vereinbarung, Fon 608 05 33
Die Hauptwege des Freigeländes sind breit und mit dem Rollstuhl problemlos befahrbar. Viele kleine Seitenwege eignen sich jedoch nur für Fußgänger.

S1, S11 bis Klein Flottbek, oder Busse 21, 115 bis Klein Flottbek

Der neue Botanische Garten der Universität Hamburg wurde von 1970 bis 1979 in Klein Flottbek angelegt, nachdem der alte Standort des 1821 gegründeten Gartens am Dammtor flächenmäßig nicht mehr ausreichte. Die Parkanlage ist heute schon sehr schön und vielfältig; es wird allerdings noch einige Jahre dauern, bis die Entwicklung abgeschlossen ist und die Bäume ihre endgültige Höhe erreicht haben.

Am Eingang des sehr weitläufigen Geländes gibt Ihnen ein Plan einen Überblick über die einzelnen Gartenbereiche. Im Botanischen Garten finden Sie u. a. Nutzpflanzen, Giftpflanzen, Arzneipflanzen, die Biologie der Pflanzen, einen seh- und gehbehindertengerechten Duft- und Tastgarten und einen norddeutschen Bauerngarten mit einem kleinen Bauernhaus. Pflanzengesellschaften unserer Wälder, Moore, Heiden, Küsten, Gebirge und Höhenzüge sowie die Pflanzenwelt des Mittelmeerraumes, Amerikas, West- und Zentralasiens, Japans und Chinas umfasst der Bereich Pflanzengeographie. Das Kernstück des neuen Botanischen Gartens bildet das System, das eine Übersicht über die Verwandtschaftsverhältnisse im Pflanzenreich gibt und für Kurse und Vorlesungen der Universität als Pflanzenreservoir dient.

Nordöstlich an das System schließt sich der Japanische Garten an. Die Anfänge der japanischen Gartenkultur, die sehr stark durch den Zen-Buddhismus und die Teezeremonie beeinflusst wurde, reichen bis ins 6. Jahrhundert zurück. Charakteristisch für die Anlage eines Japangartens ist, dass man versucht, die Natur zu symbolisieren, d. h. eine an sich schöne Landschaft zu idealisieren und mit besonderen Techniken zu verkleinern. Der Garten besteht im wesentlichen aus Teichen mit Bambus, Schwertlilien, Schilfrohr und Wassergras an den Ufern und einem Hügel, der mit Kiefern und Ahornbäumen bepflanzt ist. Am Hang des Hügels liegen Steine, die einen Karesansui – einen ehemaligen Flusslauf – symbolisieren sollen. Wenn der Wind durch die Ahornblätter rauscht und Sie von der Zen-Plattform auf den Karesansui blicken, spüren Sie einen Hauch Japan.

Aber nicht nur der Japanische Garten ist ein Anziehungspunkt des Botanischen Gartens. Ebenso beliebt sind die Mittelmeerabteilung, der wunderschöne Rosengarten und das Alpinum. Um alles zu sehen und Ihren eigenen Lieblingsplatz in dieser großen Lehr- und Erholungsanlage zu finden, brauchen Sie mehr als einen Tag. Im Botanischen Garten gibt es fast das ganze Jahr über etwas zu sehen. Jahreszeitliche Höhepunkte sind im Februar/März die Wiesen mit Frühblühern, die

Azaleenblüte im Japanischen Garten im April und Mai, von Juni bis September die Sommerblumenflächen, im September und Oktober die Gehölzflächen mit schmückendem Fruchtbehang bzw. attraktiver Herbstfärbung sowie im Winter die Koniferen bzw. Nadelgehölze.

Info

- Am Eingang ist ein Gartenführer mit Übersichtsplan und detaillierten Informationen zu den einzelnen Gartenbereichen erhältlich.

- Kostenlose Konzerte im Gewächshaus werden von Juni bis September jeweils am 1. Donnerstag im Monat um 19 Uhr veranstaltet.

- Vorträge zu gärtnerisch und botanisch interessanten Themen werden von Oktober bis April jeweils am 2. Donnerstag im Monat um 19 Uhr im großen Hörsaal des Instituts für Allgemeine Botanik, Ohnhorststr. 18, gehalten.

- Der Selbstbedienungs-Kiosk an der Mittelmeerabteilung ist von April bis Oktober geöffnet.

Tipp

- Ein lohnenswertes Ausflugsziel sind die Tropengewächshäuser des Botanischen Gartens in der Parkanlage Planten un Blomen in der Nähe des Dammtor-Bahnhofs. Öffnungszeiten: März bis Oktober wochentags 9–12 und 12.45–16.45 Uhr, Sa/So 10–12 und 12.45–17.45 Uhr; November bis Februar wochentags 9–12 und 12.45–15.45 Uhr, Sa/So 10–12 und 12.45–15.45 Uhr.

BOTANISCHER GARTEN
Ein Hauch Japan versucht die Natur zu symbolisieren, also eine schöne Landschaft zu idealisieren und zu verkleinern

48   ERNST BARLACH HAUS

Das Museum präsentiert eine umfangreiche Sammlung von Werken des Bildhauers Ernst Barlach (1870–1938) und dokumentiert sein Leben anhand von Texten und Fotos.

Baron-Voght-Str. 50a, Jenischpark,
22609 Hamburg-Klein Flottbek
Fon 82 60 85
Fax 82 64 15

Di–So 11–!8 Uhr, Führungen jeden letzten Sonntag im Monat um 11 Uhr, ansonsten nach Vereinbarung, Anmeldung unter Fon 82 60 85
Eingeschränkt behindertengerecht: WC vorhanden, Rollstuhlfahrer benötigen wegen Treppenstufen Begleitung

S1, S11 bis Klein-Flottbeck, weiter zu Fuß 10 Min. zum Jenischpark oder mit Bus 115 bis Marxsenweg (Parkeingang Hochrad); Bus 286 oder Hafenfähre 64 bis Teufelsbrück, ca. 10 Min. zu Fuß zum Parkeingang Baron-Voght-Staße.

Das Museum im Jenischpark verdankt seine Existenz der Stiftung des Hamburger Kaufmannes Hermann F. Reemtsma: Nach einer ersten Begegnung mit Ernst Barlach 1934 hatte Reemtsma sich zu einem passionierten Sammler des in der Zeit des Nationalsozialismus verfemten Künstlers entwickelt. Ende der 50er Jahre entschloss er sich, seine umfangreiche Sammlung der Öffentlichkeit zugänglich zu machen und stiftete das Ernst Barlach Haus, einen modernen, weißen Atriumbau, der 1961/62 von Werner Kallmorgen errichtet und 1995/96 umgebaut und erweitert wurde.

Die nach der Wiedereröffnung im September 1996 in großzügigen Ausstellungsräumen präsentierten Werke Barlachs stellen neben dem Nachlass in Güstrow die bedeutendste Sammlung von Arbeiten des norddeutschen Künstlers dar. Die

Präsentation von rund 130 Skulpturen aus Holz, Bronze,
Keramik, Porzellan, Terrakotta und Gips bietet in Verbindung
mit der Ausstellung von ausgewählten Zeichnungen, druckgra-
phischen Blättern, Texten und Fotos einen umfassenden
Überblick über Ernst Barlachs Schaffen als Bildhauer, Grafiker
und Schriftsteller.

Unter den plastischen Werken verdienen die
Holzskulpturen besondere Beachtung. Mit 24 Exemplaren zeigt
das Haus den größten geschlossenen Bestand der insgesamt
rund 80 Figuren- und Figurengruppen, die Barlach in dem von
ihm bevorzugten Werkstoff Holz ausführte. Diese Werke, die –
im Unterschied etwa zu Bronzegüssen und Gipsabformungen –
Unikate sind, zeigen Barlachs künstlerische Gestaltungskraft
auf höchstem Niveau.

Info

- Im Ernst Barlach Haus werden zusätzlich zur ständigen
Ausstellung auch wechselnde Sonderausstellungen mit Werken
anderer Künstler und Künstlergruppen präsentiert. Außerdem
werden Konzerte und Lesungen veranstaltet.

Tipp

- Besuchen Sie auch das Ernst Barlach Museum in Wedel
(Mühlenstr. 1, Fon 04103-91 82 91), das zahlreiche plastische,
grafische und schriftstellerische Werke Ernst Barlachs zeigt.

49 JENISCH-HAUS – MUSEUM GROSS-BÜRGERLICHER WOHNKULTUR

Das Museum zeigt: Mobiliar und Einrichtung der Hamburger und norddeutschen großbürgerlichen Wohnkultur aus der Zeit um 1800 sowie Sonderausstellungen zu diesem Thema und zur Gartenkultur an der Elbe.

Baron-Voght-Str. 50, 22609 Hamburg-Klein Flottbek
Außenstelle des Altonaer Museums – Norddeutsches Landesmuseum
Fon 82 87 90
am@kulturbehoerde.hamburg.de
www.hamburg.de/Altonaer-Museum

Di–So 11–18 Uhr, Führungen sonntags um 12 Uhr und nach Vereinbarung, Anmeldung unter Fon 4 28 24-3 25 bei Dr. Bärbel Hedinger

S1, S11 bis Klein-Flottbeck, weiter mit Bus 115 bis Marxsenweg; oder Bus 36, 39 oder 286 bis Teufelsbrück, von dort ca. 5 Min. zu Fuß durch den Jenisch-Park

Das Jenisch-Haus wurde von 1831 bis 1834 für Senator Martin Johann Jenisch d. J. nach Plänen von Franz Gustav Forsmann und Karl Friedrich Schinkel errichtet. Das blendend weiße, klassizistische Landhaus – majestätisch auf einer Anhöhe im Jenisch-Park gelegen – kam 1927 zusammen mit dem Park durch einen Pachtvertrag an die Stadt Altona und 1939 durch Kauf an die Hansestadt Hamburg. Das Haus wurde dem Altonaer Museum als Außenstelle übergeben. Die ursprüngliche Ausstattung war nicht mehr vorhanden, so dass der Bau als ein Museum großbürgerlicher Wohnkultur eingerichtet wurde.

Das Jenisch-Haus zeigt Möbel, Bilder, Teppiche und sonstige kunsthandwerkliche Arbeiten in einem wohnlichen Ensemble. Dabei wird auf eine möglichst authentische Darstellung der historischen Wohnsituation Wert gelegt. Die Einrich-

JENISCH-HAUS
Nach Plänen von Forsmann und Schinkel für Senator Jenisch errichtet

tung der Räume im Erdgeschoss bewegt sich zwischen Klassizismus und Biedermeier und zeigt damit Repräsentationsräume im Stil der Erbauungszeit des Hauses, teilweise mit Gegenständen aus Jenischs Besitz.

Tipp

- Das Jenisch-Haus ist ein ideales Ziel für einen Sonntagsausflug mit anschließendem Spaziergang in der weiträumigen Parklandschaft. Im Jenisch-Haus lädt ein Café zum Verweilen ein.

50   JENISCHPARK

Der heutige Jenischpark geht in seinen Ursprüngen zurück auf das 18. Jahrhundert, als sich der Hamburger Kaufmann und dänische Etatsrat Caspar Voght, wie es damals Mode war ein großes Landhaus (heute außerhalb des eigentlichen Parks an der Baron-Voght-Straße) mit Garten am Elbufer errichten ließ und auf den Ländereien ein Mustergut betrieb. Haus und Garten wurden später an Senator Martin Jenisch verkauft, der die Anlagen im englischen Stil umbauen ließ. Mit seiner ursprünglichen Gestaltung, den Ausblicken auf die Elbe und dem tiefer gelegenen Flottbektal gehört der Jenischpark zu den sehenswertesten Parkanlagen in Hamburg.

Hochrad, Holztwiete, Baron-Voght-Straße, Elbchaussee, Hamburg-Klein-Flottbek

Ganzjährig Tag und Nacht geöffnet

S1 bis Klein Flottbek, Bus 115 bis Marxsenweg, Busse 286, 36, 39 bis Teufelsbrück

Der heutige Jenischpark ist der einstige Parc du Midi, der sogenannte Süderpark des riesigen von Caspar Voght angelegten Gartenareals. Ab 1786 erwarb der angesehene Kaufmann Caspar Voght die Bauernhöfe am Geestrücken des nördlichen Elbufers und gestaltete seine "ornamented Farm", ein landwirtschaftliches Mustergut, auf dem er mit neuen Anbaumethoden und Sorten experimentierte.

Jenisch erwarb das Gelände 1828 und ließ an herausgehobener Stelle ein neues, klassizistisches Landhaus nach Entwürfen von Gustav Forsmann erbauen. Die Ländereien teilten sich in vier, den Himmelsrichtungen zugeordneten Anlagen (Süderpark der heutige Jenischpark), Westerpark (ehem. Baumschule von Ehren, heute als Parkanlage neu hergerichtet), Norderpark (heute Botanischer Garten), Osterpark (heute Golfplatz).

Nach Süden zu gibt es vom Jenischhaus, aber auch von vielen Stellen des Parkes vielerlei überraschende Blickbeziehungen, die die vermeintliche Größe der Anlage noch steigern. Die wiederaufgebaute Eierhütte und die neu errichtete Knüppelholzbrücke aber auch der üppige Baumbestand im Wechsel mit kleinen und großen Wiesenflächen, die historische Wegeführung sowie das teilweise unter Naturschutz stehende Flottbektal (bei Hochwasser werden weite Bereiche des Tales überschwemmt) mit den bis zu 10 m hohen Geestkanten und einzelnen, solitär stehenden uralten Eichen kennzeichnen einen auch heute noch außergewöhnlichen Landschaftspark, der noch durch zwei an der Holztwiete liegende Cottages abgerundet wird.

Nördlich des Landhauses liegt ein Pleasureground, an dessen Abschluss ein kürzlich neu erbautes Schaugewächshaus liegt (Eingang Hochrad). Der heute hier vorhandene Pflanzenbestand orientiert sich stark an den ursprünglichen Arten und Sorten, die schon Jenisch seinerzeit hier unter Glas ziehen ließ. In der Nähe des Pleasuregroundes befindet sich auch der weiße Kubus des neu erbauten Ernst-Barlach-Hauses.

1927 übernahm die Stadt Altona den Park, der nach den bisher erfolgten gartendenkmalpflegerischen Arbeiten ein herausragendes Beispiel großbürgerlicher Lebensart darstellt.

Info

- Das Schaugewächshaus, das den Pflanzenbestand des Herrn von Jenisch aus dem Jahre 1836 nachempfunden ist, sollte unbedingt besucht werden: zu erreichen über Eingang Hochrad/Marxsenweg, geöffnet Mo–Fr 9.30–15.30 Uhr und Sa/So 10.30–15.30 Uhr.

Tipp

- Besuchen Sie auch das im Park gelegene Ernst Barlach Haus, ein Museum, das eine umfangreiche Sammlung von Werken des Bildhauers zeigt und sein Leben dokumentiert.
- Besuchen Sie auch das Jenisch-Haus – Museum großbürgerlicher Wohnkultur.

51 TABAKHISTORISCHE SAMMLUNG REEMTSMA

Die Tabakhistorische Sammlung vermittelt einen kulturge-schichtlichen Überblick über die Entwicklung des Tabakgenusses anhand zahlreicher Exponate wie z. B. verschie-denste Pfeifen, Tabatieren und Zigarettenetuis.

Parkstr. 51, 22605 Hamburg-Klein Flottbek
Fon 82 20 15 97
Fax 82 20 18 31
www.Reemtsma.com

Geöffnet nach Vereinbarung, Führung nach Voranmeldung

S1, S11, S31 bis Altona, weiter mit Bus 115 bis Parkstraße

Wie verschieden man seit 400 Jahren in aller Welt "Blauen Dunst" erzeugt, das zeigt die Tabakhistorische Sammlung Reemtsma. Untergebracht in dem Anfang der 30er Jahre im Bauhaus-Stil errichteten ehemaligen Wohnhaus der Familie Reemtsma, vermittelt die Ausstellung einen Überblick über die kulturhistorische Entwicklung des Tabakgenusses. Im Mittelpunkt der Sammlung steht die europäische, besonders die deutsche Tabakgeschichte: Zahlreiche Rauchgegenstände, Urkunden, Schriften und Grafiken werden präsentiert. Aber auch amerikanische Friedenspfeifen, Fetischpfeifen für rituelle Zwecke aus Afrika und reich verzierte Wasserpfeifen aus Asien können bestaunt werden.

In der Gedenkstätte wird die Geschichte des KZ
Neuengamme und seiner 80 Außenlager anhand von Doku-
menten, Büchern, Originalgegenständen aus der KZ-Zeit und
Berichten von Überlebenden vermittelt.

Jean-Dolidier-Weg 39, 21039 Hamburg-Neuengamme
Eine Einrichtung der Kulturbehörde Hamburg
Fon 4 28 96-03
Fax 4 28 96-5 25
info@kz-gedenkstaette-neuengamme.de
www.kz-gedenkstaette-neuengamme.de

Di–So 10–17 Uhr (April bis September: Sa und So bis 18
Uhr); geschlossen am 1. Mai, Öffentliche Führungen sonn-
tags um 12 und 14.30 Uhr (nicht regelmäßig, besser vor-
her anrufen); Führungen für Schulklassen und andere
Gruppen vermittelt der Museumsdienst Hamburg unter
Fon 4 28 24-3 25, Behindertengerecht

S21 bis Bergedorf, Bus 227 bis Jean-Dolidier-Weg/KZ-
Gedenkstätte Neuengamme, um zum Mahnmal/
Gedenkhaus zu kommen; Bus 227 bis Gedenkstätte/
Ausstellung, um zur neuen Ausstellung in den ehemaligen
Walther-Werken zu kommen. Über die Bus-Abfahrtzeiten
informieren der Hamburger Verkehrsverbund und die KZ-
Gedenkstätte Neuengamme

Von 1938 bis 1945 waren im KZ Neuengamme insgesamt
106.000 Häftlinge interniert, von denen ca. 55.000 ums Leben
kamen. Einige starben an Krankheit und Hunger, mehrere tau-
send Häftlinge wurden gehängt, erschossen, vergast, durch
Spritzen getötet oder in Vernichtungslager wie Auschwitz und
Majdanek abtransportiert.

Zur mahnenden Erinnerung an die Opfer des NS-Regimes
in Hamburg wurde 1965 auf dem Gelände des ehemaligen

Konzentrationslagers eine Gedenkstätte errichtet. Das Mahnmal befindet sich an der Stelle der ehemaligen Lagergärtnerei, wo die SS die Asche der im Krematorium Verbrannten als Dünger verstreuen ließ.

Die Gedenkstätte wurde 1981 durch ein Dokumentenhaus ergänzt, das 1995 in ein Gedenkhaus mit den Namen von ca. 24.000 Opfern umgestaltet wurde. Im Mai 1995 wurde anlässlich des 50. Jahrestages der Befreiung in den ehemaligen Walther-Werken eine neue Dauerausstellung eröffnet, die die Überlebenskämpfe der Häftlinge unter der SS-Herrschaft dokumentiert. Neben Großfotos und Videofilmen hat der Besucher hier die Möglichkeit, sich am Computer über die Außenlager Neuengammes zu informieren. Kleidung, Bücher, Essgeschirr und Fundstücke wie Scherben, Schuhreste und Stacheldraht, die bei Ausgrabungen auf dem Gelände gefunden wurden, erinnern an das Leben im Lager. Mitten im Raum steht eine riesige Hörmuschel, in deren 'Bauch' Berichte von Überlebenden über die Zustände im Lager ertönen. Schubladen mit Dokumenten und Originalzeichnungen sowie Ringhefter mit ausführlichen Informationen lassen Raum, sich selbst Eindrücke zu verschaffen, die am Ende der Ausstellung auf einer Magnetwand zum Ausdruck kommen sollen.

Beginnen Sie Ihren Rundgang am besten im Gedenkhaus, wo Sie ein Faltblatt mit einem Plan des sehr weitläufigen Geländes erhalten können. Außerdem geben hier zwei Modelle des Lagergeländes (1946/47 und 1995) Orientierung. Der Rundweg, der auch außerhalb der Öffnungszeiten begehbar ist, führt am Mahnmal vorbei zu einer Rekonstruktion eines Plattenhauses und weiter zum Klinkerwerk, in dem seit Mai 1998 eine Ausstellung zur Ziegelproduktion im KZ Neuengamme zu sehen ist. Vorbei an der Rampe des Klinkerwerkes gelangt der Besucher zum Hafenbecken mit Stichkanal zur Dove-Elbe. Weiter um das Lagergelände herum führt der Weg vorbei an der ehemaligen Kommandantenvilla über das Gelände des ehemaligen SS-Lagers. Auf der Lagerstraße geht es vorbei am ehemaligen Schutzhaftlager (jetzt Justizvollzugsanstalt Vierlande) mit Original-Wachturm, Häftlingsunterkunft und Appellplatz. Der Weg führt zur Grundplatte des ehemaligen Krematoriums, zum Ort des ehemaligen Lagerbahn-

KZ-Gedenkstätte Neuengamme
Die Rampe des Klinkerwerkes

hofes, wo 1994 im Rahmen eines Jugend-Workcamps die Gleisstraße rekonstruiert und ein historischer Güterwaggon aufgestellt wurde, und abschließend zur neuen Ausstellung.

Info

- Am Eingang zur neuen Ausstellung sind Kataloge, Bücher und Videos zur Geschichte des KZ Neuengamme erhältlich.

- Die KZ Gedenkstätte führt regelmäßig Veranstaltungen zu Themen des Nationalsozialismus und der Konzentrationslager sowie Sonntagsgespräche mit Überlebenden über ihre Haftzeit im KZ durch. Themen und Termine sind dem bei der Gedenkstätte zu beziehenden Halbjahresprogramm zu entnehmen.

- Ein umfangreiches Archiv mit Häftlingsberichten, Dokumenten über die NS-Zeit, Prozessakten von NS-Prozessen, Dokumenten des KZ Neuengamme, Interviews mit Überlebenden und ein Fotoarchiv können nach Vereinbarung eingesehen werden.

Tipp

- Besuchen Sie auch die Außenstellen der KZ-Gedenkstätte Neuengamme (die Gedenkstätte Bullenhuser Damm, die Gedenkstätte Plattenhaus Poppenbüttel sowie die Gedenkstätte Konzentrationslager und Strafanstalten Fuhlsbüttel) und die Gedenk- und Bildungsstätte Israelitische Töchterschule.

KZ-GEDENKSTÄTTE NEUENGAMME
Gedenkfahnen im "Haus des Gedenkens"

53 FRIEDHOF OHLSDORF

Mit Ohlsdorf wird in Hamburg nicht nur ein Ortsteil bezeichnet, sondern auch einer der größten Friedhöfe der Welt. Mit seiner gärtnerischen Gestaltung durch im wesentlichen zwei Gartenkünstler ist er nicht nur die größte Grünanlage Hamburgs, sondern auch ein Freilichtmuseum der Grabmalkunst für zahlreiche Hamburger und Touristen. Bedeutende Persönlichkeiten haben hier ihre letzte Ruhestätte gefunden.

Fuhlsbüttler Str. 756, 22337 Hamburg-Ohlsdorf
Fon 593 88-0
ohlsdorf@friedhof-hamburg.de
Internet: www.friedhof-hamburg.de

April–September 8–21 Uhr, Oktober–März 8–18 Uh

S1, S11 und U1 bis Ohlsdorf; Busse 170 und 270 verkehren auf dem Friedhof ab Haupteingang

Als gegen Ende des 19. Jahrhunderts die Begräbnisplätze innerhalb der Stadt nicht mehr ausreichten und durch gesundheitspolitische und hygienische Aspekte die weitere Bestattung auf den engen Kirchhöfen immer schwieriger wurde, entstand 1877 weit außerhalb auf der Ohlsdorfer Feldmark nach Plänen des Architekten Johann Wilhelm Cordes der erste kommunale Friedhof der Stadt, der darüber hinaus im In- und Ausland große Beachtung fand. In diesem, später Cordesteil genannten, Bereich an der Fuhlsbütteler Straße blieb das besondere Zusammenspiel von Architektur, Skulptur und Landschaftsgärtnerei bis heute erhalten. Der heute meist waldartige Gehölzbestand umgibt mit den dazu gekommenen zahlreichen Rhododendren die verschiedenen Grabfelder und entzieht sie so den ersten Blicken der Besucher. Nach Plänen von Hamburgs erstem Gartendirektor, Otto Linne, wurde der Friedhof nach dem ersten Weltkrieg um nahezu das Doppelte erweitert (Linneteil). Diesmal wurden die Grabfelder unter Einbeziehung von Kanälen und Wasserbecken in ein regelmäßig-architektonisches Gestaltungskonzept eingefügt. Ausgehend von der Grabstätte über die Grabreihe zum Grabquartier und einer raumbildenden Gliederung durch Hecken, Alleen und Wasserflächen entstand ein viel beachteter, neuer Friedhofsteil.

Sehenswert sind aber auch die zahlreichen Sonderanlagen wie der Althamburgische Gedächtnisfriedhof in der Nähe des Verwaltungsgebäudes mit den Gräbern von Ida Ehre und Gustav Gründgens, aber auch des ehemaligen Oberbaudirektors Fritz Schumacher oder des ehemaligen Direktors der Hamburger Kunsthalle, Alfred Lichtwark, um nur einige zu nennen. Bemerkenswert sind aber auch das Grabmal-Freilichtmuseum im Linneteil, der in den neunziger Jahren wiederhergestellte Rosengarten, die zahlreichen Gedenkstätten für die Opfer von Krieg und Gewaltherrschaft oder einzelne Grabanlagen wie z.B. von Heinz Erhard oder Hans Albers. Im Verwaltungsgebäude sind entsprechende Informationsblätter erhältlich.

In unmittelbarer Umgebung des Friedhofes liegt mit eigener Einfriedung an der Ilandkoppel der Jüdische Friedhof, der Bestattungen nach jüdischen Religionsgesetzen erlaubt.

Als besonderes Projekt entstand 2001 in der Nähe des Wasserturms an der Cordesallee als Gedenkstätte (z.B. an die Schauspielerin Anni Kalmar oder die Malerin der Hamburger Sezession, Gretchen Wohlwill), aber auch als Begräbnisplatz der Garten der Frauen als ein deutschlandweit einmaliges Projekt.

Info

- Der Förderkreis Ohlsdorfer Friedhof e.V. bietet diverse Führungen an (Fon 50 05 33 87).
- Die Friedhofsinformation (am Haupteingang gegenüber dem U/S-Bahnhof Ohlsdorf) hält Faltblätter mit verschiedenen Rundgängen bereit und ist täglich zwischen 11 bis 15 Uhr geöffnet.
- Besuchen Sie auch das Museum Friedhof Ohlsdorf, geöffnet Mo, Do und So 10–14 Uhr.

OHLSDORFER FRIEDHOF
Der Althamburger Gedächtnisfriedhof am Haupteingang, mit den
Grabstätten bedeutender Hamburger Persönlichkeiten wie
Alfred Lichtwark oder Fritz Schumacher

OHLSDORFER FRIEDHOF
Seltene Rosensorten schmücken den über hundert Jahre alten Rosengarten

FRIEDHOF OHLSDORF
Denkmal für den Architekten Johann Wilhelm Cordes

FRIEDHOF OHLSDORF
Garten der Frauen

Das Haus informiert über die Geschichte des Ohlsdorfer Friedhofs, Grabmalkultur im Wandel der Zeiten, Feuerbestattung in Hamburg, Arbeit auf dem Friedhof sowie Prominente und ihre Grabstätten.

Fuhlsbüttler Str. 756, 22337 Hamburg-Ohlsdorf
Fon 5 93 88-0 oder 500 533 87
Fax 593 88-8 88
information@friedhof-hamburg.de
www.friedhof-hamburg.de

Mo, Do, So von 10–14 Uhr und nach Vereinbarung (geschlossen zwischen Weihnachten und Neujahr) Führungen während der Öffnungszeiten für Einzelpersonen durch die Museumsbetreuung; für Gruppen und außerhalb der Öffnungszeiten nach vorheriger Anmeldung ggf. auch in Verbindung mit einer Friedhofsführung, Behindertengerecht

U1, S1, S11, Bus 110, 172, 179 bis Ohlsdorf

Seit November 1996 präsentiert das Museum Ohlsdorfer Friedhof seine Sammlung zur Friedhofs- und Bestattungskultur in einem kleinen historischen Gebäude auf dem Friedhofsgelände. Neben Kassel ist es das zweite Museum seiner Art in Deutschland.

Die auf drei Räume verteilte Ausstellung beginnt im Windfang des Gebäudes, wo eine Figur in der Tracht der Reitenden Diener die Besucher empfängt. Noch heute sind Sargträger in dieser alten spanischen Tracht bei Beerdigungen zu sehen. Sie erinnern an das frühere Privileg der Ratsdiener, 'vornehme' Leichen zu Grabe tragen zu dürfen.

Im ersten Raum ist die Geschichte des Ohlsdorfer Friedhofs dokumentiert. Die Besonderheit der neuen Parkanlage gegenüber den alten Kirchhöfen wird ebenso illustriert wie die

Entwicklung seit den 20er Jahren, als ein neuer Gestaltungsstil den Friedhof prägte. Ein eigener Bereich ist denen gewidmet, deren Arbeitsplatz der Friedhof war.

Den zweiten Raum prägt eine Ausstellungswand zur Geschichte der Feuerbestattung. Ein weiteres Thema ist die Grabmalgestaltung. Es reicht von den berühmten Grabmalplastiken bis zur Einführung der Grabmalrichtlinien, die noch heute die Grabfeldgestaltung bestimmen.

Der dritte und letzte Raum ist als „Ahnengalerie" gestaltet. In ihm sind Porträts bekannter Hamburger Persönlichkeiten ausgestellt, deren Grabstätten auf dem Friedhof zu finden sind.

Info

- Über den Friedhof Ohlsdorf informieren kostenlose Prospekte. Der Förderkreis informiert mit seinen im Museum zu erwerbenden Druckschriften, Friedhofsbüchern und Ansichtspostkarten die Besucher weitergehend zu Einzelthemen.

MUSEUM FRIEDHOF OHLSDORF
Zweites Museum seiner Art in Deutschland

55 WISSENSCHAFTLICHES INSTITUT FÜR SCHIFFFAHRTS- UND MARINEGESCHICHTE

Das Haus beherbergt die größte Sammlung auf dem Gebiet der Schifffahrts- und Marinegeschichte in Europa – in Form von Modellen, Gemälden, Dokumenten, Karten, Konstruktionsplänen, nautischen Geräten u. a.

Elbchaussee 277, 22605 Hamburg-Othmarschen
Fon 82 13 41
Fax 8 22 63 00

Besichtigung nur nach telefonischer Vereinbarung mit dem Sekretariat unter 20 40-82 13 41
(Mo–Fr 9–17 Uhr), Führungen nur nach Vereinbarung
Eingeschränkt behindertengerecht

S1/S11 bis Othmarschen,
weiter mit Bus 286 bis Holztwiete

Die historische Villa an der Elbchaussee 277, die von 1886 bis zum Ersten Weltkrieg als "Park-Hotel Teufelsbrücke" unter anderem Otto von Bismarck, Kaiser Wilhelm II., Franz von Lenbach und Enrico Caruso zu ihren Hotelgästen zählen konnte, beherbergt seit 1991 eine in Europa einzigartige private Sammlungs- und Forschungsstätte: das Wissenschaftliche Institut für Schifffahrts- und Marinegeschichte.

Die sehr umfangreiche Sammlung des Instituts umfasst mehr als 5.000 Gemälde, Aquarelle und Grafiken und mehr als 1.000 große Schiffsmodelle. Über 25.000 kleine Modelle im Maßstab 1:1250 bieten zudem augenfällige Vergleichsmöglichkeiten einzelner Schiffstypen und verschaffen auch einen vollständigen Überblick über die Entwicklung der Kriegs- und Handelsflotten aller Nationen und aller Zeiten. Außerdem zur Sammlung gehören etwa 30.000 Konstruktionszeichnungen sowie viele Originale, die eine Darstellung der Waffengeschichte auf See liefern. Die ältesten Stücke sind ein 3.000

Jahre altes Bronzeschwert aus Persien, ein römischer Anker und ein Wikingerschwert. Die größten Exponate werden auf dem Freigelände neben Minen, Torpedos und historischen Kanonenrohren aufbewahrt: ein Patrouillenboot der DDR-Volksmarine und ein Rettungsboot der Deutschen Gesellschaft zur Rettung Schiffsbrüchiger.

Darüber hinaus enthält die sehr sehenswerte Sammlung Navigationsinstrumente vom Astrolabium bis zum heutigen Sextanten und elektrischem Kompass, Flaggen, Embleme und Ehrenzeichen, Autographen, Urkunden, Schiffstagebücher, Post- und Speisekarten, Nachlässe von Seefahrern, mehr als eine Million Fotografien und zahlreiche Filme.

Außer Modellen aus Elfenbein, Bernstein und Silber ist im Institut auch eine Sammlung von Knochenschiffen ausgestellt. Das sind präzise Modelle, die während der Napoleonischen Kriege von französischen Gefangenen in England angefertigt wurden.

Info

- Das Institut veranstaltet Symposien und Vorträge.

Tipp

- Weitere Museen, die Sie zum Thema Schifffahrt informieren, sind das Museum für Hamburgische Geschichte, das Altonaer Museum in Hamburg – Norddeutsches Landesmuseum, das Deutsche Zollmuseum und natürlich auch der Museumshafen Övelgönne sowie die Museumsschiffe Cap San Diego und Rickmer Rickmers.

WISSENSCHAFTLICHES INSTITUT FÜR
SCHIFFFAHRTS- UND MARINEGESCHICHTE
Gegenüber dem Eingang zum
Jenisch-Park

56 GEDENKSTÄTTE PLATTENHAUS POPPENBÜTTEL

Die Gedenkstätte erinnert an die 500 Frauen des KZ-Außenlagers Sasel mit einer Dokumentation des Terrors und des Leidens. Zudem wird eine eingerichtete Behelfsheimwohnung des Jahres 1944 präsentiert.

Kritenbarg 8, 22391 Hamburg-Poppenbüttel
Außenstelle der KZ-Gedenkstätte Neuengamme
Fon 4 28 96-03 (KZ-Gedenkstätte Neuengamme)
Fax 4 28 96-5 25 (KZ-Gedenkstätte Neuengamme)
@info@kz-gedenkstaette-neuengamme.de
www.hamburg.de/Neuengamme/plattenhaus.html

So 15–17 Uhr und nach Vereinbarung; Ostern, Pfingsten und Weihnachten geschlossen, Führungen nur nach Voranmeldung bei der KZ-Gedenkstätte Neuengamme unter Fon 4 28 96-03 oder beim Museumsdienst unter Fon 4 28 24-3 25.
Eingeschränkt behindertengerecht, ebenerdig, aber eine kleine Stufe mit Rampe

S1 bis Poppenbüttel, von dort 5 Min. zu Fuß, der Weg ist ausgeschildert

Von September 1944 bis Mai 1945 bestand in Hamburg-Sasel ein Außenlager des Konzentrationslagers Neuengamme. 500 zumeist jüdische Frauen aus dem Ghetto der polnischen Stadt Lodz, die über das KZ Auschwitz nach Sasel gekommen waren, wurden zu Aufräumungsarbeiten in der Hamburger Innenstadt und beim Bau einer weitläufigen Plattenhaussiedlung westlich des Poppenbütteler Bahnhofs eingesetzt. Die geschwächten und hungernden Frauen mussten unter schwierigen Bedingungen Schwerstarbeit leisten. Viele Lagerinsassinnen starben an Misshandlungen, Entkräftung und Krankheiten. Am 7. April 1945 erfolgte der Abtransport der Frauen in das Konzentrationslager Bergen-Belsen. Danach wurden Mitte April 1945 bis zur Befreiung Frauen aus den KZ-Außenlagern Hamburg-Langenhorn und Helmstedt-Beendorf im KZ Sasel untergebracht.

Die Gedenk- und Begegnungsstätte mit einer Dauerausstellung über das KZ-Außenlager Sasel und über Verfolgung und Widerstand im Alstertal befindet sich in der linken Gebäudehälfte eines ehemaligen Behelfswohnheimes, das 1944 aus Betonfertigteilen errichtet wurde. Diese Teile wurden unter Anderem im Klinkerwerk des KZ Neuengamme hergestellt.

Im rechten Teil des Gebäudes ist eine Behelfsheimwohnung des Jahres 1944 eingerichtet. Sie zeigt die Wohnsituation von Ausgebombten, die als Bedienstete in kriegswichtigen Versorgungseinrichtungen von der Stadtverwaltung bevorzugt mit Wohnraum versorgt worden waren. Eine Wohnküche, ein Schlafzimmer sowie Nebenräume sind mit Mobiliar aus der Kriegsproduktion eingerichtet.

In einem 3. Raum befindet sich eine Dauerausstellung, die die Themen Bombenkrieg, Plattenhäuser und Wohnen in Hamburg in der Kriegs- und Nachkriegszeit behandelt.

Tipp

- Besuchen Sie auch die KZ-Gedenkstätte Neuengamme, die Gedenkstätte Konzentrationslager und Strafanstalten Fuhlsbüttel, die Gedenkstätte Bullenhuser Damm und die Gedenk- und Bildungsstätte Israelitische Töchterschule.

GEDENKSTÄTTE PLATTENHAUS
Rekonstruierte Inneneinrichtung

POPPENBÜTTEL

57   WASSERFORUM

Das WasserForum der Hamburger Wasserwerke GmbH
zeigt die historische Entwicklung der Wasserversorgung
Hamburgs – von den Anfängen einer organisierten
Wasserversorgung im 14. Jahrhundert bis zu ihrem heutigen
modernen Stand.

Billhorner Deich 2, 20539 Hamburg-Rothenburgsort
Fon 78 88-24 83
Fax 78 88-28 83
PR@hww-hamburg.de
www.hww-hamburg.de

Di, Do, So 10–16 Uhr, Gruppenführungen Mo–So nach
vorheriger Anmeldung unter Fon 78 88-24 83; Führungen
für Schülergruppen ab der 4. Klasse nach vorheriger
Anmeldung unter Fon 78 88-24 83

S21 bis Rothenburgsort; oder Bus 120 und
124 bis Billhorner Deich

Das WasserForum der HWW befindet sich in einem 1884
entstandenen ehemaligen Maschinenhaus auf dem Gelände der
Hamburger Wasserwerkszentrale in Rothenburgsort. Das
WasserForum selbst stellt die historische Entwicklung der Wasserversorgung in Hamburg dar und zeigt – als HWW eigene
Ausstellung – ihren heutigen modernen Standard sowie den
Zusammenhang zwischen Wassergewinnung und Umwelt.
    Die modern gestaltete Ausstellung informiert multimedial
anhand von Inszenierungen, überdimensionalen Büchern,
Videosequenzen, Leuchtgrafiken u. a. Vertiefende Informationen
sind in Schubfächern zu finden. Außerdem veranschaulichen
verschiedene Modelle die komplizierte Technik der Wasserversorgung, und per Computer kann jeder seinem Wasserver-
brauch auf die Schliche kommen.
    Der Rundgang durch den historischen Teil des WasserFo-
rums blättert 14 Kapitel auf: Eine eigene Wasserleitung gehörte

WASSERFORUM
Wasser, Mensch und Umwelt

WASSERFORUM
Historische Wasserträgerin

früher zu den Luxusgütern, die sich nur wirklich reiche Bürger leisten konnten. Die meisten Menschen schöpften noch bis ins 16. Jahrhundert selbst ihr Wasser aus Alster, Elbe und den Fleeten, in die auch sämtliche Abwässer geleitet wurden. Die erste öffentliche, zentrale Wasserversorgung auf dem europäischen Festland schuf nach dem großen Hamburger Brand von 1842 der englische Ingenieur William Lindley: Die "Stadtwasserkunst in Rothenburgsort" pumpte ab 1848 das in großen Absetzbecken geklärte Elbwasser von Rothenburgsort aus mit einer Dampfmaschine in die Stadt. Die 1924 als Nachfolgerin der staatlichen Stadtwasserkunst gegründete Hamburger Wasserwerke GmbH hat die Wasserversorgung der Stadt von der Elbe abgekoppelt und seit 1964 völlig auf Grundwasser umgestellt.

Die in sieben Abschnitte gegliederte Darstellung der modernen Wasserversorgung Hamburgs präsentiert den Weg des Wassers vom Grundwasser bis zum Verbraucher. Behandelt werden schwerpunktmäßig das Bohren von Förderbrunnen, die Trinkwasseraufbereitung, mikrobiologische und chemische Qualitätsüberwachung, die Steuerung und Kontrolle der Wasseraufbereitung und -verteilung, das Rohrnetz, Wasserzähler, sparsame Hausarmaturen und der verantwortungsvolle Umgang mit Trinkwasser.

Die Zusammenhänge zwischen Wassergewinnung, Natur und Umwelt werden im dritten Teil des Wasserforums beleuchtet. Dabei werden z. B. die hydrologischen Vorgänge im Untergrund transparent gemacht, die Gefährdung der Grundwasser-Ressourcen und die Bedeutung von Wasserschutzgebieten und Naturschutz dargestellt.

Im Zuge der Internationalen Gartenbauausstellung (IGA)
konnte 1953 ein lange gehegter Plan der Stadt verwirklicht
werden, die Umgestaltung des Alstervorlandes in eine öffentliche Parkanlage und damit auch die Möglichkeit eines Spa-
zierganges entlang der Ufer der Außenalster mit vielfältigen,
für Hamburg einzigartigen Blickbeziehungen durchzuführen.

Hamburg-Rotherbaum
liegt zwischen Harvestehuder Weg und der Außenalster

S11, S21 und S 31 bis Dammtor; U1 bis Klosterstern oder
Hallerstraße (die Erreichbarkeit per S- und U-Bahn setzt
jeweils noch einen kleinen Spaziergang voraus); Bus 109
und 115 bis Alsterchaussee; mit den Linienbooten der
Alsterschifffahrt bis zum Fähranleger Rabenstraße

Die Geschichte der Alsterseen geht bis in das 13.
Jahrhundert zurück, als das Wasser im Bereich des heutigen
Jungfernstiegs aufgestaut worden ist. Die im 17. Jahrhundert
errichteten Befestigungsanlagen führten schließlich in Höhe der
heutigen Lombardsbrücke/Kennedybrücke zu einer Teilung in
Binnen- und Außenalster.
Zunächst wurden die östlichen Ufer St. Georgs befestigt
und bebaut. Am Wasser entstanden Promenaden und Alleen.
Die westlichen Ufer wurden nach Aufhebung der Torsperre
bevorzugtes Wohngelände Hamburger Kaufleute. Das so
genannte Klosterland Harvestehude wurde nach und nach verkauft und parzelliert. Die durch den Harvestehuder Weg geteil-
ten privaten Gartenanlagen reichten bis ans Wasser und machten einen öffentlichen Zugang der Ufer unmöglich. Erst nach
dem Zweiten Weltkrieg gelang es der Stadt die erforderlichen
Grundstücke zu erwerben und im Rahmen der IGA 1953 als
Parkanlage herzurichten. Teil der IGA war die Skulpturen-
ausstellung „Plastik im Freien", Gartenarchitekt war Gustav
Lüttge, mit der Deutschland nach langen Jahren den Anschluss
an die internationale Kunst erreichen konnte. Das ehem.

ALSTERVORLAND
Parkanlage von Gustav Lüttge für die IGA 1953 – Kunst im Freien

Ausstellungsgelände ist heute noch gut erhalten und bietet
sich für diesen Zweck immer noch an.

Trauerweiden an den Ufern, große Wiesenflächen für
vielfältige sportliche Aktivitäten aber auch zahlreiche Kirsch-
bäume aus späterer Zeit sind besonders zur Blütezeit im Mai
(Japanisches Kirschblütenfest) Anziehungspunkte für zahlreiche
Besucher. Das Alstervorland ist im Bereich des Fährdamms auch
Start und Ziel der 7400 m langen Laufstrecke rund um die
Außenalster.

Ein Parkführer ist in den Gartenbauabteilungen der
Bezirksämter Eimsbüttel, Mitte oder Nord erhältlich.

ALSTERVORLAND
Zahlreiche große Wiesenflächen für vielfältige sportliche Aktivitäten, auch zum
Sonnenbaden in der Mittagspause

ALSTERVORLAND
Beliebtes Segelrevier inmitten der Großstadt

59   GEOLOGISCH-PALÄONTOLOGISCHES MUSEUM DER UNIVERSITÄT HAMBURG

Das Museum zeigt: Geschichte der Erde, Entstehung der Tier- und Pflanzenwelt, Beschaffenheit der Erdkruste, Geologie in Hamburgs Nachbarschaft.

Bundesstr. 55, 20146 Hamburg-Rotherbaum
Fon 4 28 38-49 99
Fax 4 28 38-50 07
www.geowiss.uni-hamburg.de/
i-geolo/html/museum.tml.com

Mo–Fr 9–18 Uhr, Sa 9–12 Uhr; Semesterferien Sa geschlossen, Führungen nur bedingt in den Semesterferien möglich: Anmeldung bei Frau Eggers (Sekretariat) unter Fon 428 38-49 99, Eingeschränkt behindertengerecht

U2, U3 bis Schlump, Busse 4, 5 bis Grindelhof

Die Schausammlung des Geologisch-Paläontologischen Museums der Universität Hamburg befindet sich im Erd- und Untergeschoss des Hochhauses Ecke Bundesstraße/Schlump – im sogenannten Geomatikum der Universität.

Erwarten Sie kein modernes Erlebnismuseum! Als Universitätsmuseum dient das Geologisch-Paläontologische Museum hauptsächlich als Schausammlung für den wissenschaftlichen Nachwuchs. Die Zugehörigkeit zur Universität sowie deren bekanntlich fehlende finanzielle Mittel stellen aber wohl den Grund für die Aufbereitung der Sammlung im Stil der 70er Jahre dar. Im schlecht erleuchteten, dunkelgrün gestrichenen Erd- und Untergeschoss des Universitätsgebäudes untergebracht, werden die Exponate ausschließlich in dunkelbraun ausgeschlagenen Vitrinen präsentiert. Wer sich von diesem Ambiente nicht abschrecken lässt, wird dafür aber mit ausführlicher, wissenschaftlich exakter Information belohnt.

Im Erdgeschoss des Museums beginnt der Rundgang mit

der Darstellung neuester Forschungsergebnisse über das Sternzeitalter der Erde. Im Anschluss daran werden wichtige Ereignisse der biologischen Evolution dargestellt. Dazu gehört auch eine Vitrine mit der Darstellung der Evolution der Hominiden, womit die Abstammung des Menschen vom Affen gemeint ist.

Im Untergeschoss des Museums wird besonders auf die Eiszeiten der jüngsten Erdgeschichte eingegangen. Daneben werden einzelne, spezielle Themen zur Erd- und Lebensgeschichte angesprochen, wie z. B. Meteoriten, die Drift der Kontinente, Vulkanismus oder Bernstein. Präsentiert werden außerdem Fossilien der berühmtesten Fundstellen Deutschlands wie etwa von Holzmaden, Solnhofen oder Messel.

Tipp

- Der „Verein zur Förderung des Geologisch-Paläontologischen Museums der Universität Hamburg e. V." hat es sich zur Aufgabe gemacht, die bisherige Öffentlichkeitsarbeit zu intensivieren, aktuelle wissenschaftliche Fragen aufzugreifen und im Rahmen von Kolloquien, Vorträgen und Sonderausstellungen zu vermitteln. Angeregt durch viele Interessenten wurde innerhalb dieses Vereins ein „Arbeitskreis Bernstein" eingerichtet. Dieser will Freunde und Sammler von Bernstein und Bernstein-Inklusen zusammenführen, um so einen regen Austausch von Informationen, Material und Literatur zu ermöglichen. Verein zur Förderung des Geologisch-Paläontologischen Museums der Universität Hamburg e. V., Bundesstraße 55 „Geomatikum", 20146 Hamburg. Fon 4 28 38-49 89 (Dr. Wolfgang Weitschat).

GEOLOGISCH-PALÄONTOLOGISCHES MUSEUM DER UNI HAMBURG Baltischer Bernstein mit 31 Einschlüssen

60 MINERALOGISCHES MUSEUM DER UNIVERSITÄT HAMBURG

Das Museum zeigt Minerale, Kristalle, Edelsteine, Gesteine, Erze und Meteorite und führt dem Besucher die Schönheit im Mineralreich vor Augen.

Grindelallee 48, 20146 Hamburg-Rotherbaum
Fon 4 28 38-20 51 oder -20 58
Fax 4 28 38-24 22

Mi 15-18 Uhr, Sonderöffnungszeiten für Gruppen nach Vereinbarung, Führungen nur nach Vereinbarung, Anmeldung unter Fon 4 28 38-20 58

S21, S31 bis Dammtor, weiter mit
Metrobus 4, 5 bis Grindelhof

Das Mineralogische Museum der Universität Hamburg ist eines der vier naturwissenschaftlichen Museen Hamburgs, die aus dem im Krieg zerstörten Naturhistorischen Museum hervorgegangen sind. Seit 1969 werden im Museumsgebäude an der Grindelallee im Univiertel auf rund 500 qm faszinierende Mineralien und Gesteine aus aller Welt, funkelnde Edelsteine und geheimnisvolle Meteorite ausgestellt. Aus einem Fundus von rund 70.000 Sammlungsstücken werden 1500 ausgewählte Exponate den Besuchern gezeigt. Besonders Kinder sind begeistert von der glitzernden und funkelnden Welt der Mineralien und stehen staunend vor den erleuchteten Vitrinen.

Im Eingangsbereich der Schausammlung wird der Besucher von einem 125 cm hohen Quarzkristall aus Brasilien und wunderschönen Gipskristallen aus Chihuahua in Mexiko empfangen, die einen ersten Eindruck von der Ästhetik der Kristalle vermitteln. In mehreren Vitrinen wird der Aufbau der Kristalle erklärt, und zahlreiche Minerale werden gezeigt. Zu bewundern sind u. a. Quarze, Turmaline, Opale, Achate und die größte Antimonit-Kristallgruppe der Welt. Hier befindet sich auch die Meteoritenabteilung. Mit 424 kg ist der größte, in einem deutschen Museum ausgestellte Meteorit zu bestaunen. Beachtung verdient auch die eher unauffällig links in der Ecke des Raumes platzierte UV-Vitrine mit fluoreszierenden Mineralien.

Vorbei an verkieseltem Holz aus Ägypten und des USA, geht es ins Obergeschoss des Museums. Hier sind Schmucksteine, Bernstein, Imitationen und Manipulationen, Perlen, Elfenbein und Korallen zu sehen.

Info

- Ein Tipp für Ihre Mineraliensammlung zu Hause: Mineralien zum Kaufen sind in einer Vitrine im Eingangsbereich ausgestellt.

- Ein Führer durch die Schausammlung ist am Eingang des Museums erhältlich.

- Während der Öffnungszeiten des Museums sind Fachleute zur Begutachtung einzelner Eigenfunde und Schmuckstücke anwesend.

Tipp

- Das Grindelviertel an der Universität war bis zur Shoah das jüdische Zentrum Hamburgs. Der Grundriss der Hauptsynagoge, die in der Pogromnacht 1938 in Brand gesetzt wurde, ist als Mosaik auf dem Joseph-Carlebach-Platz – benannt nach dem 1942 ermordeten Oberrabbiner – am Grindelhof nachgebildet. Hier steht auch das Gebäude der ehemaligen Talmud-Tora-Realschule.

61   MUSEUM FÜR VÖLKERKUNDE
HAMBURG

Das Museum präsentiert Kulturen aus Alt-Ägypten, Afrika, Europa, Indonesien, der Südsee und Amerika sowie eine Gold-kammer, eine Bootshalle, einen Südsee-Maskensaal und ein Maori-Haus.

Rothenbaumchaussee 64, 20148 Hamburg-Rotherbaum
Fon 01805-30 88 88
Fax 4 28 48-22 42
www.voelkerkundemuseum.com

Di–So 10–18 Uhr, Do 10–21 Uhr. Es gibt öffentliche Führungen zu den Sonderausstellungen. Die Termine wer-den im Monatsprogramm angekündigt oder können tele-fonisch erfragt werden (Fon 01805-30 88 88). Spezielle Führungen können über den Museumsdienst unter Fon 4 28 24-3 25 gebucht werden.

U1 bis Hallerstraße; oder S11, 21, S31 bis Dammtor, von dort etwa 8 Min. zu Fuß; oder Bus 34 bis Museum

Die Anfänge des Museums für Völkerkunde lassen sich bis zu einer kleinen „culturhistorischen" Sammlung im Besitz der Stadtbibliothek zurückverfolgen. Diese seit 1849 bestehende Sammlung vergrößerte sich rasch durch die weltweiten Han-delsbeziehungen der Hansestadt sowie durch Schenkungen ihrer Bürger. Die eigentliche Gründung des Museums für Völker-kunde durch Hamburger Kaufleute und Stiftungen fällt in das Jahr 1879. Mit Georg Thilenius erhielt das Haus 1904 seinen ersten Direktor, nachdem es zuvor durch den „Vorsteher" Carl Lüders und später vom kommissarischen Leiter Karl Hagen geleitet wurde. Thilenius setzte sich energisch für ein eigenes Museumsgebäude an der Rothenbaumchaussee ein. 1912 konn-te der prächtige Bau eingeweiht werden, der bis heute umfang-reiche Sammlungen birgt und als lebendige Begegnungsstätte der Kulturen genutzt wird.

Die Sammlungen des Museums umfassen etwa 350.000 Objekte aus aller Welt und fast ebenso viele historische Fotodokumente. Regional sind diese in die Abteilungen Afrika, Amerika, Europa, Mittlerer und Vorderer Orient, Süd- und Ostasien sowie Indonesien und Südsee gegliedert. Diese Unterteilungen spiegeln sich auch in den regionalen Dauerausstellungen, wobei die Bestände der Abteilungen Süd- und Ostasien sowie Vorderer und Mittlerer Orient zurzeit keinen eigenen Ausstellungsbereich haben. Die Gesamtfläche, die für Ausstellungen zur Verfügung steht, beträgt rund 5000 qm. Hier präsentiert das Haus Kostbarkeiten und Alltagsgegenstände europäischer und außereuropäischer Kulturen in den jeweiligen Dauer- bzw. den wechselnden Sonderausstellungen.

Das Museum befindet sich in einer Umbruchphase und hat begonnen, seine Dauerausstellungen grundlegend neu zu gestalten. Die Aufgabe, über alle Kulturen in einer sich wandelnden Welt zu berichten und lebendige Begegnungsstätte zu sein erfordert neue Herangehensweisen. Ausstellungen sollen ein ganzheitliches Verständnis für eine Kultur ermöglichen, andere Sichtweisen aufzeigen und die Vielfalt kultureller Möglichkeiten beleuchten. Bereits im Vorfeld werden Mitglieder der jeweiligen Kulturen in die Konzeption und Gestaltung einbezogen.

1999 wurde unter dem Titel „Das gemeinsame Haus Europa" eine neue Dauerausstellung eröffnet. Sie veranschaulicht die Gemeinsamkeiten, aber auch die Vielfalt kultureller Ausdrucksformen auf diesem Kontinent. Flexibles Element ist ein kleiner Bereich im Zentrum, der wechselnden Sonderausstellungen vorbehalten ist. Dort werden aktuelle Themen dargestellt, eigene Sammlungen aus den Archiven sowie Wanderausstellungen anderer Museen präsentiert.

Die Umgestaltung aller anderen Dauerausstellungen steht noch bevor, zurzeit ist Afrika in Bearbeitung. Besonders hervorzuheben ist die neue Einführungsausstellung im Gewölbesaal des Museums. Objekte unterschiedlichster Regionen lenken den Blick auf den Menschen und seine vielfältigen kulturellen Ausdrucksformen. Es geht um Sichtweisen und Veränderungen im Wandel der Zeit: Exotismus, Stereotypen und Rassismus – der Blick des Europäers auf den exotischen Fremden wird eben-

VÖLKERKUNDEMUSEUM
Das Moari-Haus

VÖLKERKUNDEMUSEUM
Der Gewölbesaal beherbert die neue Einführungsausstellung. Die sieben
Abteilungen besitzen ca. 350.000 Objekte und 300.000 historisch-ethnogra-
fische Fotografien aus aller Welt

so gezeigt wie der Blick der Fremden auf Europa. Das Museum
setzt sich in dieser Ausstellung mit seiner eigenen Vergangenheit, der Kolonialgeschichte, kulturellem Wandel und weltweiter
Migration auseinander.

Auch bei den zehn bis zwölf Sonderausstellungen im Jahr
schlägt das Museum neue Wege ein. Angesichts der Tatsache,
dass lediglich 3 Prozent der Bestände der Öffentlichkeit
zugänglich sind, wird das Museum nach und nach seine inneren Reichtümer ans Licht holen. Die in den Archiven verborge-
nen Schätze werden regional oder themenspezifisch aufgearbeitet und erstmalig in ihrer Gesamtheit dem Publikum präsentiert.

Info

- Im Museumsshop im Erdgeschoss können Sie Bücher,
Poster, Postkarten, CDs und Kunstgewerbeartikel kaufen.
- Eine Objektbegutachtung durch die Wissenschaftler des
Museums ist nach vorheriger Anmeldung mittwochs von 14–16
Uhr möglich.
- Die Museumsbibliothek hat Di, Mi 11–16 Uhr, Do
11–18 Uhr, Fr 11–14 Uhr geöffnet.
- Das Hexenarchiv zur Erforschung des neuzeitlichen
Hexenglaubens richtet sich an interessierte Laien und
Fachleute. Die wissenschaftliche Betreuerin steht donnerstags
von 16–19 Uhr für persönliche oder telefonische Beratung (Fon
4 28 48-25 53) zur Verfügung.
- Im Museum finden kulturelle Veranstaltungen wie
Konzerte, Vorträge und Festivals statt.
- Drei jährlich stattfindende Märkte haben sich am
Museum etabliert: der Norddeutsche Ostermarkt, der
Norddeutsche Christkindlmarkt und der Markt der Völker. Dort
können Kunsthandwerk, Gebrauchsgegenstände und andere
Kostbarkeiten aus aller Welt erworben werden. Die Aussteller
vermitteln ihre Bräuche und Festtraditionen, Handwerker und
Künstler lassen sich beim Herstellen ihrer Ware über die
Schulter schauen.
- Über das umfangreiche museumspädagogische
Programm vom Zauberkurs für Kinder über die Kalligraphie-

Werkstatt für Erwachsene können Sie sich unter Fon 4 28 48-25 34 bei Herrn Fritz informieren.

- Das Museum vermietet seine wunderschönen Räume für Kongresse, Seminare, Feiern und andere Events. Informationen erhalten Sie unter Fon 4 28 48-25 06.

- Im Lichthof des Museums bietet das Museumsrestaurant Mondial wechselnde Gerichte aus aller Welt an. Öffnungszeiten: Di–So 10–18 Uhr, Do 10–21 Uhr, Mo geschlossen, Reservierungen unter Fon 41 35 17 17.

MUSEUM FÜR VÖLKERKUNDE
Einer der "Staatsbauten" von Albert Erbe, von 1907-11 errichtet,
Plastiken an der Außenfassade von Johann Michael Bossard

62 SCHAUSAMMLUNG DES BOTANISCHEN UND ZOOLOGISCHEN MUSEUMS DER UNIVERSITÄT HAMBURG

BOTANISCHES MUSEUM

Das Museum zeigt Exponate von Nutzpflanzen und ihren Produkten und informiert über Verarbeitungsprozesse, Bedeutung in Welthandel und Welternährung sowie botanische und ethnobotanische Aspekte.

Martin-Luther-King-Platz 3, 20146 Hamburg-Rotherbaum
Fon 4 28 38-23 78
Fax 4 28 38-33 35
Bfrauendorfer@iangbot.uni-hamburg.de
www.physnet.uni-hamburg.de/botany/museum_dt.html

Di–Fr 9–13 und 14–18, Sa und So 10–13 und 14–17, an Feiertagen geschlossen, Führungen nach Vereinbarung unter Fon 040-428 38-23 78
Eingeschränkt behindertengerecht

U2, U3 bis Schlump, Busse 4, 5, 115 bis Grindelhof

Das Botanische Museum befindet sich zurzeit im Zoologischen Museum der Universität Hamburg. Auf einer Fläche von 220 Quadratmetern werden dort neben neuen Exponaten Teile der ehemaligen Schausammlung aus dem historischen Gebäude an der Marseiller Straße gezeigt. Diese Sammlung hat ihren Ursprung in dem 1883 gegründeten „Botanischen Museum zu Hamburg". Einflüsse aus dem Hafen mit seinem Import von „Kolonialwaren", zunehmende Untersuchungstätigkeiten an Pflanzen und pflanzlichen Produkten, die Vereinigung mit dem Alten Botanischen Garten zu den Botanischen Staatsinstituten und die spätere Zugehörigkeit zur Universität haben das Museum nachhaltig geprägt.
Das Botanische Museum zeigt eine Auswahl seiner Ex-

ponate gemeinsam mit der Schausammlung des Zoologischen Museums. Vorgestellt werden die aktuellen Pflanzen des Jahres, Neues aus der botanischen Forschung in Hamburg, Wissenswertes zur Geschichte des Museums und eine Vielzahl von Objekten und interessanten Informationen aus den Bereichen der Gewürzpflanzen, der Ölpflanzen, der Kohlenhydrate und Proteine liefernden Pflanzen, der Faser- und Färberpflanzen, der Kautschuk, Harze und Gerbstoffe liefernden Pflanzen, der Arzneipflanzen und Heilkräuter, der Zuckerpflanzen, der tropischen Obstpflanzen und Genussmittelpflanzen sowie zur Nutzung von Algen und von Pflanzen als Bioindikatoren. Wegen Neugestaltung der Schauvitrinen kann zunächst nur ein Teil der Objekte gezeigt werden.

Neben der Schausammlung gehört eine umfangreiche Früchte- und Samensammlung („Collectio Fructuum Hamburgense") als wissenschaftliche Vergleichsammlung zum Bestand des Botanischen Museums.

SCHAUSAMMLUNG DES BOTANISCHEN MUSEUMS
Aktuelle Pflanzen und Neues aus der botanischen Forschung

ROTHERBAUM

ZOOLOGISCHES MUSEUM
Bongo-Antilopen

ZOOLOGISCHES MUSEUM
Bären, einst Vertreter der heimische Fauna

ZOOLOGISCHES MUSEUM DER UNIVERSITÄT HAMBURG

Das Museum zeigt die heimische Fauna und die gefährdete Tierwelt anhand zahlreicher präparierter Tiere, die Biologie der Wale anhand mehrerer Skelette und informiert über die Evolution und zoologische Systematik.

Martin-Luther-King-Platz 3, 20146 Hamburg-Rotherbaum
Fon 4 28 38-23 78 und -38 80
Fax 4 28 38-39 37
Bfrauendorfer@iangbot.uni-hamburg.de
www.rrz.uni-hamburg.de/biologie/zim/sammlung.htm

Di–Fr 9–13 und 14–18, Sa und So 10–13 und 14–17, an Feiertagen geschlossen, Führungen nach Vereinbarung

U2, U3 bis Schlump, Busse 4, 5 bis Grindelhof oder 115, 4 bis Schlump/Bundesstraße

Seit 1984 befindet sich das Zoologische Museum im Erdgeschoss des Universitätsgebäudes zwischen Bundesstraße und Grindelallee. Die Schausammlung will an die Tradition des 1843 gegründeten Hamburger Naturhistorischen Museums anknüpfen, das im Zweiten Weltkrieg völlig zerstört wurde. Von der umfangreichen, wertvollen Sammlung wurde nur ein einziges Schaustück gerettet, das in der neuen Schausammlung im Eingangsbereich rechts zu sehen ist: ein Narwalschädel mit zwei ausgewachsenen Stoßzähnen, der 1684 von einem Walfänger von Spitzbergen nach Hamburg gebracht wurde. In der ständigen Ausstellung des Zoologischen Museums werden die heimische Fauna, Evolution, die gefährdete Tierwelt und die Biologie der Wale anhand von zahlreichen präparierten Tieren, Skeletten und Informationstafeln veranschaulicht. Die zoologische Systematik, die die Tierwelt in Gattungen, Arten und Unterarten unterteilt, wird aufgezeigt.
Die heimische Fauna aus den verschiedenen Klassen der Wirbeltiere sowie der Wirbellosen ist mit ausgewählten

Beispielen vertreten. Der Schwerpunkt liegt bei den Vögeln und
Säugetieren, die sogar annähernd in ihrer Artenvielfalt vertreten sind. Erscheinungsweisen und Gesetzmäßigkeiten der
Evolution lassen die in der Natur herrschende Mannigfaltigkeit
der Lebensformen als Ergebnis einer langzeitlichen Entwicklung
deutlich werden.

Ein aufschlussreiches Beispiel zur Evolution ist die
Rückkehr von ehemals landbewohnenden Säugetieren zum
Leben im Wasser. Hier haben die Wale den höchsten Grad der
Anpassung erreicht. Skelette vom Pott-, Schwert-, Grind- und
Zwergwal, sowie eine Gruppe von Schweinswalen – ganze Tiere
und Skelette – geben eine Vorstellung nicht nur über die teil-
weise imponierende Größe, sondern auch über den Bau und die
Lebensweise dieser Meeressäuger, deren Entwicklung aus
ursprünglichen Landbewohnern sich schon vor vielen Millionen
Jahren vollzogen hatte.

Das indische Panzernashorn Nepali, das bis 1955 in
Hagenbecks Tierpark gelebt hat, erinnert an die gefährdete
Tierwelt. Weiter wird hier verdeutlicht, wie eine Fülle faszinie-
render Lebensformen einer zunehmenden Gefährdung sowie der
drohenden oder bereits vollzogenen Ausrottung durch den
Menschen ausgesetzt sind. Als ausgestorbene Tiere heimischer
Fauna zeigt die Schausammlung Wisent, Elch, Bär, Wolf und
Luchs.

Info

- Ein Informationsstand mit einem kleinen Museumsshop
befindet sich in der Ausstellung.

ZOOLOGISCHES MUSEUM DER
UNIVERSITÄT HAMBURG
Wale – Rückkehr von ehemals land-
bewohnenden Säugetieren zum
Leben im Wasser

ZOOLOGISCHES MUSEUM
Okapi – faszinierende Lebensformen

ZOOLOGISCHES MUSEUM
Puma

63   DOMKIRCHE ST. MARIEN

St. Marien ist die erste katholische Kirche, die in Hamburg 1890−93 nach der Reformation errichtet wurde. Seit 1995 ist sie Kathedralkirche des Erzbistums Hamburg.

Danziger Str. 60, 20099 Hamburg-St. Georg
Fon 24 30 15

Täglich 7.30−19.30

Alle S- und U-Bahnen bis Hamburg Hauptbahnhof, dann ca. zehn Minuten Fußweg; Bus 6 bis Gurlittstraße

Der heilige St. Ansgar − Schutzheiliger des Erzbistum Hamburgs wacht seit dem Jahr 2000 als Eisenskulptur vor dem St. Marien Dom.

Weitaus älter ist die Domkirche St. Marien selbst. Sie entstand 1890−93 von Arnold Güldenpfennig als erste für den katholischen Gottesdienst erbaute Kirche seit der Reformation in Hamburg.

Sie unterscheidet sich von den protestantischen Kirchen neogotischen Stils durch ihre romanische Form und ihre Doppelturmfassade. Die romanische Formensprache von St. Marien ist deutlich an die des Bremer Doms angelehnt. Eine Reminiszenz an vergangene Zeiten, in denen Ansgar das gerade errichtete Erzbistum Hamburg nach einem Wikingerüberfall 845 verlassen musste und bis zu seinem Tode 865 Erzbischof des vereinigten Erzbistums Hamburg-Bremen war.

Seit 1995 ist Hamburg wieder Sitz des Erzbischofs, und St. Marien ist Domkirche geworden.

Die dreischiffige Emporenbasilika wird von Arkaden geschmückt. In der Apsis ist das Mosaik "Krönung Mariens" von Eduard Goldkuhl erhalten. Goldkuhl malte die gesamte Kirche in den zwanziger Jahren des letzten Jahrhunderts aus, aber nur das Apsismosaik mit den dazugehörigen Fenstern hat den Krieg unbeschadet in Kisten verpackt überstanden.

DOMKIRCHE ST. MARIEN
Kathedralkirche des Erzbistums Hamburgs, vermutlich errichtete Kaiser
Ludwig der Fromme 831 ein Bistum Hamburg durch den Bau eines hölzernen
Doms in der Hammaburg, er soll auch die Weihe Ansgars zum Bischof veran-
lasst haben. Die heutige Domkirche entstand 1890-93

Das Triumphkreuz ist neueren Datums und wurde von H.G. Bücker geschaffen. Auf seiner Rückseite finden sich vier Medaillons aus versteinertem Holz, die ca. 30 Millionen Jahre alt sind.

Im rechten Seitenschiff stellt der Tabernakel auf einer Dornenkrone einen weiteren Blickfang dar. Diese Goldschmiedearbeit aus Bronze und Email stammt von C. Pohl aus dem Jahre 1963.

Auf derselben Seite, im rechten Seitenschiff befindet sich die Taufkapelle mit dem reich verzierten Taufbrunnen. Gleichzeitig dient die Kapelle seit 1945 als Kriegergedächtnisstätte.

Linker Hand des Altars befinden sich die Marienbilder des entfernten Hochaltars. Dieser wurde 1960 entfernt, um einem Bischofssitz Platz zu machen.

Beeindruckend sind auch die von Johannes Schreiter nach Texten des Propheten Jesaja gestalteten Fenster in türkis und blau.

Die Krypta, die Grablege der Hamburger Bischöfe stammt aus dem Jahre 1983. Der dortige Altar zeigt eine etwa 170 Millionen Jahre alte Fischversteinerung – das Zeichen für Christus in der Urkirche.

Leider ist die Figur des heiligen St. Ansgar aus dem 1804 abgerissenen Mariendom im heutigen Dom nicht zu besichtigen: Die von Bernt Noske um 1480/83 geschaffene Holzfigur konnte jedoch gerettet werden. Heute ist die Figur in der Hauptkirche St. Petri zu besichtigen. Der heilige St. Ansgar hält in dieser Darstellung den Hamburger Dom als Modell auf seinen Händen.

Info

- Gottesdienste: Sa 18.15 Uhr, So 8.30, 10, 18.15 Uhr, täglich 18.15 Uhr, Mo, Di, Mi, Fr 7 Uhr, Do 9.15 Uhr.

- Im Dom liegt eine Faltblatt mit kulturgeschichtlichen Infos aus; Führungen sind auf Anfrage möglich.

64   ABWASSER- UND SIELMUSEUM

Eines der kuriosesten Museen Hamburgs! Sie sehen zahlreiche Fundstücke aus der Kanalisation.

Bei den St. Pauli Landungsbrücken 49
20359 Hamburg-St. Pauli
Fon 34 98 50 55
Fax 4 28 86 42 10
norbert.wierecky@hhse.de
www.hhse.de

Nur nach telefonischer Voranmeldung geöffnet
Führungen nach Vereinbarung unter Fon 34 98-50 55
Eingeschränkt behindertengerecht

S1, S3 oder U3 oder Bus 112 bis Landungsbrücken, von
dort 3 Min zu Fuß. Gegenüber der Brücke 10

Kuriose Dinge, die nicht in einen Abwasserkanal gehören,
sind im Abwasser- und Sielmuseum ausgestellt – einem verklin-
kerten Gewölbe, das bei schummeriger Beleuchtung an einen
Abwasserkanal erinnert, zum Glück aber nicht so riecht!
In diese Kuriositätensammlung werden Sie im Rahmen
einer Sielführung geführt. Eine mit Abwassertextilien bekleidete
Schaufensterpuppe begrüßt alle Unterwelt-Interessierten. Im
Eingang dokumentieren Fotos den Sielbau vor über 100 Jahren.
Anschließend werden in drei Räumen Gebisse, Unterwäsche,
Schuhe u. a. präsentiert.

Tipp
- Sehen Sie sich unbedingt den Alten Elbtunnel an: Der
426,5 m lange Tunnel wurde 1907–11 erbaut und verbindet St.
Pauli mit Steinwerder. Geöffnet täglich von 5–21 Uhr; kostenlos
für Fußgänger.

EROTIC ART MUSEUM
Erotische Kunst aus sechs Jahrhunderten nahe der Großen Freiheit auf St. Pauli

EROTIC ART MUSEUM
Barent van Orleys "Neptun und Nymphe"

65   EROTIC ART MUSEUM

Das Haus zeigt erotische Kunst aus sechs Jahrhunderten: Gemälde, Fotografien, Skulpturen, Kleinkunst.

Nobistor 10, 22767 Hamburg-St. Pauli
Fon 31 78 41 26
Fax 31 78 41 10
eam@erotic-art-museum.hamburg.de
www.erotic-art museum hamburg.de

So–Do 10–24 Uhr; Fr, Sa 10–2 Uhr
Führungen gegen Gebühr unter Fon 31 78 41 26
Eingeschränkt behindertengerecht

S1, S3 bis Reeperbahn, U3 St. Pauli

Direkt neben den grellen Neon-Sexshops der Reeperbahn befindet sich seit 1997 das vormals in der Bernhard-Nocht-Straße ansässige Erotic Art Museum. Auf ca. 3.000 qm werden über 1.800 Meisterwerke der erotischen Kunst aus sechs Jahrhunderten präsentiert: Bilder unterschiedlichster Techniken, Fotografien, Skulpturen, Kleinkunst. Sie sehen Werke z. B. von von Aachen, Bayros, Beaumont, Bellmer, Busch, Cocteau, Corinth, Daumier, Delacroix, Dix, Fragonard, Fuchs, Grandville, Haring, Hrdlicka, Immendorff, Janssen, Jones, Lennon, Lindner, Miller, Picasso, Rops, Schoff, Ungerer, Vaccari, Wunderlich, Zille.

Außerdem zeigt das Haus wechselnde Sonderausstellungen.

Info
- Der hauseigene Bookshop ist auch für Nichtmuseumsbesucher geöffnet.

Das Museum bietet eine übersichtliche und anschauliche Darstellung der hamburgischen Schulgeschichte. Historisches Rollenspiel und handlungsorientierte Angebote machen den Besuch zum unterhaltsamen Bildungserlebnis.

Seilerstr. 42, 20359 Hamburg-St. Pauli
Fon 35 29 46 oder 34 58 55
Fax 31 79 51 07
hsm@public.uni-hamburg.de
www.HamburgerSchulmuseum.de

Di–Do 10–16 Uhr, Fr 10–15.30 Uhr; geschlossen je drei Wochen in den Hamburger Sommerferien und zwischen Weihnachten und Neujahr
Gruppenbesuche mit Führungen Mo–Fr nur nach telefonischer Voranmeldung

U3 bis St. Pauli, Ausgang Reeperbahn; oder S1/S3 bis Reeperbahn, Ausgang Talstraße

Das 1991 eröffnete Schulmuseum ist im Jahr 2000 nach St. Pauli umgezogen. Auch hier – im historischen Gebäude der „Realschule der reformierten Gemeinde Hamburgs" von 1886 – präsentiert es seine „Schätze der Alltagskultur" zum „Anfassen" und „Mitmachen".
Die Sammlung des Museums umfasst Gegenstände und Quellenmaterial zur Hamburger Schulgeschichte, schwerpunktmäßig aus der Zeit von 1870 bis in die 1950er Jahre. Bei einem chronologischen Rundgang durch die Schausammlung erhalten die Besucher Einblicke in die Erziehungsziele, Methoden und Lehrmaterialien der jeweiligen historischen Epoche, aber auch Informationen über die Auswirkungen der Umbrüche und Reformbewegungen bis zur heutigen Zeit.

Das Schulmuseum wird zum Erlebnisraum, wenn in dem komplett eingerichteten Klassenzimmer der Kaiserzeit eine

historische Schulstunde als Rollenspiel inszeniert wird, d. h.
Museumspädagogen und Besuchergruppen die strengen Rituale
nachspielen. Diese Geschichtserfahrung setzt lebhafte
Diskussionen zum heutigen Schulleben in Gang.
Experimentieren mit physikalischen Geräten oder stadtge-
schichtlicher Modellbau im „reformpädagogischen" Sandkasten
des naturkundlichen Schau- und Arbeitsraumes sowie die
Darstellung der Hamburger Versuchsschulen der 20er Jahre des
letzten Jahrhunderts zeigen, dass handlungsorientierte
Methoden, „Lernen mit Kopf, Herz und Hand", offene
Unterrichtsformen wie Gruppenarbeit aus der Reformpädagogik
im heutigen Schulwesen mit Selbstverständlichkeit weiterleben.

Die Geschichte der Schule in der NS-Zeit, das Schicksal
jüdischer Schüler und Lehrer werden in einem eigenen Raum
thematisiert und können für Gruppen zu einem Schwerpunkt
des Besuchs gemacht werden.

Ein weiteres Kapitel der Schausammlung zeigt die Folgen
des Krieges, die Bildungspolitik der britischen Besatzungsmacht
und die Bemühungen Hamburgs um die Umsetzung reformeri-
scher Impulse in der Nachkriegszeit sowie Etappen der
Bildungsreform bis zur heutigen Zeit.

Interkulturelle Aspekte der Bildung in unserer multikultu-
rellen Gesellschaft werden in kooperativer Arbeitsweise u. a.
anhand der Thematik Schule und Stadtteil dargestellt.

Info

- Das Museum verfügt über eine Bibliothek, einen
Seminarraum und einen begehbaren Fundus.
- Arbeitsmaterialien zur Vor- und Nachbereitung werden
zu verschiedenen Themen bereitgestellt.
- Der Museumsshop bietet Literatur und Gebrauchsartikel.

67 GEDENK- UND BILDUNGSSTÄTTE ISRAELITISCHE TÖCHTERSCHULE

Die Gedenk- und Bildungsstätte vermittelt Kenntnisse zur
Geschichte der Juden in Hamburg und hält die Erinnerung an
Leben und Leiden der Juden in der Zeit des Nationalsozialismus
wach.

Karolinenstr. 35, 20357 Hamburg-St. Pauli
Fon 4 28 43-21 75
Fax 4 28 43-35 22
E.Hirsch@vhs–hamburg.de

Di und Do 9–12 Uhr (außer in den Schulferien)
Führungen für Schulklassen und andere interessierte
Gruppen nach Vereinbarung, Anmeldung unter
Fon 4 28 43-21 75 bei Erika Hirsch

U2 bis Messehallen, Busse 3 und 35 bis Sievekingplatz

Die Gedenk- und Bildungsstätte Israelitische Töcherschule
befindet sich im ehemaligen Schulgebäude an der
Karolinenstraße 35, das 1883 eigens für die Mädchenschule
der Deutsch-Israelitischen Gemeinde in Hamburg erbaut worden war. Die Schule erwarb sich in den folgenden Jahrzehnten

einen hervorragenden pädagogischen Ruf. Als die Nationalsozialisten an die Macht kamen, war die inzwischen öffentlich
anerkannte Realschule eine der beiden einzigen noch bestehen-
den jüdischen Unterrichtsanstalten der Hansestadt. Bis 1942
wurde trotz tödlicher Bedrohung unterrichtet. Dann wurden die
letzten jüdischen Schulkinder mit ihren Lehrern auf Befehl von
Gauleiter Karl Kaufmann aus ihrem Schulhaus vertrieben. Nach
dem Krieg blieb das Gebäude lange Zeit unbeachtet. Erst 1982
wurde es unter Denkmalschutz gestellt, 1984 eine Gedenktafel
angebracht. Seit 1989 ist in den beiden oberen Stockwerken
des Gebäudes an der Karolinenstraße 35 die Gedenk- und
Bildungsstätte Israelitische Töchterschule in Trägerschaft der
Hamburger Volkshochschule untergebracht.

Im 3. Stock des Hauses ist dauerhaft die Ausstellung
Jüdisches Schulleben am Grindel zu sehen. Zur Ausstellung der
Gedenk- und Bildungsstätte gehört auch der fast im Originalzustand erhaltene und jetzt vom Denkmalschutzamt vollständig
restaurierte, historische Naturkunderaum der Schule aus dem
Jahr 1930. In dem Chemieraum im Zeichen der Reformpädagogik sind zahlreiche Exponate aus dem Schulalltag ausgestellt.
In den Glasschränken stehen naturwissenschaftliche Lehrmittel
aus dem Besitz der ehemaligen jüdischen Schulen. Außerdem
sind Schulhefte und Bücher ehemaliger Schülerinnen und
Schüler, Kinderzeichnungen, Poesiealben und andere Zeugnisse
jüdischen Schullebens zu sehen.

Info
- Das Veranstaltungsangebot der Gedenk- und
Bildungsstätte umfasst Stadtrundgänge zur Geschichte der
Juden in Hamburg, Kurse, Wochenendseminare und
Abendveranstaltungen zu diversen Themen im Bereich jüdischer
Geschichte und Gegenwart. Im Rahmen von Bildungsurlauben
finden jährlich Reisen nach Israel und Fahrten zur Gedenkstätte
Auschwitz statt. Das jeweils aktuelle Programm ist dem
Veranstaltungsverzeichnis der Hamburger Volkshochschule –
dem Träger der Gedenkstätte – zu entnehmen.

68   HAGENBECKS TIERPARK

Seit 1907 befindet sich einer der größten Privatzoos auf einem 27 Hektar großen Gelände in Hamburg-Stellingen. Gottfried Clas Carl Hagenbeck, der mit einer kleinen Tierschau auf dem Spielbudenplatz begann, errichtete damit einen der ersten parkartig gestalteten Zoos der Welt.

Hagenbeckallee 31, 22527 Hamburg-Stellingen
Fon 5 40 00 10
hagenbeckinfo@aol.com
www.hagenbeck.de

April–Oktober 9–(mindestens)17 Uhr,
November–März 9–16.30 Uhr

U2, Busse 39, 181, 281, 22
bis Haltestelle Hagenbecks Tierpark

Der Anfang von Hagenbecks Tierpark geht auf das Jahr 1848 zurück. Der Fischhändler Clas Carl Hagenbeck eröffnete mit sechs Seehunden eine Tierschau auf dem Spielbudenplatz an der Reeperbahn. Nach und nach vergrößerte Hagenbeck seinen Tierbestand, beschäftigte sogar eigene Tierfänger.

Sein Sohn Carl baute schließlich 1874 das Grundstück zwischen Neuem Pferdemarkt und Ludwigstraße zum ersten "Carl Hagenbeck's Thierpark" aus. Der Tierpark stand nicht nur in unmittelbarer Nachbarschaft zum Zoologischen Garten am Dammtor, sondern auch in Konkurrenz zu dem von Alfred Brehm geführten Zoo. Denn Carl Hagenbeck verfolgte mit seinen Tier- und sogenannten Völkerschauen ein ganz anderes Konzept als zu jener Zeit üblich. Grundlegend für Hagenbecks patentiertes Konzept, das er auf dem 1897 erworbenen und 27 Hektar großen Gelände in Stellingen umsetzte, war das "Naturwissenschaftliche Panorama": Die Tiere sollen durch nicht sichtbare Barrieren vom Betrachter getrennt werden und in einer Nachbildung ihrer natürlichen Umgebung leben. Wer heute das eindrucksvolle Eingangsportal aus der Zeit des

HAGENBECKS TIERPARK
Ein parkartig gestalteter Zoo: auch der Gartenfreund kommt auf seine Kosten, seit 1997 steht der Park unter Denkmalschutz

Jugendstil (nach Entwürfen von Moritz Lehmann) mit den von Josef Pallenberg geschaffenen Elefantenköpfen, einem Löwenpaar und Eisbären sowie mit den Menschengestalten Nubier und Indianer nach Modellen von Rudolf Franke durchschreitet, gelangt nach einem kurzen Spazierweg zum berühmten Hauptpanorama. Am Flamingoteich, der von einer Rasenfläche umgeben ist, schließt sich das Gelände der afrikanischen Steppe, die Löwenschlucht und das Hochgebirge an. Dieses Panorama entstand in der Zeit von 1904 bis 1906 und entspricht heute noch der Idee, dass kein Zoobesucher dieses Bild "stört". Dies gelingt durch tiefergelegte Spazierwege.

1911/12 wurde das Hauptpanorama durch das Südpolarpanorama erweitert. Auch dies trägt die Handschrift des Schweizer Bildhauers Urs Eggenschwyler. Der Entwurf jedoch stammt von Heinrich Umlauff, der nach Fotos der letzten Hagenbeck-Expedition nach Südgeorgien arbeitete. Die fjordartige Schlucht, in der sich riesige Eisblöcke zusammengeschoben haben, vermittelt auch hier zumindest für den Betrachter ein naturidentisches Bild.

Eine weitere Besonderheit des Tierparks geht ebenfalls auf seine Entstehungszeit zurück: Es ist die japanische Insel mit Gingko-Bäumen inmitten eines künstlich angelegten Teichs. Zwei Brücken, die durch nachgebildete Tempeltore betreten werden, führen über den Teich. Die Tempeltore werden jeweils von einem Paar "Götterhunde" bewacht. Die Anlage der Japan-Insel ist weiterhin ausgestattet mit Bronzen und einer großen Buddha-Figur.

Ausdruck der Besonderheit und der Tradition, in der Hagenbecks Tierpark steht, vermittelt der Rundweg vorbei an verschiedenen Tiergehegen und Landschaften, darunter auch die Urlandschaft mit den von Josef Pallenberg geschaffenen Dinosauriern. Zurzeit ihrer Entstehung war eine solche Land-schaft einmalig in Europa.

An die Anfang des 20. Jahrhunderts stattfindenden Völkerschauen erinnern die Birma-Insel mit der Nachbildung einer birmanischen Tempelruine und die Marterpfähle. Das Walross – heute noch Maskottchen des Norddeutschen Rund-funks – , die Hirsche im großen Gehege, die Löwen in der Löwenschlucht und die Mähnenspringer und Himalaya-Tahre auf dem Hochgebirgsfelsen sowie die große Herde der Elefan-ten, auf deren Rücken auch geritten werden kann, entsprechen dem Anspruch, Tiere in ihrer naturidentischen Umgebung zu zeigen.

Hagenbecks Tierpark wird bereits in der fünften und sechsten Generation als Privatzoo geführt und bietet mit seiner Mischung aus Tierpark, gepflegter Parkanlage, Gastronomie- und Unterhaltungsbetrieb eine Erlebniswelt der besonderen Art.

Info

-Auf Hagenbecks Internetseite sind die Geburtstage der neugeborenen Tierkinder nachzulesen.

-Besuchen Sie in den Sommermonaten die Dschungel-nächte: Der Tierpark ist illuminiert und bis in die Nacht geöff-net. Dazu werden kulinarische und musikalische Genüsse gereicht.

69 RIECK-HAUS VIERLÄNDER FREILICHTMUSEUM

Die Hofanlage aus dem 16. bis 19. Jahrhundert – in ursprünglicher Lage am Deich des Dorfes Curslack – vermittelt anschaulich einen guten Eindruck der bäuerlichen Kultur und des Wohnens in den Vierlanden.

Curslacker Deich 284, 21039 Hamburg-Vierlande
Außenstelle des Altonaer Museums – Norddeutsches Landesmuseum
Fon 7 23 12 23
Fax 4 28 11-21 22
am@kulturbehoerde.hamburg.de
www.hamburg.de/Altonaer-Museum

April bis September: Di–So 10–17 Uhr; Oktober bis März: 10–16 Uhr
Führungen nur nach Vereinbarung, Anmeldung bei Frau Eggers unter Fon 7 23 12 23
Eingeschränkt behindertengerecht: kein Behinderten-WC

S21 bis Bergedorf, Busse 223, 124 oder 224 bis Schiefe Brücke; oder Bus 324 Richtung Zollenspieker, hält am Rieck-Haus, fährt nur alle 2 Stunden

Die Vierlande, das fruchtbare Elbmarschengebiet südlich von Bergedorf im Osten Hamburgs, hat seinen Namen von den vier Dörfern Curslack, Altengamme, Neuengamme und Kirchwerder. Die landwirtschaftliche Produktion der Bewohner dieser Region war auf den Hamburger Markt ausgerichtet. Bis zum 17. Jahrhundert lieferten die großen Höfe, die Hufner, Gerste für die Brauereien, danach Weizen, Hafer und Roggen, die kleineren, die Kätner, vor allem Hopfen.

Die Hofanlage eines Hufners aus dem 16. bis 19. Jahrhundert, die in ihrer ursprünglichen Lage am alten Deich des Dorfes Curslack liegt, wurde 1954 als Freilichtmuseum eröffnet. Haus und Scheune gehören zu den ganz wenigen ältesten, weitgehend in den frühesten Teilen noch erhaltenen Bauten der Vierlande. Das Hauptgebäude ist ein sogenanntes niederdeutsches Fachhallenhaus, in dem die Wohnung der Bauernfamilie, die Hauswirtschaft und die Viehhaltung zusammen untergebracht sind. Die ältesten Teile dieses Fachhallenhauses aus Eichenholz, Bohlenfachwerk und Ziegeln mit Reetdach stammen von ca. 1533. Im Jahre 1663 erneuerte man den Wirtschaftsgiebel und baute das Kammerfach, die Wohnung, noch einmal um. Zentrum des Hauses war ursprünglich das Flett, in dessen Mitte der offene Herd stand; der Rauch zog ohne Schornstein ab. Später wurde der Herd an das Kammerfach versetzt.

Die Hofanlage umfasst außerdem eine große Scheune von ca. 1530, einen Haubarg zur trockenen Aufbewahrung des Heus oder Getreides und einen Ziehbrunnen. Die hierher versetzte Feldentwässerungsmühle erinnert an die Notwendigkeit der Entwässerung in diesem tiefgelegenen, eingedeichten Gebiet. Ein früher beim Rieck-Haus liegender Ewer, eine typische Schiffsform von der Niederelbe, der dem Transport der Produkte auf der Elbe zum Hamburger Markt diente, wurde aus konservatorischen Gründen ins Altonaer Museum überführt. Der Garten ist eine regelmäßig mit Buchsbaumhecken gestaltete Anlage mit Blumen, Kräutern und Gemüsen für den Eigenbedarf.

Info

- Publikationen über das Rieck-Haus können Sie an der Kasse kaufen.

Tipp

- Der Marschbahndamm (Moorfleet bis Bergedorf) ist ideal für Exkursionen per Rad oder auf Inline-Skates.

Das Museumsdorf zeigt: bäuerliche Wohn- und Arbeitskultur des hamburgischen und holsteinischen Geestlandes, Wohnhäuser und Scheune, Dorfschmiede, Rossmühle, Stellmacherei und Backhaus.

Im Alten Dorfe 46-48, 22359 Hamburg-Volksdorf
Fon 0171-79 04 669
Fon + Fax 603 90 98 (Anrufbeantworter)
despieker@Volksdorf.net
www.volksdorf.net

Gelände Di–So 9–18 Uhr, Mo geschlossen, freie Besichtigung, Besichtigung der Häuser nur mit Führung; April – Oktober: Führungen täglich außer montags um 15 Uhr (ca. 90 Min.); November – März: Führungen sonntags um 15 Uhr; Gruppen nach Vereinbarung, Anmeldung in der Geschäftsstelle unter Fon und Fax 6 03 90 98 (AB) Eingeschränkt behindertengerecht

U1 bis Volksdorf, dann 5 Min zu Fuß

Das Museumsdorf Volksdorf ist ein schönes Hamburger Freilichtmuseum. 1962 wurde der Verein De Spieker e.V (Speicher) gegründet, um drei reetgedeckte Häuser im Volksdorfer Ortskern vor Verfall und Abriss zu bewahren. Es handelte sich dabei um 200 bis 300 Jahre alte, örtliche Haustypen des weitverbreiteten Niederdeutschen Hallenhauses: Zwei waren Bauernhäuser von Vollhufnern mit Wohn- und Wirtschaftsteil unter einem Dach, das dritte ein Instenhaus für zwei Landarbeiterfamilien.

Diese Häuser wurden im Laufe der nächsten Jahre restauriert und innen neu ausgestaltet: Der Harderhof wurde als Bauernmuseum eingerichtet und zeigt Einrichtungs- und Arbeitsgegenstände, wie sie in einem Geestbauernhof vor der Mechanisierung im 19. Jahrhundert gebräuchlich waren. Altentagesstätte und Vortrags- bzw. Ausstellungssaal kamen in das

Spiekerhus. Die Instenkate, die ehemals zum Harderhof gehörte, wurde zu einer Gaststätte im bäuerlichen Stil mit offenem Kamin eingerichtet und beherbergt den Dorfkrug. Vier weitere Häuser wurden nachgebaut oder ins Museumsdorf versetzt: 1967 wurde die Grützmühle aus Hummelsbüttel – mit heute noch funktionsfähigem Mahlwerk – rekonstruiert, ebenso zehn Jahre später die Dorfschmiede aus dem benachbarten Wohldorf. Außerdem wurden die Durchfahrtscheune eines Wirtschaftsgebäudes aus Schnakenbek sowie das Volksdorfer Durchfahrthaus wiederaufgebaut.

Zwei Ziehbrunnen lassen erkennen, dass das Wasser früher nicht aus der Leitung kam. Im Backofen wird mitunter Brot gebacken, und im Bauerngarten wachsen neben Blumen auch alte Heil- und Würzkräuter. In der Schmiedewerkstatt kann jederzeit das Feuer in der Esse entfacht und mit dem Schmieden begonnen werden. In einer Stellmacherwerkstatt in der Scheune sind alle Gerätschaften für die schwierige Herstellung eines Wagenrades ausgestellt. Daneben legen verschiedene bäuerliche Wagen Zeugnis eines längst vergessenen Handwerks ab. Das original hölzerne Mahlwerk in der Grützmühle erstreckt sich über zwei Stockwerke. Früher mit einem Pferdegöpel angetrieben, demonstriert heute nur noch ein Modell das Ineinandergreifen der Zahn- und Spindelräder.

Die Sammlungen in den Häusern werden ergänzt durch Ausstellungen im Durchfahrthaus: "Das norddeutsche Fachhallenhaus", "Aus Flachs wird Leinen" und "Waschtage früher".

Info

- Ein Erlebnis sind die Gewerketage im Museumsdorf. In den Monaten Mai, Juni, August und September, jeweils am letzten Samstag von 14–17 Uhr, werden – verbunden mit offenen Türen, Kinder- und Folkloreprogrammen – Gewerke und Handwerk aus früherer Zeit vorgeführt.

Tipp

- In zwei historischen Häusern beim Museumsdorf können Sie sich nach Ihrem Besuch stärken: Das Restaurant „Dorfkrug", im Alten Dorfe 44, ist ab 18 Uhr geöffnet; das Bier-Restaurant „Eulenkrug", im Alten Dorfe 60, schon ab 17 Uhr.

Museumsdorf Volksdorf
Bäuerliche Wohn- und Arbeitskultur des Geestlandes

Museumsdorf Volksdorf
Bauernhäuser, Sammlungen, Sonderausstellungen, Gewerketage und zwoi
Restaurants in historischen Häusern beim Museumsdorf

247

Das Museum dokumentiert die Geschichte Wandsbeks von der ersten urkundlichen Erwähnung 1296 bis zur Gegenwart, die Geschichte der Wandsbeker Husaren sowie das Wirken des Dichters Matthias Claudius.

Böhmestr. 20, 22041 Hamburg-Wandsbek
Fon 68 47 86
Fax 68 91 32 68

Di 16–18 Uhr und am 1. Sonntag im Monat 11–13 Uhr
Führungen sind während der Öffnungszeiten immer möglich; ansonsten nach Vereinbarung, Anmeldung möglichst zwei Wochen vorher bei Ilse Fischer, Fon 6 56 14 65

U1 bis Wandsbek Markt, weiter mit Bus 162 bis Josephstraße oder Bussen 8, 9, 262 bis Wendemuthstraße; zu Fuß ca. 10 Min. von Wandsbek-Markt

Bereits in den 50er Jahren hat der Bürgerverein Wandsbek mit dem Aufbau einer heimatgeschichtlichen Sammlung begonnen, die seit 1979 ihr Domizil im 1868 erbauten Morewoodstift in der Böhmestraße hat. Das Heimatmuseum ist im 1. Obergeschoss untergebracht.

Im ersten Raum ist die geschichtliche Entwicklung des Ortes Wandsbek nach Jahrhunderten geordnet auf Texttafeln dokumentiert, ergänzt durch zahlreiche Karten. Ein weiterer Raum zeigt die örtliche Entwicklung Wandsbeks. Mittelpunkt ist ein Modell des Schimmelmannschen Schlosses. Die nächsten Räume sind einzelnen Themen gewidmet, wie z. B. den Kirchen, den Juden in Wandsbek, den ersten Schulen, der gewerblichen Entwicklung, wie Wandsbek vor hundert Jahren das Trinkwasserproblem löste usw. In der Husarenstube wird die Geschichte der Wandsbeker Husaren anschaulich anhand von Uniformen, Fahnen, Waffen und Bildern der ehemaligen Husaren (mit Namensnennung) dargestellt. Ein weiterer Raum ist für Persönlichkeiten reserviert, die sich um Wandsbek verdient gemacht haben oder sonst mit dem Ort zu tun hatten. Und was wäre das Wandsbeker Heimatmuseum ohne Matthias Claudius, den Wandsbeker Boten! Auch für ihn ist ein eigener Raum reserviert, der auch eine Ecke für seinen Urenkel Hermann Claudius enthält.

Info

- In einem weiteren Raum des Museums finden wechselnde Ausstellungen Wandsbeker Künstler statt. Dort werden auch heimatkundliche, literarische und kunsthistorische Vorträge gehalten.

- Im Leseraum können umfangreiche Fotoalben, alte Adressbücher usw. eingesehen werden (keine Ausleihe!). Die Mitarbeiter des Museums helfen bei der Suche nach Personen, Begebenheiten und Örtlichkeiten aus vergangenen Wandsbeker Zeiten.

Tipp

- Besuchen Sie auch das Schimmelmann-Mausoleum auf dem historischen Friedhof hinter der nahegelegenen Christuskirche. Der klassizistische Bau wurde 1787–91 von Carl Gottlob Horn errichtet. Er ist von Mai bis Oktober am 2. Samstag im Monat von 14–16 Uhr geöffnet, ansonsten ist für Interessenten der Schlüssel unter Fon 68 21 88 zu bekommen.

HEIMATMUSEUM WANDSBEK
Mit Matthias Claudius und dem
Wandsbeker Boten

72   ALSTERTAL-MUSEUM

Das Heimatmuseum zeigt: Ur- und Frühgeschichte im Alstertal, Oberalsterschifffahrt, Hummelsbüttel-, Sasel- und Wellingsbüttel-Ausstellung, Alt-Rahlstedter Kleinbahn, bürgerliche und bäuerliche Werkzeuge.

Wellingsbüttler Weg 75a, 22391 Hamburg-Wellingsbüttel
Fon 5 36 66 79
ziesche@alstertal-museum.de
www.alstertal-museum.de

Sa und So 11-13 Uhr und 15-17 Uhr, Führungen jederzeit möglich nach Vereinbarung, Anmeldung im Museum unter Fon 536 66 79 (Anrufbeantworter) oder bei Heike Ziesche unter Fon 602 42 84
Eingeschränkt behindertengerecht

S1 bis Wellingsbüttel, dann ca. 10 Min. zu Fuß

Die heute umfangreiche Sammlung des Alstertal-Museums hat ihren Ursprung in einem kleinen Schrank, der im Vereinslokal des Alstervereines stand. 1900 gründete der Pop-

ALSTERTAL-MUSEUM
Das Museum im Torhaus

penbütteler Volksschullehrer Ludwig Frahm den Heimatverein und begann früh damit, alte Gegenstände mit heimatlichem Bezug zu sammeln. Sehr schnell reichte dafür der Schrank nicht mehr aus, so dass bereits 1939 darüber sinniert wurde, dass nach der Aufteilung der Ländereien des Gutes Wellingsbüttel das ungenutzte Torhaus idealen Raum für ein Museum böte. Nach Renovierung durch die Stadt Hamburg befindet sich seit 1957 das Alstertal-Museum in den Räumen des 200 Jahre zuvor erbauten Torhauses.

73   ERLEBNISMUSEUM WILHELMSBURGER MÜHLE

Das Haus zeigt die Geschichte der Wind- und Wassermühlen der Region, die verschiedenen Funktionsweisen und bietet Technik zum Anfassen und Erleben.

Schönenfelder Straße 99 a, 21109 Hamburg-Wilhelmsburg
Postanschrift: c/o Carsten Schmidt,
Kirchdorfer Str. 199, 21109 HH
Fon und Fax 754 38 45 (Carsten Schmidt)

Am 2. So im Monat 14–18 Uhr (Mühle und Mühlencafé)
Führungen für Gruppen und Schulklassen jederzeit möglich, Anmeldung bei Carsten Schmidt (Fon 7 54 38 45),
Plattdeutsche Führungen über
Henry Seeland (Fon 7 54 25 70),
Kinderführungen über Ulrike Seeland (Fon 7 54 78 84)

S3, S31 bis Wilhelmsburg, dann Bus 154 bis
Wilhelmsburger Mühle

Die 1997–1998 restaurierte Galerieholländerwindmühle "Johanna" ist das Wahrzeichen der Elbinsel Wilhelmsburg. Die im Aufbau befindliche Sammlung gibt u. a. einen Überblick über die Geschichte der Wind- und Wassermühlen in Wilhelmsburg und Hamburg, informiert über die verschiedenen Funktions- und Nutzungsweisen, Getreide- und Mehlarten sowie Mühlenbrauchtum. Außerdem bietet sie Technik zum Anfassen und Erleben.

Info

- Im Erdgeschoss befindet sich das Mühlencafé mit Sommergarten.

Wilhelmsburger Mühle
1997–1998 restaurierte Gallerieholländerwindmühle

74   MUSEUM DER ELBINSEL WILHELMSBURG

Die Sammlung des Museums zeigt die bäuerliche Kultur der Elbinsel Wilhelmsburg in den vergangenen Jahrhunderten anhand von Dokumenten, Trachten, Möbeln, Werkzeugen und ausgestopften Tieren.

Im alten Amtshaus, Kirchdorfer Straße 163, 21109 Hamburg-Wilhelmsburg
Fon 7 54 37 32
Fax 75 49 49 49 (c/o Ursula Falke)
www.museum-wilhelmsburg.de

1. Mai bis 31. Oktober: So von 15–18 Uhr
Gruppenführungen sind jederzeit möglich, Anmeldung unter Tel und Fax. 7 54 25 70 bei Marta Seeland

S3 oder S31 bis Wilhelmsburg, weiter mit Bus 155 bis Karl-Arnold-Ring oder Bus 152 bis Kirchdorf, Kreuzkirche

Das Museum der Elbinsel Wilhelmsburg wurde im Jahre 1907 vom Verein für Heimatkunde in Wilhelmsburg ins Leben gerufen. Seit 1948 ist es im alten Wilhelmsburger Amthaus von 1724 untergebracht. Das Amtshaus wurde auf den Grundmauern des Adeligen Sitzes Stillhorn errichtet, eines Schlosses der Groten, das wegen Baufälligkeit abgerissen werden musste. Der Gewölbekeller von 1620 sowie der Burggraben des Schlosses sind noch vorhanden und können während der Öffnungszeiten des Museums besichtigt werden. Das Amtshaus steht heute unter Denkmalschutz und bildet mit der Kreuzkirche, dem Dorfkrug und alten Häusern das Milieuschutzgebiet Kirchdorf.

Im Museum sehen Sie eine vollständig eingerichtete Bauernstube sowie eine alte Küche und Waschküche. Weiterhin dokumentiert das Museum die Geschichte Wilhelmsburgs, besonders die Eindeichungsgeschichte der Insel Wilhelmsburg, und zeigt die hier getragene Tracht. Sogar den Tieren

Wilhelmsburgs ist ein eigener Raum gewidmet: Neben dem Zoologischen Museum ist das Museum der Elbinsel Wilhelmsburg das einzige Museum in Hamburg, das noch ausgestopfte Tiere – hauptsächlich Vögel – zeigt.

Über den einstigen Haupterwerb der ländlichen Bevölkerung, Milch- und Landwirtschaft, informiert eine eigene Ausstellung. Hier wird die wohl vollständigste Sammlung von Geräten zur Milchverarbeitung in Hamburg gezeigt. Aus diesem Grund wurde das Museum häufig auch "Milchmuseum" genannt, was natürlich nicht den Gegebenheiten entspricht.

Im Obergeschoss wird der Besucher über eine weitere Erwerbsquelle der Bauern, den Gemüseanbau, informiert. Außerdem werden der Beginn der Industrialisierung, der Schiffbau am Reiherstieg, und die Geschichte der Wilhelmsburger Schulen gezeigt.

Info

- Der Verein gibt die heimatkundliche Zeitschrift DIE INSEL heraus und veranstaltet Konzerte, Lesungen, Antik-, Kunsthandwerker- und Gemüsemärkte im Museum.

- In einer zum Museum gehörenden Kaffeestube werden Getränke und leckerer, selbstgebackener Kuchen verkauft.

- Im Museum werden Kindergeburtstagsfeiern angeboten. Einmal monatlich sind Trauungen in der Bauernstube möglich.

MUSEUM ELBINSEL WILHELMSBURG
Bäuerliche Kultur der Elbinsel Wilhelmsburg

75   PLANETARIUM HAMBURG

Die astronomische Ausstellung informiert über die
Geschichte der Himmelskunde, moderne Astronomie, Raumfahrt
und die Geschichte des Planetariums. Im Kuppelraum wird der
Sternenhimmel projiziert.

Hindenburgstr. 1b, 22303 Hamburg-Winterhude
Fon 5 14 98 50
Fax 51 49 85 10
verwaltung@planetarium-hamburg.de
www.planetarium-hamburg.de

Di und Do 9.30–15 Uhr, Mi 9.30–19.30 Uhr, Fr
9.30–21.30 Uhr, Sa 12.30–19.30 Uhr, So 12.30–18 Uhr.
Vorführungen im Kuppelraum mit monatlich wechselnden
Themen finden Mi um 16.30 Uhr oder 18 Uhr und Fr
16.30 oder 18 Uhr statt. Jden Sa und So um 13.30 und
15 Uhr findet im Planetarium eine Kindervorführung statt,
Thema „Sonne, Mond und Sterne". Jeden Sa und So um
13.30 „Der kleine Tag" und um 15 Uhr „Sonne, Mond und
Sterne". Einführungsvorträge in die Himmelskunde, Mi
und Fr 16.30 Uhr. Schulvorführungen finden außerhalb
der Schulferien Di, Mi, Fr um 10 Uhr (5–9 Jahre) und
11.30 Uhr (ab 5. Klasse) statt; schriftliche Voranmeldung
mindestens drei Wochen vorher erforderlich.
Sondervorführungen finden nach Vereinbarung statt.
Auch für Gehörlose sind Vorführungen möglich.
Astro-Shop: Mi und Fr 15.30–20.15 Uhr, So 13.30–18 Uhr.
Weitere Infos www.astro-shop.com
Eingeschränkt behindertengerecht. Der untere Ausstellungsteil und der Kuppelraum sind für Rollstuhlfahrer
zugänglich. Aufzug und WC vorhanden

U3, Bus 6 bis Borgweg, weiter mit Bus 179 bis Stadtpark
oder 12 Min. zu Fuß; oder Bus 20 oder 118 bis Ohlsdorfer
Straße, von dort 5 Min. zu Fuß

PLANETARIUM HAMBURG
38 m hoch, an der höchsten Stelle des Stadtparks gelegen, 1915 als
Wasserturm unter Leitung von Fritz Schumacher in Betrieb genommen.
Backstein-Monumentalbau mit klassizistisch beeinflussten Stilelementen
(O. Menzel)

Seit 1930 ist das Hamburger Planetarium als Volksbildungseinrichtung in einem 1912–15 erbauten Wasserturm im Hamburger Stadtpark untergebracht. Kernstück des Gebäudes bildet eine 13 m hohe und 21 m breite Projektionskuppel mit 270 Plätzen. In ihrem Zentrum steht das Planetariumsgerät, das einen naturgetreuen Sternenhimmel auf die Innenseite der Kuppel projiziert. Es kann die Sterne aller Länder und Zeiten, die Bewegungen der Gestirne wie Tages- und Jahresverlauf, aber auch viele Raumfahrteffekte demonstrieren.

Eine astronomische Dauerausstellung informiert über die Geschichte der Himmelskunde, moderne Astronomie, Raumfahrt und die Geschichte des Planetariums. Sie können ein komplettes, als Schaustück aufbereitetes Planetariumsgerät bestaunen. Raumfahrtmodelle, Meteoriten, Satellitenaufnahmen der Erde, Fotos aus dem Weltall und der größte Mondglobus der Welt sind hier ausgestellt. Rechts neben dem Eingang zum Kuppelraum erscheinen auf Knopfdruck die wichtigsten Sternbilder in einem Leuchtkasten. Wir empfehlen, den Rundgang durch die Ausstellung unbedingt mit einer Vorführung zu verbinden.

In einem oberen Ausstellungsraum – eindrucksvoll unter dem großen Wasserbehälter gelegen – wird von Anfang Juni bis Mitte September die Warburg-Ausstellung gezeigt. Der Hamburger Kulturwissenschaftler Aby Warburg (1866–1929) hat als erster Kunsthistoriker die weitreichende Bedeutung astrologisch-kosmologischer Vorstellungen für die Bilderwelt der Renaissance erkannt und jahrzehntelang ihre Symbol- und Überlieferungsgeschichte erforscht. Seine Bildersammlung zur Geschichte von Sternglaube und Sternkunde umfasst über 100 Objekte – zumeist Fotografien von illustrierten Handschriften, Bücher, Zeichnungen und Holzschnitte, aber auch Gipsabgüsse, Schaukästen und Modelle.

Info
- Für alle Vorführungen im Kuppelraum ist telefonische Kartenvorbestellung möglich; das ist besonders bei den häufig

ausverkauften Einführungsvorträgen zu empfehlen. Via e-mail:
tkts@planetarium-hamburg.de. Kartenvorbestellung
Fon 51 49 85-0. Mo–Do 8–12 und 13–16 Uhr, Fr 8–15 Uhr.
     - Im Astro-Shop können Sie u. a. Bücher, Zeitschriften,
Diapositive, CD-ROMs und Poster erwerben. Öffnungszeiten
Mi und Fr 15.30–20.15 Uhr, So 13.30–18 Uhr,
Weitere Infos unter www.astro-shop.com.
     - Ein astronomischer Verein mit mehreren Sternwarten und
vielen Arbeitsgruppen, die Gesellschaft für volkstümliche
Astronomie, bietet allen Interessierten Anschluss. Treff ist der
letzte Mittwoch des Monats um 19.30 Uhr im Planetarium.
     - Fernrohrbeobachtungen finden im Winterhalbjahr frei-
tags um 19 Uhr nur bei klarem Himmel statt. An Sonnen-
beobachtungen können Sie im Sommerhalbjahr sonntags um
12 Uhr nur bei klarem Himmel teilnehmen.
     - Während der Hamburger Schulferien werden
Ferienvorführungen mit täglich wechselndem Programm angeboten. Sondervorträge mit auswärtigen und einheimischen
Gastreferenten finden in unregelmäßigen Abständen freitags
um 19.30 Uhr statt.
     - Die regulären Programme sind für Kinder ab 8 Jahren
geeignet. Die Sternenvorführung "Sonne, Mond und Sterne"
wird für Kinder ab 5 Jahren empfohlen. Vorführungen für
Vorschulkinder auf Anfrage.
     - Im Kuppelsaal werden Konzerte unter dem
Sternenhimmel veranstaltet. Kartenvorbestellung unter
Fon 51 49 85-0 ist empfehlenswert.
     - Das aktuelle, vielfältige Programmangebot des
Planetariums können Sie den Mitteilungen des Planetariums
entnehmen. Das Programm erscheint vierteljährlich. Es wird
Ihnen gerne zugesandt (Freiumschlag bitte beifügen).

Der 1914 eingeweihte Stadtpark in Winterhude ist
Hamburgs bedeutendste Parkanlage. Er entstand nach
langen Diskussionen auf Grundlage von Entwürfen von Fritz
Schumacher und Fritz Sperber und später auch Otto Linne
und war Vorbild und beispielgebend für nachfolgende Parkplanungen in Deutschland.

Hamburg-Winterhude

S 1 und S 11 bis Alte Wöhr; U3 bis Borgweg oder
Saarlandstraße; Bus 6 bis Borgweg (U 3), 20 bis Übersee-
ring, Hindenburgstraße oder Ohlsdorfer Straße, 179 bis
Überseering, Hindenburgstraße, Stadtpark, Planetariums-
achse oder Borgweg (U 3), 26 bis Überseering oder
Hindenburgstraße, 217 bis Hellbrookstraße

Zu Beginn des 20. Jahrhunderts wurde in Hamburg unter
maßgeblicher Beteiligung von Alfred Lichtwark, dem Direktor
der Hamburger Kunsthalle viele Jahre um Programm und
Gestalt eines neu zu bauenden Stadtparks diskutiert und
gestritten. Neben der Frage, ob so ein Park in Hamburg über-
haupt notwendig war, ging es vor allem auch um die in ganz
Deutschland leidenschaftlich diskutierten Schwerpunkte zwischen herkömmlicher, landschaftlicher Gestaltung oder einem
neuen, architektonischem Raumkonzept.
    Mit dem Amtsantritt des Baudirektors Fritz Schumacher
gab es für den zukünftigen Park eine erfreuliche Wendung. Auf
dem schon vor Jahren angekauften, ca. 140 ha großen Gelände
in Winterhude, das auch das sogenannte Sierich'sche Gehölz
einschloss, entstanden ab 1910–1914 wesentliche Teile des
Hamburger Stadtparks, der in den zwanziger Jahren besonders
nach Plänen von Otto Linne, Hamburgs erstem Gartendirektor
weiter ausgestaltet und komplettiert worden ist.
    Kernpunkt der Anlage ist die große Achse zwischen dem
1913/14 nach Plänen von Menzel entstandenen Wasserturm im
Westteil des Parks – 1929 wurde hier ein Planetarium einge-

richtet – und der im Zweiten Weltkrieg zerstörten Stadthalle mit dem Parksee im Ostteil. Hier entstanden als Kontrast zum waldartigen Bereich um den Wasserturm herum zahlreiche Sondergärten in regelmäßig-architektonischer Gestaltung. Der Stadtpark wurde durch seine besondere Konzeption und Ausstattung Hamburgs beliebteste Parkanlage und wird auch heute noch als Volkspark im eigentlichen Sinne von der Bevölkerung stark angenommen und intensiv genutzt. Er ist ein herausragendes Kulturdenkmal der Gartenkunst und national wie international nicht nur in der Fachwelt wohl bekannt.

Die meisten Gebäude wurden im Krieg zerstört und nicht wieder aufgebaut. Lediglich das Landhaus Walter und die ehemalige Trinkhalle in der Nähe der Hindenburgstraße blieben erhalten. Die gliedernden Alleen und Baumreihen sind zum Teil verschwunden, zum Teil aber auch bereits ersetzt. Ein seit ein paar Jahren vorliegendes Parkpflegewerk soll helfen, den Park in seiner Bedeutung langfristig zu sichern und zu erhalten. Anziehungspunkte sind heute vor allem das in den 30er Jahren eingerichtete Schwimmbad, die Freilichtbühne in der Nordostecke des Stadtparks, das Planetarium, das große Planschbecken mit dem Sandstrand, die zahlreichen Sport- und Spielplätze und nicht zuletzt die große Festwiese für Aktivitäten aller Art.

Info

- Ein Parkführer ist in der Gartenbauabteilung des Bezirksamtes Nord erhältlich.
- Öffnungszeiten: Sommerterrassen nur im Sommer ab 11 Uhr; Landhaus Walter Mo-So 11.30–22 Uhr (auch länger); Planetarium Mo, Di, Do 10– 15.45, Mi, Fr 10–18 Uhr, So 10–16 Uhr, Fon 51 59 850

Tipp

- Besuchen Sie auch das Planetarium.

STADTPARK WINTERHUDE
Östlich der Alster gelegen, großer Waldpark mit Planetarium, Jahn-Kampfbahn, Landhaus Walter, Brunnenhaus, Parksee, Schwimmbad, Festwiese und Freilichtbühne. Fritz Schumacher nannte den Stadtpark "Freiluft-Volkshaus"

77 NATURSCHUTZ-INFORMATIONS-HAUS DUVENSTEDTER BROOK

Das Naturschutz-Informationshaus informiert über die reichhaltige Tier- und Pflanzenwelt des Duvenstedter Brooks.

Duvenstedter Triftweg 140, 22397 Hamburg-Wohldorf
Fon und Fax: 607 24 66
nabu@nabu-hamburg.de
www.nabu-hamburg.de

April bis Oktober: Di–Fr 14–17 Uhr, Sa 12–18 Uhr, So 10–18 Uhr; Februar, März, November: Sa 12–16 Uhr, So 10–16 Uhr, Führungen (wenn gewünscht mit Naturschutzspielen) zu verschiedenen Themen für Erwachsene und Schulklassen ganzjährig nach Anmeldung unter Fon 6 07 24 66 oder 69 70 89 14.
Zusätzlich festes Veranstaltungsprogramm für Führungen, Vorträge und Fortbildungskurse. Behindertengerecht

S1 bis Poppenbüttel, U1 bis Ohlstedt, oder mit Bussen 176 oder 276 bis Duvenstedter Triftweg, 30 Min. zu Fuß

Schautafeln informieren im Naturschutz-Informationshaus Duvenstedter Brook zur Geschichte und zu den Lebensräumen Moor, Wiese, Heide und Auwald sowie über Tier- und Pflanzenarten. Ein Diorama veranschaulicht die Moor- und Heidelandschaft. Außerdem sind Schaustücke zu verschiedenen Themen des Duvenstedter Brooks in mehreren Vitrinen ausgestellt.
Monatlich wechselnde Sonderausstellungen werden in der Presse oder im Internet angekündigt.

Info

- Die Mitarbeiter des Naturschutz-Informationshauses bieten Beratung zu Fragen des Tier- und Pflanzenschutzes an. Es gibt ein reichhaltiges Angebot an Infobroschüren.
- Für Veranstaltungen steht ein Seminarraum zur Verfügung.

78   SCHLOSSMUSEUM AHRENSBURG

Vollständig möbliert mit Originaleinrichtungsgegenstän-
den des 18. und 19. Jahrhunderts verschafft das Museum einen
Einblick in die Lebensweise der schleswig-holsteinischen
Adelskultur zweier Jahrhunderte.

Lübecker Str. 1, 22926 Ahrensburg
Fon 04102-4 25 10
Fax 04102-67 88 31

Täglich außer montags, freitags manchmal Hochzeiten:
Oktober–März 11–15.30 Uhr (im Januar teilweise
geschlossen), April–September 11–17 Uhr, Führungen
nach Voranmeldung unter Fon 0 41 02-4 25 10
Eingeschränkt behindertengerecht: kein Aufzug in den
ersten Stock

S4 bis Ahrensburg, dann Bus 569 bis Am Weinberg

Schloss Ahrensburg wurde im Jahre 1595 von Peter
Rantzau als Wasserburg im Stil der Spätrenaissance erbaut. In
der Grundlage der drei parallel aneinandergebauten Häuser mit
Satteldach gleicht es dem herzoglichen Schloss Glücksburg.
Schloss Ahrensburg besitzt sanft geschweifte Giebel und vier
achteckige Türme mit Laternenaufbauten. Die Grafen Rantzau
bewohnten das Haus über sieben Generationen bis 1759. Der
dänische Schatzmeister und spätere Lehnsgraf Heinrich Karl
Schimmelmann erwarb das Schloss 1759 von der Familie
Rantzau und gestaltete es in wesentlichen Teilen um. Nach
Abtragung des Barockgartens im Süden und der Wirtschafts-
gebäude im Norden der Schlossinsel wurde der heute noch
erhaltene englische Landschaftspark angelegt.
    Nach dem Verkauf des Schlosses an den Verein Schloss
Ahrensburg e. V. öffnete das Schlossmuseum erstmalig 1938.
Nach kriegsbedingter Schließung und Renovierung wurde es
1955 wiedereröffnet. Von 1982 bis 1990 erfolgte eine umfangreiche Renovierung der Gesamtanlage einschließlich der Wie-

SCHLOSS AHRENSBURG
Diese Wasserburganlage war früher von Nutzgärten umgeben und stand in Zusammenhang mit der barocken Stadtanlage. Ab 1778 und dann nochmal ab 1868 wurde der Park im englischen Landschaftsstil umgestaltet

derherstellung des inneren Schlossgrabens, so dass sich das Museum heute wie vor 400 Jahren als Wasserschloss präsentiert.

Das großzügige Spätbarock-Treppenhaus, das eichengetäfelte Speisezimmer französischer Herkunft, Rokoko-Stuckaturen, barocke Prismenkronen und Meißner Porzellan von 1756 spiegeln die Zeit Heinrich Karl Schimmelmanns wider. Aus dem Besitz der jüngsten Tochter Julia, verheiratete Gräfin Reventlow, entstammt das im Emkendorf-Saal befindliche Louis-XVI.-Mobiliar. In den Räumen im ersten Obergeschoss vervollkommnen biedermeierliches Mobiliar der 3. und 4. Schimmelmann-Generation sowie originale Parkettfußboden den Eindruck adeliger Wohnkultur des 18. und 19. Jahrhunderts.

Info

- Da der Parkettboden des Schlosses nicht mit schützenden Teppichen bedeckt ist, erhalten die Besucher am Eingang Filzpantoffeln.
- An der Kasse sind ein Schlossführer, eine bebilderte Zusammenfassung und Postkarten erhältlich.

Tipp

- Besuchen Sie anschließend noch die Schlosskirche in der Marktstraße, die zur gleichen Zeit wie das Schloss (1595) errichtet wurde (die Ausstattung stammt aus dem 18. Jahrhundert). Beachten Sie die ungewöhnliche Deckenkonstruktion.

79   SCHLOSS REINBEK

Das im niederländischen Renaissancestil erbaute Schloss ist Kunst- und Kulturzentrum.

Schloßstr. 5, 21465 Reinbek
Fon 7 27 34 60
Fax 72 73 46 20

Öffnungszeiten: Mi–So und an allen Feiertagen
10–17 Uhr, Führungen während der Öffnungszeiten nach Anmeldung Fon 7 27 34-60
Behindertengerecht

S21 bis Reinbek

Das älteste und bedeutendste Gebäude in Reinbek ist das im niederländischen Renaissancestil erbaute Schloss. Herzog Adolf von Schleswig-Holstein-Gottorf ließ das Bauwerk im 16. Jahrhundert vermutlich als Jagdschloss am Rande des wildreichen Sachsenwaldes an Stelle eines mittelalterlichen Zisterzienser-Nonnenklosters errichten – fernab von seiner ständigen Residenz Schloss Gottorf in Schleswig. Schloss Reinbek bildet die Grundlage zur späteren Entwicklung des Ortes zum Amtmannsitz und später zum Sitz des ersten Landrates des Kreises Stormarn.
Als gemeinsame Besitzer haben der Kreis Stormarn und die Stadt Reinbek das in seiner Bausubstanz gefährdete Gebäude von Grund auf sanieren und restaurieren lassen. Bereits im Herbst 1985 war das Gebäude – nach dem Willen seiner Besitzer ein Kunst- und Kulturzentrum sowie eine Stätte der Begegnung und Kommunikation für jedermann – zu großen Teilen der Öffentlichkeit übergeben worden.
Mit der Einweihung des Nordflügels im November 1987 konnten die zehnjährigen Renovierungsarbeiten abgeschlossen werden, so dass das Schloss Reinbek heute nach mehr als 400-jähriger Abgeschlossenheit erstmals allen interessierten Bürgern offen steht.

In der Zeit von Mai bis September wird im sogenannten Krummspanner, unter dem aus der Erbauungszeit des Schlosses stammenden Dachstuhl, eine Ausstellung moderner, vorwiegend europäischer, keramischer Kunst aus der Sammlung des Hamburgers Hans Thiemann präsentiert. Seine Sammlung zeitgenössischer Keramik, Gefäße, Figuren und Bildplatten aus Deutschland und 15 weiteren europäischen Ländern gilt als eine der bedeutendsten Privatsammlungen Deutschlands.

Außerdem werden im Schloss Reinbek jedes Jahr etwa 20 Sonderausstellungen gezeigt. Hauptsächlich werden Bilder und Skulpturen ausgestellt. Auch wird im alten Krummspanner ein literarisches Thema präsentiert.

Info

- Zu jeder Ausstellung aus der Sammlung Thiemann erscheint ein Katalog, der neben verschiedenen Publikationen zum Schloss und anderen wechselnden Sonderausstellungen an der Kasse des Museums erhältlich ist.

- Gut essen und trinken können Sie im Restaurant Schloss Reinbek. Für die kleine Stärkung zwischendurch empfiehlt sich das im Südflügel des Schlosses untergebrachte Restaurant, Fon 7 27 93 15.

Tipp

- Das Museum Rade am Schloss Reinbek mit der Sammlung Rolf Italiaander liegt dem Schloss direkt gegenüber.

FREILICHTMUSEUM AM KIEKEBERG
Kulturgeschichte der nördlichen Lüneburger Heide und der Winser Marsch museal aufgearbeitet und lebendig präsentiert

Das erlebnisreiche Museum stellt im Freilichtteil die Bau-, Sozial- und Kulturgeschichte des Landkreises Harburg dar. Außerdem werden volkskundliche Exponate und die Technisierung der Landwirtschaft gezeigt. In Schaugärten werden historische Obst- und Gemüsepflanzen gezeigt.

Am Kiekeberg 1, 21224 Rosengarten-Ehestorf
Fon 7 90 17 60
Fax 7 92 64 64
info@kiekeberg-museum.de
www.kiekeberg-museum.de

März bis Oktober: Di–Fr 9–17 Uhr, Sa und So 10–18 Uhr; November bis Februar: Di–So 10–16 Uhr. Verschiedene museumspädagogische Führungen für Erwachsene und Kinder werden während der Öffnungszeiten angeboten, Informationen unter Fon 79 01 76 19 bei Frau Götze, Anmeldung unter Fon 79 01 76 25
Behindertengerecht: Für Rollstuhlfahrer gibt es Faltblätter mit Informationen sowie kostenlose Betreuung

S3, S31 bis Neugraben bzw. Neuwiedenthal, weiter mit Bus 340 direkt bis zum Museum; oder ab S-Bahnhof / ZOB Harburg weiter mit Bus 244 bis Haltestelle Vahrendorf / Ehestorfer Str., etwa 5 Min. zu Fuß

Vor den Toren Hamburgs – mitten im Naturschutzpark Schwarze Berge – liegt das Freilichtmuseum am Kiekeberg. In diesem lebendigen Museum wird die Kulturgeschichte der nördlichen Lüneburger Heide und der Winser Marsch museal aufgearbeitet und lebendig präsentiert. Das Museum entstand in den 50er Jahren als Außenstelle des Helms-Museums. Ursprünglich nur als Heidehofanlage geplant, wuchs es zu einem kompletten Heidedorf mit Gebäuden aus dem 16. bis 19. Jahrhundert. Als 1987 der Landkreis Harburg das Museum übernahm, wurden ein landtechnisches Ausstellungsgebäude errichtet und der

Freilichtteil durch Gebäude aus der Winser Marsch ergänzt. 1995 wurde eine Erweiterungsfläche mit dem Thema Landwirtschaft nach 1960 angegliedert, so dass die Fläche des Freilichtmuseums mittlerweile 12 Hektar beträgt. Sie betreten das Freilichtmuseum durch das 1803 erbaute Wagnersche Haus aus Oldershausen. Von dort führt ein Rundweg nach links zunächst zur Landtechnischen Sammlung. Die Dauerausstellung befindet sich zurzeit im Umbau und ist in großen Teilen geschlossen. Im Frühjahr 2002 wird ein erster Ausstellungsteil wieder eröffnet. In ihm wird das Leben und Arbeiten auf dem Lande um 1960 thematisiert. Vorbei an einem Fischteich und durch einen Hohlweg gelangen Sie zur Landwirtschaft und Ökologie nach 1960.

Vom Eingang nach rechts führt der Weg durch das Freigelände zum Heidedorf mit über 20 historischen Gebäuden, an denen der Wandel der ländlichen Lebensweisen veranschaulicht wird. Der Honigspeicher vom Riepshof aus Otter wurde 1953 als erstes Gebäude errichtet. Es folgte das Meybohmsche Haus aus Kakenstorf – ein niederdeutsches Hallenhaus – das ein typisches Beispiel für ein Bauernhaus aus dem 18. Jahrhundert darstellt, sowie 1957/58 die Scheune vom Riepshof. Später kamen noch mehrere andere Scheunen, Speicher und Ställe, eine Kegelbahn und ein Fischerhaus hinzu. Das Meynsche Haus aus Marschacht, in dem – wie auch in den anderen Bauernhäusern – Mensch und Tier unter einem Dach lebten, rundet das Bild ab. Durch zusätzliche kleinere bauliche Anlagen wie verschiedene Zäune, Wege, Gärten, Brunnen etc. entsteht hier ein authentischer Gesamteindruck.

Auf den Freiflächen um das Heide- und das Marschendorf herum wird Landwirtschaft mit historischen Geräten betrieben. Außerdem werden historische Tierrassen gehalten und in traditioneller Form für die Landwirtschaft eingesetzt. Auf dem Museumsgelände werden alte Getreidesorten und Nutzpflanzen angebaut. Neben den wieder aufgebauten Bauernhöfen sind im Museum auch Schmied, Stellmacher, Kupferschmied und Schuster mit ihren Werkstätten vertreten. Regelmäßige Handwerksvorführungen sind fester Bestandteil des Museumsangebotes.

In dem neuen Ausstellungsschwerpunkt „Industriezeit auf dem Dorf" sind bisher eine ländliche Ziegelei und ein kleines Betonwerk zu sehen. Der Aufbau einer gewerblichen Schnapsbrennerei sowie einer Dampfsägerei soll bis 2003 abgeschlossen sein.

Im Freilichtmuseum am Kiekeberg finden auch wechseln-de Sonderausstellungen statt. Außerdem gehören neben dem Moisburger Mühlenmuseum, dem Feuerwehrmuseum Marxen, dem Ökologiehof Wennerstorf und der Kunststätte Bossard noch fünf weitere Außenstellen zum Museum: der Schlauchturm Salzhausen, das Sägewerk Wulfsen, die Rieselwiesen auf dem Wiedenhof bei Jesteburg, das Transformatorenhaus Putensen und die Widderanlage Gödensdorf.

Info
- Im Ausstellungsgebäude befindet sich ein großer Museumsladen, in dem neben den klassischen Angeboten wie Literatur und Souvenirs auch ein umfangreiches Angebot an Keramik, historisches Spielzeug, Textilien und auch Lebensmittel zu finden sind. Außerdem befindet sich im Eingangsgebäude ein Hofladen der Außenstelle Ökologiehof Wennerstorf, in dem ein umfangreiches Angebot ökologisch (Bioland) produzierter Lebensmittel feilgeboten wird.
- Das Museum bietet ein umfangreiches Veranstaltungs-programm an. Von April bis Oktober findet jeden Dienstag, Donnerstag und Sonntag um 10 Uhr im Backhaus eine Back-vorführung statt. Der Museumsschmied zeigt sein Handwerk im Sommerhalbjahr an einer Reihe von Sonntagen um 13 Uhr, Termine bitte erfragen. An den Sommerwochenenden jeweils von 10 bis 18 Uhr führt Almut Gladow die alte Kunst der Leine-weberei vor. Dazu werden ein Kinderferienprogramm und meh-rere Aktionstage wie der Handwerkertag am 1. oder 2. Sonntag im Mai, das Dampf- und Traktorentreffen Mitte September sowie der Historische Jahrmarkt Mitte Oktober angeboten. Vorträge, Seminare, Führungen, Ausstellungen und Konzerte ergänzen das Programm.
- Für Schulklassen werden museumspädagogische Sonder-vorführungen zu verschiedenen Themen angeboten.

- Auf dem Museumsgelände befinden sich ein Kinder-
spielplatz und ein Picknickplatz.
- Seit 1999 gibt es auf dem Museumsgelände einen historischen Gasthof, in dem einheimische Gerichte nach historischen Rezepten und mit ökologisch produzierten Zutaten angeboten werden.

Tipp

- Vom Parkplatz sind es 400 m zu Fuß über die Felder zum
Wildpark Schwarze Berge. In der Köhlerhütte brennt ständig
das Feuer. Sie können Würstchen kaufen oder Ihre mitgebrach-
ten Würstchen selbst grillen.
- Empfehlenswert ist das Gasthaus am Kiekeberg direkt
neben dem Freilichtmuseum. Nach der täglich wechselnden
Karte essen Sie wie vor 100 Jahren.
- Wer künstlerisches Ambiente liebt, speist anspruchsvoll
in Heimfeld, Hotel Lindtner, Fon 79 00 90.

» Reichtum ist keine
Glückssache, sondern eine Frage
der richtigen Beratung. «

WFS Wirtschafts- und Finanzberatung
JÜRGEN SCHRÖDER

Kirchenstrasse 9 · 21224 Rosengarten
Tel.: 04108 / 4351-0 · Fax: 04108 / 435122
info@wfs-schroeder.de · www.wfs-schroeder.de

Richtige Beratung ist individuell, objektiv und anbieterunabhängig.

Mitglied im **BuWV** (Bundesverband unabhängiger Wirtschafts- und Vermögensberater e.V.)

Unsere Geldanlagen öffnen Ihnen das Tor zur Finanzwelt.

Gut zu wissen, dass Ihnen bei den Hamburger Finanztöchtern der SIGNAL IDUNA Gruppe unterschiedliche Anlagekonzepte zur Auswahl stehen.
Dadurch sind wir in der Lage, die individuellen Bedürfnisse der meisten Kapitalanleger vollständig abzudecken.
Mehr über die Möglichkeiten eines geschickten Vermögensaufbaus erfahren Sie unter www.donner.de, www.hansainvest.de und www.si-bausparen.de

SIGNAL IDUNA
Versicherungen und Finanzen

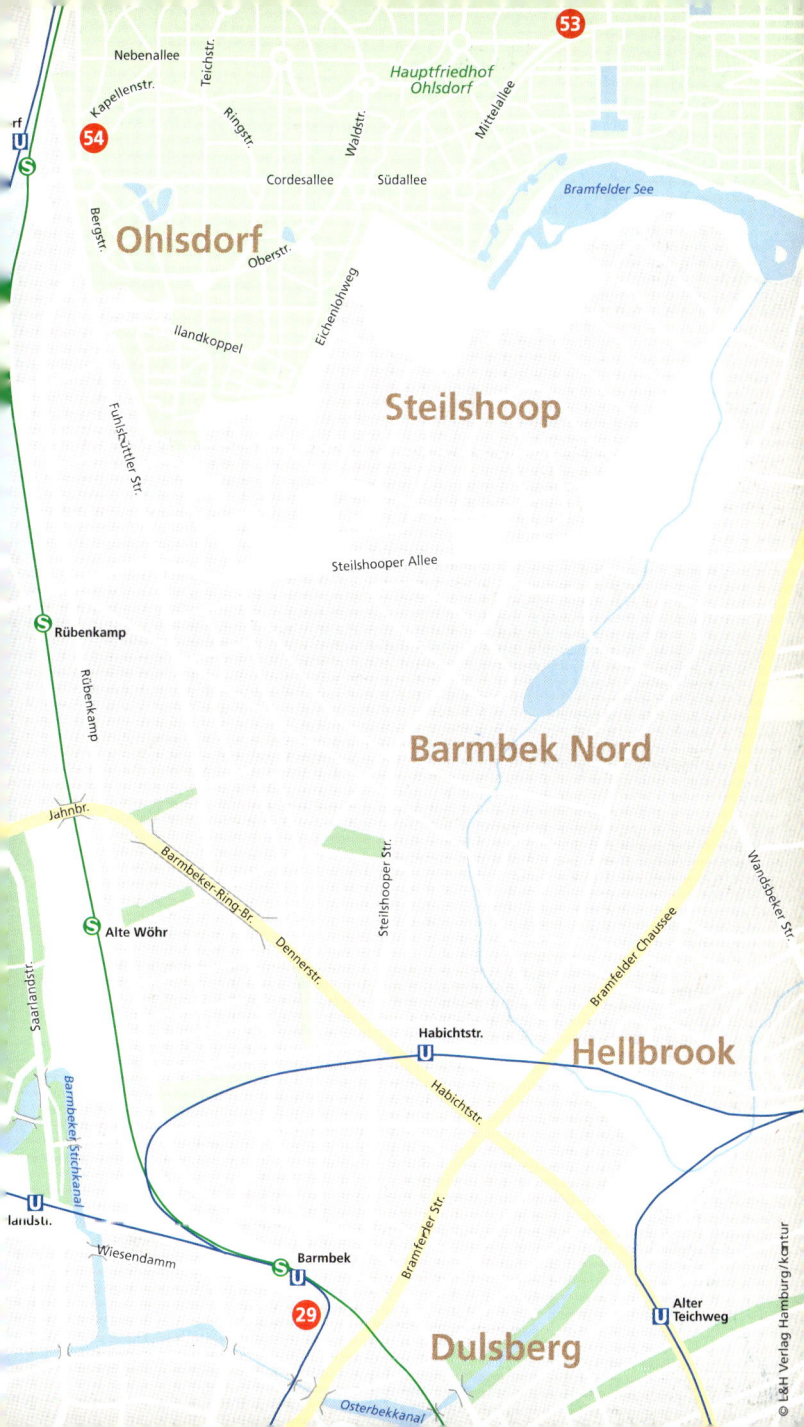

53

54

Nebenallee

Teichstr.

Hauptfriedhof Ohlsdorf

Kapellenstr.

Ringstr.

Waldstr.

Mittelallee

Cordesallee

Südallee

Bramfelder See

rf

Bergstr.

Ohlsdorf

Oberstr.

Ilandkoppel

Eichenlohweg

Steilshoop

Fuhlsbüttler Str.

Steilshooper Allee

Rübenkamp

Rübenkamp

Barmbek Nord

Jahnbr.

Barmbeker-Ring-Br.

Steilshooper Str.

Wandsbeker Str.

Alte Wöhr

Dennerstr.

Saarlandstr.

Bramfelder Chaussee

Barmbeker Stichkanal

Habichtstr.

Hellbrook

Habichtstr.

landstr.

Wiesendamm

Barmbek

Bramfelder Str.

29

Alter Teichweg

Dulsberg

Osterbekkanal

© L&H Verlag Hamburg/kontur

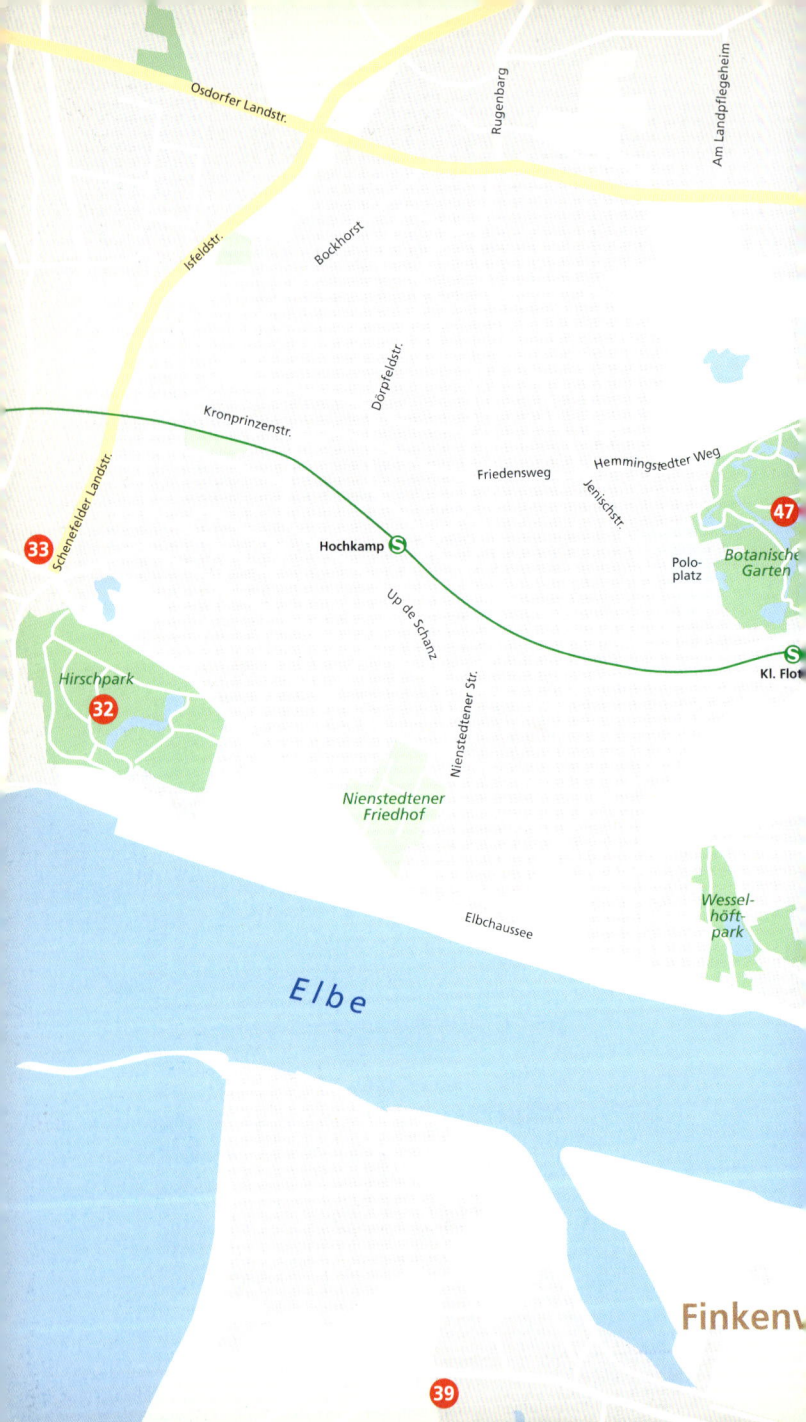

Bahrenfeld

Altonaer Volkspark

Friedhof Groß Flottbek

Notkestr.

Luruper Chaussee

Ebertallee

Bahren-

Felder Chaussee

Lutherpark

str.

Osdorfer Weg

Von-Sauer-Str.

Pfitznerstr.

Groß Flottbek

Dürerstr.

Ⓢ Othmarschen

Behringstr.

48

Othmarschen

50

51

Reventlowstr.

Parkstr.

Halbmondsweg

55 Elbchaussee

Schröders Elbpark

Elbchaussee

28

© L&H Verlag Hamburg/Kontur

St. Georg
Auf der Binnenalster

HISTORISCHE FAHRZEUGE UND SCHIFFE

In diesem Tipp stellen wir Museumsfahrzeuge vor, die in
Hamburg mit Einschränkung zugänglich und im Einsatz
sind. Vielfach können Sie die Fahrzeuge mieten oder zum
Beispiel am Verkehrshistorischen Tag benutzen.
Die aktiven Vereine in Hamburg sind:
Verein Alsterdampfschiffahrt e.V., Hamburger Omnibus
Verein e.V., Verein Historische S-Bahn Hamburg e.V., Förder-
verein zur Erhaltung historischer Hamburger U-Bahn-Wagen
e.V., Verein Verkehrsamateure und Museumsbahn e.V.

Die historischen Fahrzeuge der Hamburger Hochbahn   *282*

T 11: Ältester noch betriebsfähige U-Bahn-Wagen
Deutschlands   *282*

T 220: Mit Pechfackel und Signallampe
nach Großhansdorf   *286*

DT 1: Gesellschaftszug Hanseat   *290*

St. Georg – Dampfschiffromantik auf
Kanälen und Alster   *292*

Die historischen Fahrzeuge der Hamburger S-Bahn   *294*

Verkehrshistorischer Tag   *298*

DIE HISTORISCHEN FAHRZEUGE DER HAMBURGER HOCHBAHN

Drei historische Fahrzeuge der Hamburger Hochbahn sind fertig restauriert und stehen für Sonderfahrten und Gesellschaften zur Verfügung. T 11 (T steht für Triebwagen), T 220 und der Hanseat (DT 1). Der Förderverein zur Erhaltung historischer Hamburger U-Bahn-Wagen e.V. hat sich für die Erhaltung der Wagen eingesetzt, die im Hamburger U-Bahn-Netz jahrzehntelang verkehrt haben. Vor ca. 30 Jahren wurden diese Fahrzeuge (bis DT 1) von Mitgliedern des Vereins Verkehrsamateure und Museumsbahn e.V. vor der Verschrottung bewahrt.

Förderverein zur Erhaltung historischer Hamburger U-Bahn-Wagen e.V.
Joachim Häger, Hellbrookstraße 6, 22305 Hamburg
joachimhaeger@hochbahn.com

Info Hamburger Hochbahn AG, Steinstraße 20
20095 Hamburg
Fon 32 88 28 23, Fax 32 88 81 28 23
derhanseat@hochbahn.de, www.hochbahn.de

T 11: ÄLTESTER NOCH BETRIEBSFÄHIGER U-BAHN-WAGEN DEUTSCHLANDS

Anlässlich des 75-jährigen Jubiläums der Hamburger Hochbahn AG im Jahre 1987 wurde der erste U-Bahn-Wagen der Hochbahn renoviert. Am 28 Februar 1912 erblickte er in der U-Bahn-Hauptwerkstatt in Barmbek das „Licht der Welt".

Der Wagen überstand alle Kriegswirren und wurde in seiner langen Lebenszeit kaum verändert. Nach 4,4 Millionen gefahrenen Kilometern wurde der T 11 endgültig ausgemustert. Die Zahl 11 steht tatsächlich für den ersten gebauten Wagen, denn die „1. Lieferung" umfasste 80 Wagen, sie erhielten die Nummern 11–50 und 111–150. Sie fuhren auf der ersten voll-ständigen U-Bahn-Strecke, dem Ring, also von Barmbek über Mundsburg, Hauptbahnhof, Rathausmarkt, Landungsbrücken, Schlump, Kellinghusenstraße nach Barmbek.

Eine Trennwand und Schiebetür trennte 2. und 3. Klasse-Abteile der Fahrzeuge 11–50 voneinander. Die anderen Fahrzeuge wurden nur als 3. Klasse-Wagen gebaut. Und die 1. Klasse? Die Hochbahn führte zu keiner Zeit die 1.Klasse!

Ein Zugverband bestand aus mindestens zwei gekuppelten Wagen. Der vordere Innenraum ist je zur Hälfte mit einem abgeschlossenem Fahrerraum und einem offenen Zugbegleiter-platz ausgerüstet.

Besondere Aufmerksamkeit wurde der Rekonstruktion der Innenbeleuchtung mit 16 kleinen und zwei großen Decken-leuchten aus Messing mit geriffelter Glaskuppel geschenkt. Der Deckenplan zeigt den Zustand des U-Bahn-Netzes von 1916.

DECKENPLAN 1916
Erstmalig Informationen für Fahrgäste

HISTORISCHE FAHRZEUGE UND SCHIFFE

Sonderzug

3 xi

3

TW 11
Von 1912 bis 1970 im Einsatz

Werbung und Hinweisschilder erscheinen heute kurios:

DAMEN MIT UNVERDECKTEN HUTNADELSPITZEN
SIND VON DER BEFÖRDERUNG AUSGESCHLOSSEN

BEIM NIESEN, HUSTEN, SPUCKEN, BEDIENE DICH DES TASCHENTUCHES

VOR DEM AUSSTEIGEN WOLLE MAN SICH RECHTZEITIG AN DIE
TÜR BEGEBEN. MAN HALTE SICH AN DEN HALTEGRIFFEN FEST.

NICHTRAUCHER (RAUCHER)

Daten	T 11	T 220	DT 1
Baujahr	1911	1920	1958
Sitzplätze	35	32	28
Stehplätze	98	95	42
Länge	12.800 mm	12.800 mm	28.260 mm
Breite	2.560 mm	2.560 mm	2.550 mm
Betrieb bis	1970	1970	1991

T 220: MIT PECHFACKEL UND SIGNALLAMPE NACH GROSSHANSDORF

Der Triebwagen 220 wurde 1920 von der Waggonbau-
anstalt Falkenried in Hamburg-Eppendorf (wie der T 11)
gebaut. Er fuhr ab 1921 auf allen Strecken der Hochbahn,
zunächst überwiegend auf der Strecke der Walddörferbahn und
der Linie nach Rothenburgsort, weil dort wegen des geringen
Fahrgastaufkommens zeitweise ein Einzelfahrzeug ausreichte.

Die Fahrzeuge der „sechsten Lieferung" wurden mit einem
Fahrerstand ausgerüstet, lediglich die Wagen 220 und 219
erhielten zwei Fahrerstände.
Immerhin versuchte man bereits 1930 Strom zurück zu
gewinnen: beim Fahren verbrauchten die Motoren Strom, beim
Bremsen wurden sie zu Generatoren und erzeugten Strom, der

T 220
Verkehrte hauptsächlich auf der Strecke der Walddörferbahn

ins Netz eingespeist wurde. Aber die Versuche waren nicht sehr
erfolgreich, wohl auch weil alle Wagen eine Druckluftbremse
hatten. Erst 60 Jahre später gelang beim DT4 die Stromrück-
gewinnung.

Ein Blick in den Fahrerstand zeigt: Fahrschalter mit je vier
Serien- und vier Parallelstufen, Fahrerbremsventil zum Bremsen
und Lösen der Druckluftbremsanlage, Bedienungsgeräte,
Bremsanzeigeinstrumente (an rechter Ecksäule) und Schalttafel
mit Handschaltern und Sicherungen. Dazu Not- und Sicherheits-
geräte wie z.B. Pechfackel und Notsignallampe und wichtig –
Ein- und Ausklinkstäbe für die Stromabnehmer! Auch eine
Luftpfeife und elektronisches Warnhorn sind vorhanden.

Die Zugbegleiter wurden generell 1950 abgeschafft, nur
auf der Strecke Volksdorf–Großhansdorf taten sie bis Anfang
der 60er Jahre Dienst. Seine letzten regulären Fahrten bestritt
der T 220 im Juni 1970.

HISTORISCHE FAHRZEUGE UND SCHIFFE

HISTORISCHE U-BAHN
Innenaufnahme

DT 1: GESELLSCHAFTSZUG HANSEAT

1958 wurde dieser Wagen in Uerdingen gebaut. In seinen 33 „Laufjahren" bis 1991 legte er 1,5 Millionen Kilometer zurück. Der Umbau begann 1997. Erhalten blieben nur die Außenhaut, Räder, Achsen und Motoren. Entstanden ist ein außergewöhnlicher U-Bahn-Triebwagen: originalgetreu restaurierter Wagen 1 und zum Gesellschaftswagen umgebauter Wagen 2, beide sind durch einen Gang verbunden.

Tipp

Der HANSEAT fährt, genau wie der T 11 und T 220, nach rechtzeitiger Buchung auf dem gesamten Hamburger U-Bahn-Netz. Mehr als die Hälfte der Strecke verläuft oberirdisch über 437 Brücken und Viaduktstrecken. Die genaue Route und die Haltestellen bestimmen Sie. Aber: die schönste Strecke ist die alte Ringlinie von 1912. 17,5 Kilometer lang, eine Runde dauert ca. 40 Minuten – auch am Hafen entlang mit herrlichem Blick! Ein verkehrshistorisches Hamburg-Erlebnis der besonderen Art für bis zu 60 Gäste!

GESELLSCHAFTSZUG "HANSEAT"
Duchgang zwischen zwei Wagen

HISTORISCHE FAHRZEUGE UND SCHIFFE

U-BAHN UND ALSTERDAMPFER
Begegnung der historischen Art

ST. GEORG – DAMPFSCHIFFROMANTIK
AUF KANÄLEN UND ALSTER

Das traditionsreichste und stilvollste Verkehrsmittel
Hamburgs war früher die weiße Alsterflotte. Das Dampfschiff
ST. GEORG hält die große Zeit der Alsterdampfer lebendig. Vor
dem 1. Weltkrieg beförderten 30 Dampfer Jahr für Jahr bis zu
11 Millionen Fahrgäste über die Alster. Die 1876 als FALKE auf
der Reiherstiegwerft gebaute ST. GEORG war bis 1939 im
Liniendienst auf der Alster im Einsatz und ist heute das älteste
erhaltene Museumsfahrzeug des Hamburger Nahverkehrs.

Als das Schiff 1988 in Berlin entdeckt wurde zeigte das
„offizielle Hamburg" kein Interesse und so gründete sich schnell
der Verein Alsterdampfschiffahrt, um die schwimmende
Hamburgensie zu retten. Unter der Regie des Vereins gelang es,
die ST. GEORG auf der Werft in Dresden-Laubegast in den
Bauzustand der 30er Jahre zu rekonstruieren. Angetrieben von
einer 2-Zylinder-Dampfmaschine konnte die ST. GEORG ab 1994
wieder auf der Alster fahren.

Seitdem dampft die ST. GEORG an rund 120 Tagen im Jahr
stets mit drei Mann Besatzung über die Alster. Das Fahrten-
programm bietet u. a. „Stimmungs-Fahrten", auf denen sonn-
tags Hamburger Künstler für nostalgische Unterhaltung sorgen.
Ab 2002 ist die ST. GEORG erstmals wieder auf Linien-Kurs: Von
April bis Oktober an jedem ersten Wochenende im Monat vom
Jungfernstieg nach Barmbek zum Anleger des Museums der
Arbeit. Außerdem steht der historische Alsterdampfer
ganzjährig auch für Charterfahrten mit bis zu 60 Personen zur
Verfügung.

Für die Zukunft hat sich der 18 Mitglieder zählende
Verein viel vorgenommen: Ein Schwesterschiff der ST. GEORG, die
1879 gebaute WINTERHUDE konnte aus dem Ruhrgebiet ange-
kauft werden und soll in den kommenden Jahren im
Originalzustand restauriert als kohlegefeuerter Alsterdampfer
auf sein Heimatrevier zurückkehren.

Verein Alsterdampfschiffahrt e.V.
Bansenstr. 11, 21075 Hamburg
Fon 792 25 99, Fax 79 00 48 33
alsterdampfschiffahrt@t-online.de
www.alsterdampfer.de
Liegeplatz: Anleger Jungfernstieg
Besichtigung nach Vereinbarung möglich.

ALSTERDAMPFER ST. GEORG
Fahrt im Mundsburger Kanal

DIE HISTORISCHEN FAHRZEUGE DER HAMBURGER S-BAHN

Während der vergangenen Jahre erlebte die Hamburger S-Bahn eine umfassende Erneuerung und Modernisierung ihres Fahrzeugsparks. Triebzüge modernster Bauart in roter Farbgebung prägen seitdem das Bild der S-Bahn.

Eisenbahnfreunde und Mitarbeiter der S-Bahn hatten mit Ausmusterung der alten Züge den Wunsch, einen Zug der alten Bauart für die Nachwelt zu erhalten. Nachdem die S-Bahn Hamburg GmbH die Aufarbeitung eines Zuges der Baureihe 471 als Museumszug beschloss, gründete sich der Verein Historische S-Bahn e.V. Wesentliche Aufgabe des Vereins ist die Organisation und Begleitung der Sonderfahrten der S-Bahn Hamburg GmbH mit historischen Fahrzeugen.

Historische S-Bahn Hamburg e.V.
c/o S-Bahn Hamburg GmbH
Steinstraße 12
20095 Hamburg
Fon 39 18 12 67
Fax 39 18 22 02
www.historische-s-bahn.de

BAUREIHE 471

Mit beachtlichen 62 Jahren gehört die Baureihe 471 (ehem. ET 171) zu den Eisenbahnfahrzeugen Deutschlands, die am längsten im planmäßigen Einsatz gewesen sind. Am 9. Dezember 1939 wurde der erste Triebzug angeliefert und läutete damit das Gleichstrom-Zeitalter bei der Hamburger S-Bahn ein. Bis 1958 wurden 73 Triebzüge gebaut.

Der Museumszug in blauer Farbgebung wird zur Zeit durch das Werk Ohlsdorf aufwendig restauriert. Wenn im Sommer 2002 die Wagen in den Zustand der 40er Jahre zurückversetzt worden sind, werden die 3.Klasse-Endwagen über Holzbänke und Wandfurniere aus Eichenholz verfügen. Der 2.Klasse-Mittelwagen erhält Plüschpolster, in denen der Reisende so richtig versinken kann. Die besondere Atmosphäre des Wagens wird zudem durch die Wände aus dunklem Birnbaumholz, Griffstangen aus Messing und kunstvollen Intarsien-Arbeiten an den Stirnwänden entstehen.

GENERATIONSWECHSEL BEI DER S-BAHN
Abschied des künftigen Museumszuges aus dem Plandienst

HISTORISCHE FAHRZEUGE UND SCHIFFE

BAUREIHE 470

Die Baureihe 470 (ehem. ET 170) stellt eine Weiterentwicklung der Baureihe 471 dar. Sie wurde ab 1959 für den Einsatz auf den damaligen Neubaustrecken nach Bergedorf und Elbgaustraße beschafft. Die 45 in Stahlleichtbauweise gelieferten Fahrzeuge zeichnen sich durch eine höhere Geschwindigkeit und größere Anfahrbeschleunigung aus.

Der Verein Historische S-Bahn e.V. bemüht sich in Zusammenarbeit mit der S-Bahn Hamburg GmbH, auch einen Zug dieser Baureihe betriebsfähig zu erhalten.

BIS ENDE 2001 IM DIENST DER S-BAHN
Die Baureihe 470

Zum goldenen Hirschen

Fahrplan HVV

Alles auf einen Click: Lassen Sie sich Ihren persönlichen Fahrplan zusammenstellen und erfahren Sie alles Wissenswerte über den HVV auf unseren Internet-Seiten.

www.hvv.de

Nix mehr verpassen!
FAHRPLANINFOS PER
SMS
DIREKT AUFS HANDY.
Fragen? www.hvv.de

Der Rhythmus der Stadt **HVV**

VERKEHRSHISTORISCHER TAG

Einmal im Jahr laden Vereine und Verkehrsbetriebe zum Verkehrshistorischen Tag ein. In Ermangelung eines reinen Verkehrsmuseums sind an einem Tag alle betriebsfähigen Museumsfahrzeuge des Hamburger Nahverkehrs auf ihren Strecken im Einsatz.

Historische U- und S-Bahnzüge, Museumsomnibusse und der 1876 gebaute Alsterdampfer ST. GEORG verkehren im Fahrplan-Takt von zahlreichen Umsteigepunkten. Eine Reise kreuz und quer durch den Nahverkehr vergangener Jahrzehnte.

Omnibus Büssing Präsident 14
Dieser Bus fuhr von 1964 bis 1972

Omnibus Daimler Benz O 321
Er fuhr bis 1962 in Hamburg

Alsterdampfer St. Georg von 1876

U-Bahn Triebwagen 11
Ältester noch betriebsfähig erhaltener U-Bahn-Wagen Deutschlands

Historische fahrzeuge und Schiffe

KULTUR-TIPPS
MIT SERVICE VON A–Z

Kultours – Die Top Ten   *302*

Kultur-Tipps mit Service von A–Z   *308*

    Gärten und Parks   *313*
    Geschichte   *315*
    Hafen/HafenCity   *315*
    Kirchen   *319*
    Lange Nacht der Museen   *321*
    Lichtkunst in Hamburg   *321*
    Literatur   *321*
    Museumslandschaft/Museumsdienst   *323*
    Oper und Konzert   *325*
    Rathaus   *327*
    Stadtrundfahrten   *328*
    Theater/Musical   *331*

HVV Liniennetzplan   *16/17*

HVV Metrobuslinien   *18/19*

Karten

    Hamburg-City   *24/25*
    City und angrenzende Stadtteile   *120/121*
    Hamburg-Nord   *276/277*
    Hamburg-West   *278/279*
    Hamburg gesamt   *Umschlagseite vorn*
    Großraum Hamburg   *Umschlagseite hinten*

KULTOURS – DIE TOP TEN

1 Speicherstadt
Erleben Sie das Gesamtensemble, Spicy's Gewürzmuseum,
Afghanisches Museum, Zollmuseum, Dialog im Dunkeln,
Speicherstadtmuseum mit einem Kaffee an der Kaffeeklappe.
Evtl. Abstecher in die Miniatur-Eisenbahn-Ausstellung "Miniatur
Wunderland" und/oder Hamburg Dungeon.

2 Museumsmeile
Galerie der Gegenwart und Alte Kunsthalle, Museum für
Kunst- und Gewerbe und ggf. Ausstellung in den Deichtor-
hallen. Mit Café Liebermann/ oder – nach wie vor Spitze –
Destille (Museum für Kunst und Gewerbe).

3 Parks und Kunst
Jenischpark, Jenischhaus, Barlach-Museum, Maritime
Sammlung (nur nach Anmeldung!) und dann entlang der Elbe
in den Hirschpark, Café Witthüs. Evtl. Abstecher: Maria Grün
(kath. Kirche), Nienstedtener Kirche und Nienstedtener Friedhof.

4 St. Michaelis & Co
Unverzichtbar: Hauptkirche St. Michaelis. Kramer-Witwen-
Wohnung, Johannes-Brahms-Museum in der Peterstraße. Dann:
Museum für Hamburgische Geschichte. Milchkaffee im Innen-
hof des Museums im Café Fees.

5 Hauptkirchen
Hauptkirche St. Petri an der Mönckebergstraße, Abstecher
ins Rathaus, Hauptkirche St. Jacobi – mit Café im Kirchencafé
und in Richtung Hafen über St. Nikolai (Ruine) und die
Deichstraße zur Hauptkirche St. Katharinen.

6 Hafen
Landungsbrücken mit Rickmer Rickmers, Überseebrücke
mit Cap San Diego und dann zu Fuß über den Fischmarkt (So).
Tipp: Museumshafen Övelgönne und für Spezialisten das
Abwasser- und Sielmuseum.

7 Altona

Altonaer Museum, Matjes in der Vierländer Kate. Altonaer Rathaus, Klopstockgrab an der Christianskirche.

8 Planten un Blomen

Planten un Blomen mit Heinrich-Hertz-Turm (Telemichel), Musikhalle (im Buch nicht ausführlich beschrieben) und dann ins Museum für Kommunikation.

9 Bergedorf

Schloß Bergedorf mit dem Museum für Bergedorf und die Vierlande und dann ein Abstecher zum Maler- und Lackierer Museum am Billwerder Billdeich. Nur für einen Einzelbesuch geeignet: die KZ-Gedenkstätte Neuengamme.

10 Hamburgs Norden

Friedhof Ohlsdorf und Museum Friedhof Ohlsdorf, dann über den Alsterwanderweg (Spielplatz mit Grillmöglichkeit) zum Torhaus mit Alstertal-Museum und weiter nach Poppenbüttel zur Gedenkstätte Plattenhaus. Diese Tour ist besonders für Fahrradfahrer geeignet.

KulTours

Einer muss ja das Maul aufmachen.

Hinz&Kunzt
Das Hamburger Straßenmagazin

Wir danken: Repro68 Markus Wendler Kolle Rebbe Hein Gas Brünner

In warmen wie in kalten Tagen.

HEIN GAS
Für mehr menschliche Wärme.

KULTUR-TIPPS MIT SERVICE VON A–Z

Hier haben wir in Zusammenarbeit mit der Tourismus-Zentrale Hamburg die wichtigsten Infos für Sie zusammengestellt. Tagesaktuelle Daten (z. B. Theaterspielpläne, Literaturlesungen, Konzerte u.a.) entnehmen Sie bitte der Tagespresse oder den Internetseiten der Stadtmagazine.

Die Freie und Hansestadt Hamburg ist eine der ältesten Stadtrepubliken Europas. Sie blickt zurück auf eine reiche Vergangenheit als Bürgerstadt am Fuße der Elbe und der Alster. Dennoch ist die Metropole mit den jahrhundertealten internationalen Handelsbeziehungen so modern wie kaum eine andere. Denn Hamburg hat viel mehr zu bieten als Hafen, Handel, Kaufleute und Kontore. Wie reich an Kultur die zweitgrößte Stadt Deutschlands ist, zeigt dieses Buch und können Sie in diesen Tipps nachlesen. Lassen Sie sich vom hanseatischen Lebensgefühl verzaubern und anstecken von der Begeisterung der 1,7 Mio. Hanseaten für ihre Stadt!

Alster

Die Alster, die sich in Binnen- und Außenalster teilt, lässt sich samt Flusslauf, Fleeten und Kanälen auf vielfältige Art erkunden. Am Jungfernstieg, Hamburgs mondäner Einkaufsstraße, beginnen die weißen Alsterdampfer ihre Törns. Über die beiden Seen und dann flussaufwärts gelangt man in Hamburgs Stadtteile Uhlenhorst, Harvestehude und Eppendorf, wo man vom Wasser aus die weißen Kaufmanns-Villen und großen Bürgerhäuser des Jugendstils bestaunen kann. Wer es sportlicher mag, kann mit Segelbooten auf der Alster kreuzen, mit dem Kanu die Fleete und Kanäle selbst erkunden oder sich im Tretboot von einem Alstercafé zum nächsten treiben lassen. Sämtliche Boote können bei den zahlreichen Verleihern rund um die Alster geliehen werden.

Alster-Schifffahrt

Fahrkarten für alle Alster-Rundfahrten erhalten Sie in den Informationsstellen der Tourist-Information. Alle Fahrten ab

Anleger Jungfernstieg, U/S Jungfernstieg: Alster-Rundfahrten: Die Stadtrundfahrt auf dem Wasser und Punschfahrten. Fleet-Fahrten: Von der Binnenalster in die Hafenelbe. Kanal-Fahrten: Fahrt durch die Alsterkanäle. Vierlande-Fahrten: Innenstadt – Bergedorf – Jungfernstieg. Teich-Fahrten: Die schönen Teiche an der Alster. Dämmertörn: Abendstimmung zwischen Jungfernstieg und Harvestehude. Alster-Kreuz-Fahrt: Es werden 9 Alsteranleger angefahren. Beliebiges Zu- und Aussteigen ist möglich. Informationen über Dinner-Shipping, Charterfahrten und Literarische Alster-Rundfahrten: Fon 35 74 24-0. Dampfschiff-Törn: Nostalgische Rundfahrt mit dem Original-Hamburger Alsterdampfer „St. Georg" von 1876. Sonderfahrten, Informationen und Gruppen-Reservierungen: Fon 7 92 25 99. Stimmungsfahrten mit dem Dampfschiff „St. Georg" mit Buffet zu verschiedenen stimmungsvollen Themen. Informationen und Buchungen: Fon 30 05 15 35.

Bäderland Hamburg

Schwimmen und Fitness in 26 Hallen-, Freibädern und Saunen, sowie Infos zur Eissporthalle und allen Kurs- und Freizeit-angeboten in Hamburg finden Sie unter www.baederland.de, info@baederland.de, Fon 78 88-37 37.
Tipp: das Wasserforum der Hamburger Wasserwerke.

Bischofsturm „Steinernes Haus"

Speersort 10, 20095 Hamburg, Fon 32 57 40/ 27. Öffnungs-zeiten: Mo–Fr 10–13 und 15–17 Uhr, Sa 10–13 Uhr.
Außenstelle des Helms Museums – Hamburger Museum für Archäologie und die Geschichte Harburgs.

Blankenese

Wer hätte in Hamburg so etwas vermutet? Blankenese-Besucher schwärmten und schwärmen vom „südländischen Flair" dieses kleinen Fischerörtchens und verglichen es gar euphorisch mit einem „Amalfi an der Elbe". Das liegt an Blankeneses einmali-ger Kulisse – und seinem besonderen Licht. Von den einladen-den Hängen von Mühlenberg, Kiekeberg und Süllberg hat man einen grandiosen Blick über die hier kilometerbreite Elbe. An den Hängen siedelten sich Fischer, Kapitäne, Lotsen und

Schiffbauer an – und schufen ein so freundliches Ambiente in diesem Viertel mit den rund 5.000 Treppenstufen, dass sie bald andere nach sich zogen. S Blankenese, Bus 48.
Tipp: Linie 36 von Reiner Elwers, ISBN 3-928119-56-7.

Börse

Das Gebäude der Hamburger Börse, übrigens die älteste ihrer Art in Deutschland, liegt Rücken an Rücken mit dem Adolphsplatz, Fon 3 61 30 20. Besichtigungszeiten bitte telefonisch erfragen. U Rathaus.

Busse und Bahnen

Gut beraten sind Sie in Hamburg, wenn Sie mit den Bussen und Bahnen des Hamburger Verkehrsverbunds (HVV) fahren. Wie es sich in einer Hafenstadt gehört, dürfen Sie mit einer Fahrkarte des HVV auch die Hafenfähren benutzen und auf die andere Elbseite übersetzen.
Alle U-, S- und A-Bahnen haben eine Liniennummer und eine eigene Farbe, damit Sie Ihre Linie schnell erkennen. Sie finden die Kennzeichnung auch auf dem abgedruckten Schnellbahnplan (*16/17, 18/19*) und an den Schnellbahnhaltestellen.
Über 1300 Busse ergänzen das Schnellbahnnetz. Zwischen Mitternacht und 5 Uhr morgens fahren Nachtbuslinien. Dort bestellt Ihnen der Fahrer auf Wunsch auch ein Taxi zu Ihrer Ausstiegshaltestelle.
Auf P+R-Anlagen an den Schnellbahnhaltestellen können Sie gebührenfrei parken. Außerhalb der Hauptverkehrszeiten dürfen Sie auch Ihr Fahrrad in den Bahnen und auf über 100 Buslinien kostenlos mitnehmen. Ausführliche Informationen zu behindertenfreundlichen Haltestellen, Bussen und Bahnen enthält die HVV-Broschüre „Mobilität für alle". Alles über den Hamburger Verkehrsverbund unter www.hvv.de, Fon 1 94 49.

Deichstraße

Alte Kaufmannsstraße mit Kontor- und Wohnhäusern aus dem 17. bis 19. Jahrhundert. Zahlreiche Restaurants. In dieser liebevoll restaurierten Milieu-Insel brach im Jahre 1842 der „Große Brand" aus, der ein Drittel der Innenstadt vernichtete.
U Rödingsmarkt.

Elbtunnel, Alter

Alter Elbtunnel 1907-1911 erbaut; kürzeste Verbindung zwischen St. Pauli und dem gegenüberliegenden Elbufer in Steinwerder. Länge der Tunnelröhren: 426,5 m. Öffnungszeiten nur für zulassungspflichtige Pkws, für Fußgänger und Radfahrer durchgehend geöffnet, U/S Landungsbrücken.

Essen und Trinken

Unter www.schlemmerinfo.de erhalten Sie Infos zum Thema Gastronomie in Hamburg, siehe auch Gastliches Hamburg

Event City Hamburg

Im Mai geht es los mit Hamburgs jährlich wiederkehrenden Events: der Hafengeburtstag zieht Millionen von Besuchern an den Hafen. Mit seinem Schlepperballett, der Feuerlöschboot-Parade, dem gigantischen Feuerwerk und einem vielfältigen Programm an Land, bietet dieses Volksfest Attraktionen für jedermann. Ende August feiert die Hansestadt weiter: Rund um die Binnenalster stehen bunte Buden, bekannte und weniger bekannte Bands spielen auf diversen Bühnen und die Stadt erlebt für ein paar Tage ein riesiges Vergnügen an der Alster, das Alstervergnügen eben! Dazwischen ist der Hamburger Kultur-Sommer, das traditionelle Kultur-Programm der Hansestadt mit Open-Air-Klassik, Film-Festivals, Sommertheater auf Kampnagel und vielen Ausstellungen. Eine weitere Sehenswürdigkeit während der Sommermonate gibt es im Park „Planten un Blomen", direkt in der Innenstadt, zu bestaunen: Nach Sonnenuntergang untermalt sanfte Musik eine farbig beleuchtete Wasserfontänen-Choreographie auf dem Parksee. Dreimal im Jahr – Frühjahr, Sommer und Winter – lädt das große Riesenrad auf dem Heiligengeistfeld unweit der Reeperbahn traditionell zum Dom ein, Europas größtem Jahrmarkt. Zur Vorweihnachtszeit sorgen diverse Weihnachtsmärkte für die richtige Stimmung und an der Alster laden die Märchenschiffe Kinder zum Träumen ein. Große sportliche Ereignisse finden in Hamburg das ganze Jahr hindurch statt. Der Hansaplast-Marathon und die HEW-Cyclassics locken jedes Jahr viele Sportler und Schaulustige in die Stadt. Bei den Spring- und Galopp-Derbys springen und laufen die edelsten

Pferde um die Wette. Die internationale Tenniselite trifft sich
zum Turnier am Rothenbaum. Und beim Hamburger SV oder
beim FC St. Pauli sind an fast jedem Wochenende Spiele der
Fußball-Bundesliga zu sehen.

Fahrradfahren in Hamburg

Die Freie und Hansestadt Hamburg bietet neben zahlreichen
Sehenswürdigkeiten auch reizvolle Strecken für Fahrradfahrer.
Aus diesem Grund gibt die Tourismus-Zentrale Hamburg GmbH
für Fahrradbegeisterte die neue Broschüre „Fahrradtouren in
und um Hamburg" heraus. Sie bietet die Möglichkeit, zwischen
3 ausgearbeiteten Radtouren zu wählen. Selbst nicht Orts-
kundigen wird aufgrund der ausführlichen Wegbeschreibungen
die Möglichkeit geboten, eine Radtour in und um Hamburg zu
unternehmen, z. B. Radeln entlang der Alster zum Rathausmarkt oder in die ländlichen Stadtteile Hamburgs. Hamburg
liegt am Schnittpunkt vieler Verkehrswege.
Auch drei international angelegte Radfernwege treffen hier auf-
einander. Elbe-Radweg: Die knapp 1.000 km lange Strecke
führt entlang der Elbe von Prag über die Partnerstädte Dresden
und Hamburg bis zu ihrer Mündung bei Cuxhaven.
Nordseeküsten-Radweg: Dieser Radweg verbindet auf ca. 6.000
km die an oder nahe der Nordseeküste gelegenen Regionen in
Norwegen, Schweden und Dänemark mit denen in Deutschland,
den Niederlanden und – nach einer Schiffspassage über den
Kanal – Großbritannien. Fährverbindungen zwischen Schottland
und dem südluichen Norwegen komplettieren die Ringverbin-
dung (Info: www.northsea-cycle.com). Ochsenweg: Dieser dritte
Radfernweg reicht vom Norden der dänischen Halbinsel Jütland
bis nach Hamburg. Die 500 km lange und in beiden Richtun-
gen gut ausgeschilderte Strecke geht zurück auf so genannte
„Ochsentriften", als im 16. Jahrhundert Viehtriebe dem Weg seinen Namen gaben. (Info über: Stattreisen und ADFC).
Erhältlich ist die Broschüre Fahrradtouren in und um Hamburg
an den Tourist Informationen am Hauptbahnhof und an den
St. Pauli-Landungsbrücken oder über die Hamburg Hotline, täglich von 8–20 Uhr, Fon 300 51 300, Fax 040/ 300 51 333.
    Der ADFC/ Allgemeiner Deutscher Fahrrad-Club Hamburg
bietet Service Veranstaltungen rund ums Rad in Hamburg und

im Umland an. Info Fon 39 39 33, Fax 390 39 55, www.ham-
burg.adfc.de, ADFC-HH@t-online.de.

Fernsehturm

Hamburgs höchstes Bauwerk (279,8 m). In 128 m Höhe des
Heinrich-Hertz-Turms, wie er offiziell heißt, befindet sich die
stählerne Absprungrampe des spektakulärsten Bungee-Sprung-
Zentrums der Welt. Lagerstraße 2–8, U Messehallen.

Fischmarkt

Wahre Heerscharen von Händlern halten sonntags von 6 bis 10
Uhr frischen Fisch, aber auch Obst, Blumen und Waren aller Art
auf dem Fischmarkt feil. Nachweislich seit 1703 findet der fröh-
liche Fischhandel am Ufer der Elbe statt. Die pietätvollen
Altvorderen erlaubten den sonntäglichen Verkauf der leicht
verderblichen Meeresfrüchte nur vor dem Gottesdienst.

Gärten und Parks

Die Hansestadt besteht fast zur Hälfte aus Parks, Grünflächen,
Naturschutzgebieten, Flüssen, Kanälen und Seen. Diese Fülle
sucht weltweit ihresgleichen und ist einer der vielen Vorzüge,
den Hamburg vor anderen europäischen Metropolen hat. Mit
rund 2.400 Brücken hat die Stadt mehr als Amsterdam, London
und Venedig zusammen.
Die zu Beginn des 20. Jahrhunderts selbständigen Städte
Hamburg, Altona und Harburg ließen unter dem Eindruck der
rasch wachsenden Bevölkerung und der als notwendig erkann-
ten Schaffung von Grün- und Erholungsflächen für alle Bevöl-
kerungsteile unabhängig von einander große Parkanlagen ent-
werfen und bauen. Die zu dieser Zeit geführten Diskussionen
um eine Reform der Gartenkunst, wie auch die immer stärker
werdende Volksparkbewegung, brachten wesentliche Impulse zu
Programm und Gestaltung dieses neuen Parktypus, der nicht
zuletzt mit der Einrichtung einer eigenständigen Gartenver-
waltung auch für den Beginn einer neuen Grünpolitik steht.
Unter dem Eindruck der lang anhaltenden Reformdiskussion
entstand in Hamburg-Winterhude (Stadtpark) die erste der
großen Volksparkanlagen mit architektonischem Gestaltungs-
schwerpunkt. Nicht zuletzt wegen des vorhandenen z.T. sehr

bewegten Geländes wurde bei der Anlage des Volksparks in Altona und später bei der Anlage des Stadtparks in Harburg zunehmend auf landschaftliche Formen zurückgegriffen und damit die These untermauert, dass sich die Gestaltung eines Parks vor allem an den örtlichen Gegebenheiten orientieren muss. Dazu kam ein nochmalig erweitertes Nutzungsprogramm (z.B. die Themen Schulgarten, Kleingarten). Die Anlagen in Altona und Harburg können unter diesem Gesichtspunkt gewissermaßen als eine Art Weiterentwicklung der Hamburger Parkplanung verstanden werden. Dennoch zieht der Stadtpark in Winterhude mit seiner auch heute noch beeindruckenden Mischung aus überwiegend regelmäßig axialer Gestaltung und landschaftlichen Formen deutlich mehr Besucher an, als alle anderen Parkanlagen der Stadt.

Tipp: Hamburg Grün, ISBN 3-928119-39-7

Gastliches Hamburg

Hamburgs Hotellerie hat für jeden Geschmack und Geldbeutel etwas zu bieten. Eine große Anzahl der besten deutschen Hotels stehen in der Elbmetropole. Liebenswerte Gastlichkeit und hoher Erlebniswert, aber auch ein moderates Preisniveau zeichnen die Hotellandschaft an der Alster und der Elbe aus. In der Mittel- und Touristenklasse bietet Hamburg ein breitgefächertes Hotel- und Pensionsangebot für Familien- und Wochenendtourismus sowie für Reisegruppen.

Eine weitere touristische Trumpfkarte der Hansestadt ist ihre Gastronomie. Neben internationalen Restaurants – von portugiesisch über japanisch bis mexikanisch – ist vor allem die hanseatische Küche zu empfehlen. Zu den typischen Spezialitäten gehört u. a. die Hamburger Aalsuppe. Berühmt ist auch das „Labskaus" – ein Seemannsgericht, bei dem der Schiffskoch in früheren Zeiten aus den lange haltbaren Zutaten an Bord ein schmackhaftes Essen zubereiten musste. Die vielfältige regionale Küche gibt es besonders typisch in Hafen-Nähe und entlang der Elbe. Darüberhinaus ist Hamburg mittlerweile eine Hochburg der Spitzengastronomie. Zahlreiche prämierte Restaurants laden zum Schlemmen ein, wie z.B. Wollenberg, Landhaus Scherrer, Cölln's Austernstuben und Louis C. Jacob.

Geschichte

Hamburgs reiche Geschichte als weltoffene Kaufmannsstadt lässt sich vielerorts auch heute noch erkennen. Gleich hinter der Zollgrenze im Hamburger Freihafen befindet sich die historische Speicherstadt. Mit ihren kupfernen Türmchen, gotischen Giebeln und rotbraunen Ziegelfronten ist sie der größte zusammenhängende Lagerhauskomplex der Welt. Eine prachtvolle Kirche ist Hamburgs Wahrzeichen: die St. Michaelis Kirche mit ihrem berühmten Kupferturm, dem „Michel", der seit eh und je Seefahrer in Hamburg willkommen heißt. Gleich unterhalb des Michels befindet sich ein idyllisches Fachwerkensemble – die schmale Gasse der Krameramtsstuben. Wo einst die Witwen des Krämergewerbes ihr Altenteil verlebten, sind heute Läden und Restaurants. Besonders schöne barocke Hamburger Fachwerk- und Backsteinzeilen finden sich ebenfalls in der Hamburger Altstadt, dem Nikolai-Viertel. Das Hamburger Rathaus sollte auf keinem Rundgang durch die Stadt fehlen: das eindrucksvolle Neorenaissance-Gebäude umfasst über 600 Räume. An deren Gestaltung und am Dekor der Fassaden waren Künstler aus ganz Deutschland beteiligt.

Hafen

Fast ein Achtel der Hamburger Fläche ist Hafengebiet. Rund 12.000 Seeschiffe aus aller Welt laufen jährlich den zweitgrößten Hafen Europas an und bringen ihre Waren aus Übersee mit. Im Freihafen werden diese Waren dann gelagert und verarbeitet. Es gibt dort viel zu sehen und wen es interessiert, der gelangt kostenlos zu Fuß durch den Alten Elbtunnel zu den Kais und Docks. Auch außerhalb des Freihafens gibt es eine Menge zu erleben: Der Museumsfrachter „Cap San Diego", genannt „der weiße Schwan des Südatlantik", hat an der Überseebrücke für immer Anker geworfen, und die „Rickmer Rickmers", Hamburgs Museumswindjammer, kann am Hafentor besichtigt werden. Machen Sie eine Hafenrundfahrt und genießen Sie den Anblick eines Welthafens, der unweigerlich Fernweh erzeugt, bewundern Sie während einer Fleetfahrt die historische Speicherstadt oder spazieren Sie entlang des Elbufers: Auf 36 Farb- und Fototafeln finden Sie zwischen Deichtorhallen und Neumühlen allerhand Wissenswertes zu Historie und Zukunft des Hamburger Hafens. Jedes Jahr im Mai feiert Hamburg seinen Hafengeburtstag als große 3-Tage-Party mit Schlepper-Ballett und Windjammer-Parade, hunderten von Buden und einem Feuerwerk.

HafenCity

Das HafenCity InfoCenter im ehemaligen Kesselhaus der Speicherstadt bietet alles Wissenswerte über das bedeutendste Stadtentwicklungsprojekt Hamburgs. Im Mittelpunkt der Ausstellung befindet sich ein städtebauliches Modell im Maßstab 1:500. Vertiefende Informationen bieten Wissensstationen mit Computern, Bibliotheken, Blätterbüchern und Hörstationen. In der Ausstellung lädt das Café mit kleinen Köstlichkeiten zum Lesen und Verweilen ein.
HafenCity InfoCenter im Kesselhaus, Ausstellung und Café, Am Sandtorkai 30, Speicherstadt, GHS Gesellschaft für Hafen- und Standortentwicklung mbH, Fon 37 47 26-0, www.HafenCity.com, Öffnungszeiten: Di–So 10–18 Uhr, Do 10–21 Uhr.

Hafenrundfahrten

Ein Muss für jeden, der nach Hamburg kommt, ist die große Hafenrundfahrt. Ab den St. Pauli-Landungsbrücken erwartet den Hamburg-Reisenden eine unterhaltsame Tour durch den Hafen. Hamburgs Hafenkapitäne fahren mit ihren Barkassen bis dicht an die Schwimmdocks, in denen die dicken Pötte zur Reparatur aufs Trockene gelegt werden.
Karten für alle Hafenrundfahrten erhalten Sie in den Tourist Informationen (siehe Informationsstellen). Große Hafenrundfahrt mit HADAG-Schiffen, Barkassen oder eleganten Fahrgastschiffen ab St. Pauli-Landungsbrücken, Brücken 1-9 sowie Deichstraße/Binnenhafen und Vorsetzen. Bei Bedarf zusätzliche Abfahrtzeiten im ganzen Jahr. Fon 31 17 07-0, 31 31 30, 31 39 59, 31 46 44, 31 42 80, 36 66 81, 37 31 68.
Historische Fleet-Fahrt ab Vorsetzen (U Baumwall). Englische Hafenrundfahrt, Brücke 1. Bei Bedarf Abfahrten nach Absprache Fon 31 78 22 31. Vergnügungsfahrten durch den Hafen: Steam Boat Party mit der Louisiana Star, Fon 31 78 22-0 Mississippi – Festival auf der Mississippi-Queen, Fon 31 31 20

Bord-Party, Fon 31 36 87, Prüsse's Bordparty, Fon 31 31 30.
Swingin' Hafensafari, Fon 47 44 62. Hafenfähren: eine besonders interessante und obendrein noch preisgünstige Variante,
den Hamburger Hafen kennen zulernen, sind die Hafenfähren
der HADAG. Mit der Linie 62 starten Sie von den Landungsbrücken in Richtung Finkenwerder und steigen dort um auf die
Linie 64 nach Teufelsbrück. Dann wandern Sie an der Elbe entlang nach Neumühlen (Övelgönne) und fahren mit dem Schiff
der Linie 62 zurück zu den Landungsbrücken.
Elbe-City-Jet Schnellfähren mit dem Hochgeschwindigkeits-
Katamaran von Hamburg (Landungsbrücken, Brücke 4) nach
Stade, der historischen „Schwedenstadt", und zurück.
Elbefahrt: Fon 0180/372 72 72. Tagesfahrt mit der „Vargoy"
nach Helgoland. Information und Buchung: Fon 30 05 17 00,
U/S Landungsbrücken, U Baumwall.

Hagenbecks Tierpark
Hamburg hat keinen Zoo – Hamburg hat Hagenbeck! Kaum
eine Sympathiebezeichnung wird dem weltbekannten Tierpark,
der 1998 150 Jahre alt geworden ist, besser gerecht. Mit mehr
als 360 Tierarten in 54 Freigehegen und dem Troparium gehört
er zu den bedeutendsten Sehenswürdigkeiten der Hansestadt.
Auf dem Tierpark-Gelände tummeln sich 2.500 Tiere; vom
gewaltigen Kodiak-Bären bis hin zum zierlichen Kaiser-
Schnurrbart-Tamarin ist alles vertreten. Tägl. ab 9 Uhr.
Fon 54 00 01-0-47-48, U Hagenbecks Tierpark.

Hamburg Card
Hamburg und die Sehenswürdigkeiten kennenlernen mit der
Hamburg CARD. Siehe Informationsstellen.

Hamburg aus einer Hand
Hotelreservierungen, Eintrittskarten, Hamburg Card, Pauschal-
programm Happy Hamburg Reisen
Tourist Information im Hauptbahnhof, Hauptausgang
Kirchenallee, Tägl. 7–23 Uhr.
Tourist Information am Hafen, St. Pauli-Landungsbrücken
zwischen Brücke 4 und 5. Tägl. 10–19 Uhr, 1.10.–31.3
10–17.30 Uhr.

Hamburg Dungeon

Tauchen Sie ein in die Geschichte Hamburgs. Installationen,
audiovisuelle Systeme und moderne Licht-, Feuer- und
Spezialeffekte ermöglichen eine authentische Zeitreise.
Reservierung Fon 300 51 512, geöffnet: täglich ganzjährig.

Historic Emigration Office

Steinstraße 7, tägl. 9.30 –17.30 Uhr. Deutschlands einziges
historisches Auswandererbüro. Vollständige Schrift- o.
Schiffslisten der über Hamburg von 1850 bis 1934 ausgewan-
derten Passagiere ermöglichen die Suche nach den Vorfahren.
Wer auf die Suche nach seinen Ahnen gehen will, benötigt den
Namen des gesuchten und das genaue Auswanderungsjahr. Die
Auskünfte sind gebührenpflichtig.

Historisches Feuerlöschboot Walter Hävernick

Das historische Fahrzeug von 1930 schippert heute als
Museumsboot mit Gästen durch den Hafen und die Kanäle.
Eigner ist das Museum für Hamburgische Geschichte, Liegeplatz
ist an der Kehrwiederspitze 11. Vermietung für Ausfahrten und
Feste. Fon 0 41 54/ 8 13 55.

Informationsstellen

Tourismus-Zentrale Hamburg, Hamburg-Hotline,
Fon 300 51 300, Fax 300 51 333, www.hamburg-tourism.de.
Tourist Information im Hauptbahnhof, Hauptausgang
Kirchenallee, tägl. 7–23 Uhr, U S Hauptbahnhof (außer U 2)
Tourist Information am Hafen, St.-Pauli-Landungsbrücken,
zwischen Brücke 4 und 5, täglich 8–19 Uhr, 1. 10.–31. 3.
10–17.30 Uhr, U/S Landungsbrücken
Hamburg Info Counter, Rathauspassage unter dem
Rathausmarkt, Mo–Fr 8–19 Uhr, Sa 10–16 Uhr, U Rathaus
Airport Office, Hamburg Airport, Terminal 4, Abflugebene, täg-
lich 6–23 Uhr u. 110 oder Airport-Express

Internet

Alle aktuellen Infos über die Stadt finden Sie im Internet unter
www.hamburg.de, www.hamburg-magazin.de,
www.hamburg-highlights.de, www.hamburg-tourism.de.

Jugendherbergen

„Auf dem Stintfang", Alfred-Wegener-Weg 5, Fon 31 34 88.
„Horner Rennbahn", Rennbahnstraße 100, Fon 651 16 71.

Kabaretts & Shows

Alma Hoppes Lustspielhaus, Kabarett, Ludolfstraße 53,
Fon 48 66 55, U Hudtwalckerstraße
Das Schiff, Kabarett, Holzbrücke 2 (Nikolaifleet)
Fon 36 47 65, S Stadthausbrücke, U Rödingsmarkt Metrobus 3
Pulverfaß, Travestie, Pulverteich 12, Fon 24 97 91
U S Hauptbahnhof (außer U2)
SchlapplacHHalde, Kabarett, Wechselnde Spielstätten.
Programm und Spielstätten abrufbar unter Fon 45 61 17

Kirchen

Hamburgs Stadtbild wird geprägt von den Türmen der
Hauptkirchen.
St. Michaelis-Kirche, Krayenkamp 4 c, erbaut 1751−62, ist der
bedeutendste Barockkirchenbau Norddeutschlands. Ihr Turm,
der „Michel", ist das Wahrzeichen der Hansestadt
(Aussichtsplattform). Auskünfte und Preise „Multivision" und
„Gruftgewölbe": Fon 37 67 81 00.
S Stadthausbrücke, U Baumwall.
St. Katharinen-Kirche, Katharinenkirchhof 1, erbaut
1350−1420, an der Außenwand des 115 m hohen Turms befin-
det sich eine Figur der Heiligen Katharina. U Meßberg
St. Petri-Kirche, Mönckebergstraße, älteste Pfarrkirche der Stadt,
Gründung wahrscheinlich im 11. Jh.
U/S Jungfernstieg, U Rathaus.
Jacobi-Kirche, Steinstraße, Gründung 13. Jh., hier ist die
berühmte Arp-Schnitger-Orgel beheimatet.
U Steinstraße, U Mönckebergstraße.
St. Nikolai-Kirche, Abteistraße 38, sehenswertes Altarmosaik
nach einem Entwurf von Oskar Kokoschka. U Klosterstern.
Die alte St. Nikolai-Kirche am Hopfenmarkt wurde im Zweiten
Weltkrieg zerstört. Der Turm blieb als Mahnmal stehen
U Rödingsmarkt.

CHOR ST.MICHAELI

Chor St. Michaelis
Leitung KMD Christoph Schoener

**Gottesdienste und Konzerte an
der Hauptkirche St. Michaelis, Hamburg**

Diese Termine wiederholen sich jährlich:
· Palmsonntag:
  Matthäus Passion von J.S. Bach
· Ostersonntag: Osterkantate im Gottesdienst
· Pfingstmontag: Kantatengottesdienst
· Sonnabend vor Totensonntag:
  Ein deutsches Requiem von J. Brahms
· Letzter Sonntag vor Weihnachten:
  Weihnachtsoratorium von J.S. Bach

Außerdem
· im November: Bach-Wochen
· im Advent: Texte und Musik zum Advent

Information
Michel-Musik-Büro
Englische Planke 1b
D-20459 Hamburg
Telefon 040/3 76 78-143
Fax 040/3 76 78-243
michel-musik@t-online.de
www.michel-musik.de

Katholische Domkirche St. Marien, Danziger Straße, durch ihren Doppelkirchturm gut zu erkennende Kirche mit Sitz des Hamburger Erzbischofs. Metrobus 6.

Lange Nacht der Museen

Einmal im Jahr findet die "Lange Nacht der Museen" statt. Mit einem speziellen Ticket können Museen und Kunstgalerien in Hamburg bis Mitternacht besucht werden. Termin: Tourist Information und DER**MUSEUMSDIENST**HAMBURG.

Lichtkunst in Hamburg

Illumination der Hamburger Kunsthalle von Michael Batz. In der Zeit vom 11.–20. Mai 2001 wurden die Altbauten der Hamburger Kunsthalle sowie die Galerie der Gegenwart zu Beispielen urbaner Lichtkunst. Anlass war die „Lange Nacht der Museen" am 19. Mai, die nicht zuletzt wegen der Illumination einen Rekordbesuch verzeichnete (unser Titelbild). An einer wichtigen Schnittstelle städtischer Blickbeziehungen entstand ein faszinierender metropolitaner Moment und damit ein sinn-fälliges Bild für die Energie der Gegenwartskunst.

Die Architektur der Kunsthalle erfuhr eine temporäre Transformation zur Lichtskulptur. Das Lichtkonzept übersetzte den dreiteiligen Gebäudekomplex in den additiven RGB-Farbraum: Blau als Innenlicht (nonstop, horizontal getaktet), Rot als Vertikalgliederung (mit Einsetzen der Dämmerung), Gelb als Basislicht (Rundform). Über 300 Leuchten wurden fas-sadennah als uplights eingesetzt. Anders als bei flächiger Anstrahlung wurde das Gebäude auf diese Weise selbst zum Lichtzeichen: als käme das Licht von innen; als habe sich der Stein transmaterialisiert in Metall bzw. in schwebende Energie. Bewusst wurde mit verschiedenen Korrespondenzen gearbeitet : Innen – Außen, Horizontal – Vertikal, Warm – Kalt sowie durch Spiegelung im Altbau Gegenwart – Vergangenheit. Das Ensemble der Hamburger Kunsthalle, Kunst bergend und verin-nerlichend, wurde selbst zum sinnlichen Kunstwerk.

Literatur

Literaturstandort Hamburg: ungewöhnliche Leseorte, wie z.B. das Literaturschiff ab Schiffsanleger Jungfernstieg. Eine Vielfalt

von Buchhandlungen, Antiquariaten und Bibliotheken lädt zum
Schmökern ein. Die Hamburger Lesetage finden Mitte April
statt, Fon 01801-63 87 67, www.lesetage.hew.de statt. An sie-
ben Tagen im April lesen Prominente, Bestsellerautoren und
talentierte Neulinge an ungewöhnlichen Orten der Stadt.
Ergänzt werden die Lesungen durch Filmvorführungen,
Kinderprogramm, und Workshops für Kinder und Jugendliche.
Wegen des großen Zuspruchs empfiehlt es sich, rechtzeitig
Karten zu sichern. In der ersten Ausgabe des HEW-
Stadtmagazins „metropole" am Anfang des Jahres ist das
Programm der Hamburger Lesetage ausführlich abgedruckt.

Lesungen finden auch regelmäßig im Literaturhaus Hamburg
statt: Schwanenwik 38, 22087 Hamburg-Uhlenhorst,
Fon 22 70 20-0, Fax 2 20 66 12, literaturhaus@t-online.de,
www.literaturhaus-hamburg.de.
Tipp: Hamburg für Leser. Leseorte, Bibliotheken, Antiquariate,
Buchhandlungen. Katrin Duggen und Anke Küpper,
ISBN 3-928119-71-0.

Messen und Kongresse

Hamburg Messe und Congress GmbH (HMC), St. Petersburger
Straße. Das Congress Centrum Hamburg (CCH) ist eine der
größten und modernsten Kommunikationsstätten der Welt mit
10 000 Plätzen in 18 Sälen. Kongresse jeder Größenordnung
und Ausstellungen durch direkte Anbindung an das
Messegelände. Messekalender erhalten Sie bei der HMC,
Fon 35 69–0 oder bei der Tourismus-Zentrale Hamburg,
Fon 300 51 300. S Dammtor/ U Messehallen.
MesseHalle Hamburg-Schnelsen, Modering 1a, Fon 5 50 60 61
Die Uhren-, Schmuck- und Silberwarenfachausstellung, die
Hamburger Computertage und viele weitere Fachausstellungen
haben hier ihren festen Platz. BAB 7 Ausfahrt HH-Schnelsen.

Miniatur Wunderland Hamburg

Im 4. Stock über dem Hamburg Dungeon (Kehrwieder 2, Block D)
befindet sich auf 1.600 qm eine der größten Modelleisenbahn-
anlagen der Welt. Diese Miniatureisenbahnwelt im Maßstab
1:87 umfasst 500 Züge mit 7.000 Waggons auf 5.000 m
Gleislänge. Eingebettet in eine Landschaft mit 50.000 Bäumen,
20.000 Lichtern und 30.000 Figuren ist diese Anlage wirklich
erlebenswert. Mit kleiner Cafeteria, Snackbar, Kinderspielanlage
und Maltischen. Tägl. 10–18 Uhr, Di bis 21 Uhr, Sa und So bis
19 Uhr. www.miniatur-wunderland.de.

Museumslandschaft

Hamburgs „Kunstmeile" hält für jeden Kunstfan etwas bereit.
Von der Alster bis zum Hafen reihen sich Museen und Galerien
in bunter Reihe aneinander: Von der Hamburger Kunsthalle mit
ihrer Galerie der Gegenwart über das Museum für Kunst und
Gewerbe bis zu den Deichtorhallen finden sich Meisterwerke

der Kunstgeschichte, berühmte Sammlungen und spektakuläre zeitgenössische Ausstellungen. Neben dem Museum für Hamburgische Geschichte und dem Völkerkundemuseum in der Innenstadt, sind weitere kleinere Museen über die ganze Stadt verteilt. Das Erotic Art Museum z.B. überrascht in St. Pauli mit delikaten Meisterwerken.

Museumsdienst

DER**MUSEUMSDIENST**HAMBURG bietet verschiedene Aktionen rund ums Museum an. Das Angebot reicht vom Ferienprogramm über Offene Werkstätten bis hin zu Geburtstagsfeiern und Museumskursen. Programme und Termine, sowie Buchungen über: DER**MUSEUMSDIENST-**HAMBURG, Glockengießerwall 5a, 20095 Hamburg, Fon 4 28 24-3 25, Fax 4 28 24-3 24.

Musicals

Hamburgs Ruf als Musicalmetropole existiert nicht umsonst. Nach 14 erfolgreichen Jahren, in denen die Katzen von CATS durch das Operettenhaus tanzten, befindet sich heute in dem Gebäude am Spielbudenplatz ein Premierentheater, das mit brandaktuellen Produktionen einen Hauch von Broadway in die Stadt bringt. Weitere attraktive Musicalproduktionen finden Sie direkt am Hamburger Hafen, in der Neuen Flora und in diversen Hamburger Privattheatern.

Musikhalle

Die Stadt, in der Johannes Brahms gelebt und gewirkt hat, ist reich an klassischer Musik. Die barocke Musikhalle (1908 wurde sie feierlich eingeweiht) ist der Mittelpunkt des Hamburger Konzertlebens. Das gilt nicht nur für die drei in Hamburg beheimateten Orchester – das Philamonische Staatsorchester, das NDR-Sinfonieorchester und die Hamburger Symphoniker –, sondern auch für Kammer- , Kirchen- , Chormusik und internationale Gastspiele. Bus 112, 36 /U Messehallen.

Nachtwächterrundgang

Mit Fackel und Laterne unterwegs in der historischen Speicherstadt. Begeben Sie sich mit dem Nachtwächter, in

historischem Kostüm, auf einen ungewöhnlichen Rundgang.
Treffpunkt U-Bahn Baumwall/Ausgang Kehrwiederspitze. Dauer
2 Std. Ein Besuch im Gewürzmuseum (im Winter empfielt sich
ein Glas selbstgewürzter Glühwein) ist auf Anfrage möglich.
Info: StadtkulTour, Stadtführungs-Service Hamburg, Volker
Roggenkamp Fon/Fax 36 62 69, Mobil 0171-98 29 758.
Siehe auch Anzeige und Hinweis unter Stadtrundgänge.

Nächtliches Hamburg

Auch am Ende eines ereignisreichen Hamburg-Tages gibt es
noch viel zu erleben. In Hamburg ist das Nachtleben so aufre-
gend und abwechslungsreich wie kaum anderswo. Nicht
umsonst befindet sich in Hamburg das berühmteste
Vergnügungsviertel der Welt: die Reeperbahn in St. Pauli.
Unterhaltung und Kultur findet man rund um den
Spielbudenplatz. Auf der Reeperbahn und an der Großen
Freiheit gesellen sich zu den Clubs mit den roten Laternen zahlreiche Szene-Diskotheken, Night-Clubs und Kneipen, in denen
es sich die Jugend der Stadt gut gehen läßt. Die Stadt kennt
allerdings auch in anderen Stadtteilen kaum eine Sperrstunde,
so dass Feiern in Hamburg zum endlosen Vergnügen werden
kann.

Övelgönne

Am Elbanleger Neumühlen liegt Övelgönne, ein altes Lotsen-
dorf, in dem die Zeit stillgestanden zu sein scheint. Auf der
Landseite des von Linden gesäumten Uferweges stehen kleine
Häuschen mit schmucken Veranden und Ziergittern, auf der
Wasserseite idyllische Vorgärten. Neben vielen guten Garten-
lokalen befindet sich hier der Museumshafen Övelgönne: Rund
20 Schiffs-Oldtimer liegen am Anlieger Neumühlen vertäut. Seit
kurzem können Spaziergänger den „Alten Schweden", einen riesigen Findling aus der letzten Eiszeit, dort am Elbstrand bewundern. Bus 112.

Oper & Konzert

Hamburgs Oper ist seit 1678 die Erste in Deutschland und
namhafte Künstler wie Placido Domingo begannen hier ihre
Karriere. Hier und in der Musikhalle spielen drei große

Sinfonieorchester. Hamburger Symphoniker, Fon 45 33 26.
Hamburgische Staatsoper, Dammtorstr. 28, Fon 35 68 68,
www.hamburgischestaatsoper.de, Kasse: Große Theaterstraße 35,
Mo–Sa 10–18.30 Uhr, Abendkasse jeweils 90 Minuten vor
Aufführungsbeginn. Musikhalle, Johannes-Brahms-Platz,
Fon 34 69 20, www.musikhalle-hamburg.de, Kasse Mo–Fr
11–18 Uhr, Großer Saal bis 20 Uhr, Sa 10–14 Uhr.
Spiegelsaal im Museum für Kunst und Gewerbe, Steintorplatz,
Fon 428 54 27 32, www.mkg-hamburg.de, Karten über
Konzertkasse Gerdes, Fon 44 02 98.
Forum der Hochschule für Musik und Theater, Harvestehuder
Weg 12, Karten und Info über Konzertkasse Gerdes,
Fon 44 02 98.
Rolf-Liebermann-Studio, Oberstr. 120, Fon 415 60,
Karten über Classic Center, Fon 358 92 23.
Allee Theater Hamburger Kammeroper, Max-Brauer-Allee 76,
Fon 38 29 59, www.alleetheater.de, Kasse: Mo–Fr 10–18 Uhr,
Sa/so 11–18 Uhr, Karten-Hotline (Tägl. 8–20 Uhr)
Fon 30 05 16 60.

Panoptikum
Das Wachsfigurenkabinett, Hamburg-St. Pauli,
Spielbudenplatz 3, Fon 31 03 17. Geöffnet Mo–Fr 11–21 Uhr,
Sa 11–24 Uhr, So 10 –21 Uhr.

Pensionen und Hotels
Die Broschüre „Hotels&Tickets" mit einer Übersicht aller
Hamburger Hotels und Pensionen sowie der Hamburg-
Pauschalreisekatalog „Happy Hamburg Reisen" können bei der
Tourismus-Zentrale Hamburg, Fon 300 51 300 bestellt werden.
Oder Sie buchen direkt über die Hamburg Hotline ihre
Unterkunft. Fon 300 51 300, Fax 300 51 333 oder
www.hamburg-tourism.de.

Pfeffermann
Der besondere Rundgang mit Würze durch die Speicherstadt.
Atmen Sie auf dieser Tour durch die Handelsmetroploe
Hamburg einmal ganz bewusst und folgen den exotischen
Gerüchen aus der ganzen Welt. Dauer 1,5 Std., Treffpunkt

Sandtorkai 32 (vor der Tür des Gewürzmuseums). Termine:
Volker Roggenkamp, StadtkulTour, Stadtführungs-Service
Hamburg. Fon/Fax 36 62 69, Mobil 0171-98 29 758 und
www.spicys.de.

Rathaus

Prächtiger Sandsteinbau im Stil der Neo-Renaissance, erbaut
1886-97. Sehenswerte Innenaustattung (647 Räume, sechs
mehr als im Buckingham-Palace). Sitz des Senats und der
Bürgerschaft. Führungen: Mo–Do 10.15–15.15 Uhr, Fr–So
10.15–13.15 Uhr, stundlich: Anmeldung an der Information
notwendig! Gruppenanmeldungen ab 15 Pers.
Fon 4 28 31-20 63/-20 64. Bei offiziellen Veranstaltungen
keine Führungen, Auskünfte Fon 4 28 31–24 70 (Bandansage),
U Rathaus.

Rathauspassage

Unter dem Rathausmarkt befindet sich ein Laden-,
Veranstaltungs- und Dienstleistungszentrum mit einem vielseitigen Angebot. Das Nutzungskonzept wurde vom Diakonischen
Werk Hamburg entwickelt. Postanschrift: Königstraße 54,
22767 Hamburg, Fon 36 90 09-7, Fax 36 90 09-77.

Shopping-Erlebnis Hamburg

Unweit der Binnenalster und des Jungfernstiegs befindet sich
die größte Ansammlung von Einkaufsgalerien in Europa.
Nirgendwo anders lässt es sich so angenehm shoppen wie im
Hanse-Viertel, der Gänsemarkt-Passage und den weiteren neun
Einkaufspassagen in der Hamburger Innenstadt. Oder gar
Hamburgs „Fifth Avenue", der Neue Wall. Internationale
Markennamen wie z.B. Hermés, Escada, Jil Sander und Joop
signalisieren Kaufvergnügen wie in Mailand, Paris oder New
York. Hamburgs renommierte Einkaufsallee Mönckebergstraße
(auch „Mö" genannt) hat auch eine Menge zu bieten. Neben
dem Levantehaus, einem traditionellen Kontorhaus, in dem sich
seit einigen Jahren eine moderne Einkaufspassage befindet,
reihen sich hier unzählige Kaufhäuser, sowie riesige und vielfältige Bekleidungsgeschäfte wie Perlen an einer Schnur.

Stadtrundfahrten

Fahrkarten für alle Stadtrundfahrten erhalten Sie in den Tourist Informationen und Informationsstellen. Beginn und Ende Hauptbahnhof/Kirchenallee, U/S Hauptbahnhof (außer U 2) oder Landungsbrücken U/S Landungsbrücken. Ein- und Ausstiegsmöglichkeiten an weiteren Haltepunkten.

Rundfahrten in Doppeldecker-Bussen. Top-Tour Hamburg: Dauer ca. 1,5 Stunden. Das Wichtigste und Interessanteste von der Außenalster durch die Innenstadt nach St. Pauli und zum Hafen. Gala Tour Hamburg: Dauer 2,5 Stunden. Zusätzlich zum Programm der Top-Tour Hamburg zeigt diese Fahrt auf fast 50 km Länge die schönsten Ecken der Stadt wie z. B. die Elbvororte. Beide Stadtrundfahrten können durch Zuzahlung mit einer Hafenrundfahrt kombiniert werden.

Scene-Night-Tour: März–Nov, Dauer ca. 3 Stunden. Eine unterhaltsame und informative Einführung in das Nachtleben Hamburgs. Auskünfte über alle Stadtrundfahrten per Bus, über die „Szene Nacht Tour" sowie Reservierungen: Fon 6 72 03 84.

Stadtrundfahrt mit der Hummelbahn: Dauer 2 Stunden. Eine stimmungsvolle und informative Stadtrundfahrt auf einer „Eisenbahn" im Stil der 20er Jahre.

Stadtrundfahrt im roten Doppeldecker: Brücke 1–2, Hauptbahnhof/Kirchenallee. Auf dieser Rundfahrt (bei schönem Wetter mit offenem Verdeck) können Sie an den wichtigen touristischen Sehenswürdigkeiten aussteigen und die Fahrt zu einem späteren Zeitpunkt fortsetzen. Auskünfte über alle Stadtrundfahrten mit der Hummelbahn und dem roten Doppeldecker sowie über das weitere Angebot – wie „Elbufertour", „Hamburg für Entdecker" und „Große Hamburger Lichterfahrt": Fon 7 92 89 79. Große Stadtrundfahrt im gelben Cabrio-Doppeldeckerbus: Brücke 4. Fahrtroute: Historische Deichstraße, Speicherstadt, Außenalster, Binnenalster, Alsterkanäle, Rathaus, Führung Michel und Krameramtsstuben, Reeperbahn, Fischmarkt. Dauer 2 Stunden. Alsterufertour: Brücke 4, Dauer 1,5 Stunden. Diese Tour führt an den Sehenswürdigkeiten der Stadt und der Außenalster entlang. Auskünfte: Hamburg Tour Christa Rduch, Fon 0 41 02/4 43 39 City-Hopping Große Erlebnistour: Hauptbahnhof/ Kirchenallee und Brücke 2/3. Sie bestimmen die Gestaltung Ihrer Tour selbst

(Tagesticket), können aussteigen und die Fahrt auch innerhalb unterschiedlicher Routen später fortsetzen (kombinierbar mit Alster- und Hafenrundfahrt). Information und Reservierung: Hamburg Vision, Fon. 31 79 01 27.
Tipp: Linie 36 von Reiner Elwers, ISBN 3-928119-56-7.

Stadtrundflüge

Nicht nur vom Bus aus lässt sich Hamburg vortrefflich besichtigen, nein, fast schöner ist es, einen Blick von oben zu werfen. Direkt im Hamburger Hafen oder vom Hamburg Airport aus starten Sie Ihren Rundflug in einem Wasserflugzeug, einer alten Tante JU (JU 52) oder in einem modernen Helikopter. Heli-Charter-Hamburg. Der König der Lüfte, der Bell 407, ist einer der modernsten Helikopter der Welt. Er bietet ein unvergleichliches Flugerlebnis mit einem individuellen Angebot.
Information und Vermittlung: Fon 300 51 300.
Rundflüge mit dem Wasserflugzeug. Ab 15. März, City Sporthafen, Baumwall. Tägl. außer Mo 10 Uhr bis Sonnenuntergang, im Sommer bis 18 Uhr, alle 45 Min. Flugdauer: ca. 20 Min. plus Fahrtdauer auf dem Wasser. Keine Flüge bei schlechtem Wetter. Reservierungen: Fon 37 83 41 U Baumwall. Rundflüge mit der JU 52. Ab Hamburg Airport Rundflüge über das Stadtgebiet, Flugdauer: 30 Minuten Fon 50 70 17 17, U S Ohlsdorf u 110 Airport Express.

Stadtrundgänge

Eine Stadt lässt sich kaum besser entdecken als zu Fuß. Die offiziellen Gästeführer der Tourismus-Zentrale Hamburg bieten Ihnen thematische Stadtrundgänge, bei denen sich Ihnen die Stadt jeweils von einer ganz besonderen Seite zeigt und Sie Entdeckungen machen können, die selbst manchem Hamburger fremd sind. Mai–Okt auch an Feiertagen jeweils 14.30–16.30 Uhr, ohne Anmeldung. Fon 6+01 84 80 (Infoband). Buchung über Tourismus-Zentrale Hamburg. Fon 300 51 144/ 145, Fax 300 51 210, info@hamburg-tourism.d. Themen u.a.: Kontorhäuser – Typisch für Hamburg, Speicherstadt und HafenCity; Kanzeln, Macht und Klosterbrüder – Hamburgs Hauptkirchen; Auf der Reeperbahn bei Nacht; Von Kaufmannsstolz und Katastrophen; Kaschemmen, Neonlicht und

Katholiken; Die Speicherstadt zwischen Kaufmannstradition und Filmkulisse; Speicherstadt-Rundgänge.
Besondere Stadtrundgänge mit Nachtwächter oder Pfeffermann (Ein Rundgang mit Würze durch die Speicherstadt), Leserundgänge zu Heine, Ringelnatz und Brahms, Lesungen z.T. auch in Plattdeutsch, Literarische Alsterrundfahrt (Anmeldung Alster-Touristik, Fon 35 74 240, Fax 35 32 65) und La Gondola (Ars Vivendi im hohen Norden) ermöglicht Volker Roggenkamp, StadtkulTour, Stadtführungs-Service Hamburg.
Fon/Fax 36 62 69, Mobil 0171-98 29 758.
Tipp: Hamburg musikalisch, Spurensuche in der Neustadt von Rüdiger Thomsen-Fürst, ISBN 3-928119-54-0.

Szene

Über Events und Veranstaltungen informieren:
www.szene-hamburg.de, www.prinz-hamburg.de, www.oxmoxhh.de, www.hamburg-magazin.de, die Veranstaltungsbeilagen der Hamburger Morgenpost und des

Hamburger Abendblattes sowie der Homepage des örtlichen
Rundfunksenders Radio Hamburg am Speersort, www.radio-
hamburg.de.

Tickets
Hamburg-Hotline Fon 040/300 51 300.
Theaterkassen in der City (Auswahl): CCH-Konzertkasse,
St.Petersburger Straße 1, Fon 34 20 25, U Messehallen.
Theaterkasse Central, Gerhard-Hauptmann-Platz 48,
Landesbank-Galerie, Fon 33 71 24, U Mönckebergstraße.
Classic-Center Bleichenhof, Fon 35 44 14, S Stadthausbrücke.
Konzertkasse Gerdes, Rothenbaumchaussee 77, Fon 45 33 26/
44 02 98, U Hallerstraße, Fon 32 87 38 54, U/S Hauptbahn-
hof. HMT Hamburg Musikhalle Ticket GmbH, Johannes-Brahms-
Platz 1, Fon 34 69 220 Bus 112, 36. U Messehallen.
Theaterkasse E. Schumacher, Fon 34 30 44, U Stephansplatz.
Tourist-Information am Hafen, St. Pauli-Landungsbrücken, zwi-
schen Brücke 4 und 5, Fon 30 05 12 03. Hamburger
Abendblatt, Geschäftsstelle am Rathausmarkt 10, Mo–Fr 9–19
Uhr, Sa 10–14 Uhr.
In den Tourist Informationen erhalten Sie Tickets für fast alle
Hamburger Veranstaltungen. Für Theater, Musicals, Hafen- und
Stadtrundfahrten, Alsterfahrten, für Sportveranstaltungen wie
Tennis etc., Tickets für Große Festivals und Open Air-Veran-
staltungen, Fahrkarten nach Helgoland (auch mit Übernach-
tung), und die Hamburg CARD für freie Fahrt mit allen öffentli-
chen Verkehrsmitteln und vielen Vergünstigungen.

Theater/Musical
Immer wieder werden Hamburgs Staatstheater, wie das
Deutsche Schauspielhaus und das Thalia Theater, von den
Kritikern als die besten deutschsprachigen Bühnen ausgezeich-
net. Aber auch in Hamburgs rund 40 Privattheatern werden
Produktionen der allerersten Klasse dargeboten. Hier eine
Auswahl der vielseitigen Hamburger Theater: ALLEE THEATER,
Fon 38 29 59, hotline 30 05 16 60. Altonaer Theater,
Museumstrasse 17, Fon 39 90 58 70. Klassische und moderne
Theaterstücke, S Altona. COMMEDIA THEATER, Fon 34 19 04.
Das Schiff, Fon 696 50 560, www.theaterschiff.de. DELPHI

Showpalast, Fon 43 18 600, hotline 30 05 16 66. Deutsches Schauspielhaus, Kirchenallee 39/41, Fon 24 87 13. Eine der renommiertesten deutschen Bühnen, U/S Hauptbahnhof behindertengerecht (außer U2). English Theatre, Fon 227 70 89, hotline 0180-57 27 243. Ernst-Deutsch-Theater, Mundsburger Damm 60, Fon 30 05 18 08. Vorwiegend klassische Stücke, U Mundsburg. Fliegende Bauten, Glacischaussee 4, Fon 30 05 16 00. Internationale Varietéproduktionen, Avantgardezirkus, Musik, Comedy, U St. Pauli. Hamburger Kammerspiele, Hartungstraße 9, Fon 41 33 44 44. Avantgarde-Theater, U Hallerstraße. Hansa-Theater, Steindamm 17, Fon 24 14 14. Klassisches Varieté, U/S Hauptbahnhof behindertengerecht (außer U2). Kampnagel Hamburg, Jarrestraße 20-26, Fon 27 09 49-0. Experimentelles Theater, Bus 172/173. komödie winterhuder fährhaus, Hudtwalkerstraße 13, Fon 30 05 19 00. Boulevard-Theater, U Hudtwalkerstraße. Musicaltheater im Hamburger Hafen (König der Löwen), Fon 01805-11 41 13, www.koenig-der-loewen.com. Ohnsorg-Theater, Große Bleichen 23, Fon 30 05 15 50. Volksstücke in plattdeutscher Sprache, U/S Jungfernstieg. Premierentheater Operettenhaus & Neue Flora Hamburg, Fon 01805-44 44, www.stella.de. Neues Theater, Fon 31 00 51, hotline 30 05 16 50. Schmidt, Spielbudenplatz 24, Fon 30 05 14 00. Theater, Kneipe Varieté, S Reeperbahn. Schmidts TIVOLI, Spielbudenplatz 27/28, Fon 30 05 14 00. Große Musik- , Theater- und Varieté Produktionen (angeschlossen: Angie's Nightclub, einer der besten Nightclubs Deutschlands), S Reeperbahn. St.-Pauli-Theater, Spielbudenplatz 29, Fon 30 05 19 50. International Musical- und Theater-Gastspiele, S Reeperbahn. Thalia-Theater, Alstertor, Fon 30 05 17 50. Große Traditionsbühne mit mutigen Inszenierungen, U/S Jungfernstieg. Theater in der Basilika, Fon 390 46 11. Theater für Kinder, Fon 38 25 38.

Veranstaltungen im Überblick

Frühlingsdom (März/April), Sommerdom (Juli/August), Winterdom (Nov./Dez.), Hanse-Marathon (April), Internationale Tennismeisterschaften (April/Mai), Japanisches Kirschblütenfest (Mitte/Ende Mai),

FEES
RESTAURANT & BAR

Genießen Sie...

...internationale Küche

...Cocktails

...Brunch
(sonn- u. feiertags)

...Veranstaltungen
in außergewöhnlichem
Ambiente

Öffnungszeiten: Di - So ab 10 Uhr

20355 Hamburg · Holstenwall 24

☎ (0 40) 3 17 47 66

Hafen-Geburtstag (Mai), Internationales Spring- und Dressur-Derby (Mai), Dschungelnächte bei Hagenbeck (Mai/Juni), Hamburger Ballett-Tage (Mai/Juni), Hamburger Sommer, www.hamburgersommer.de (Mai-Okt.), Derby-Woche in Hamburg-Horn (Juni/Juli), Schleswig-Holstein Musik Festival (Juli/Aug.), Der Hamburger Jedermann (Juli/Aug.), Alstervergnügen (August), Weihnachtsmärkte in der Innenstadt (Nov./Dez.). Fischmarkt jeden Sonntag von 5–9.30 Uhr, Hamburgs traditionsreichster Markt für Nachtschwärmer und Frühaufsteher.

Willkommhöft Schulauer Fährhaus (Wedel)

Fon 0 41 03-9 20 00, Weltberühmte Schiffsbegrüßungsanlage. tägl. vom Sonnenauf- bis Sonnenuntergang wird jedes ein- und auslaufende Schiff über 500 BRT begrüßt. Dazu wird die Hamburger Flagge gedippt, erklingt die betreffende National-hymne und ertönt ein Grußwort in der jeweiligen Landessprache.
Im Keller: Buddelschiffmuseum, S Wedel, Bus 189.

Gesamtprogramm L&H Verlag

ISBN 3 - 928119 -

HAMBURG

Hamburg Grün. Die Gärten und Parks der Stadt	39-7
Hamburg für Leser	71-0
Hamburg Kompakt/Hamburger Museumsführer	69-9
Hamburg musikalisch – Spurensuche i. d. Neustadt	54-0
Linie 36 – Hamburg-Tour in 38 Minuten	56-7
Stadtführer für Notfälle/ Hamburgs öffentl. Toiletten	58-3
HafenCity und Hafenkante, Övelgönne bis Meßberg	63-X
Das Rathaus der Freien und Hansestadt Hamburg	25-7
Es begann 1676 – Hamburg. Geschichte. Katastrophen Feuersbrünste	67-2
Beatles, Hagenbeck und Schopenhauer	68-0
Weihnachten und Advent in Hamburg und Umland	59-1

BERLIN/POTSDAM/BRANDENBURG

DenkMal Berlin	74-5
Berliner Museumsführer Berlin/SMPK	62-1
Berliner Museen. Deutsch/Englisch	50-8
Berlin Grün. Die historischen Gärten und Parks	51-6
Linie 100 + 200 – Berlin-Tour in 33 Minuten	57-5
Potsdam Kompakt,	66-4
Potsdam Grün	64-8
Ein Garten der Erinnerung/Karl Foerster	65-6
Statuen in Potsdam	07-9
Ferien vom Ach/Karl Foerster	72-9

WEITERE BUNDESLÄNDER

Schlösser und Gutsanlagen in Schleswig-Holstein	24-9
Schlösser, Herrenhäuser und Kirchen in Mecklenburg-Vorpommern	53-2
KulturRouten Niedersachsen	
Band 1: Hannover/Braunschweig	32-X
Band 2: Harz, Weser- und Leinebergland	33-8
Band 3: Osnabrücker Land, Emsland, Mittelweser	34-6
Band 4: Ostfriesland, Oldenburg	35-4
Band 5: Elbe-Weserdreieck, Bremen	36-2
Band 6: Lüneburger Heide, Wendland	37-0
Rhein-Ruhr Kompakt	60-5
Das Gartenreich Dessau-Wörlitz	61-3
Gärten&Parks in Sachsen	26-5
Weimarer Museumsführer/Kompakt	48-6
Erlebnis Handwerk	40-0
Aphorismen für Führungskräfte	72-2

Und wenn Sie mehr wissen wollen ...

hamburg.de – die Hansestadt im Internet

www.hamburg.de – Das ist die offizielle Homepage der
Freien und Hansestadt Hamburg und damit
Stadtinformationssystem und virtueller Marktplatz zugleich.
hamburg.de bietet Informationen und Tipps zu allen
Lebensbereichen. Die neuesten Nachrichten sind hier genauso
zu finden, wie Informationen aus Politik und Verwaltung, aktuelle Veranstaltungstipps, Online-Shops und vieles mehr.
Natürlich gibt es bei hamburg.de auch alles Wissenswerte über
die Sehenswürdigkeiten der Hansestadt.

Sie suchen Informationen über die aktuellen
Ausstellungen in Hamburgs Museen? Wollen Sie wissen, welche
saisonalen Attraktionen die Gärten und Parkanlagen der
Hansestadt zu bieten haben? Oder wollen Sie mehr erfahren zu
den Kirchen und Gemeinden der Stadt? All das finden Sie bei
hamburg.de. Klicken Sie sich doch einfach einmal durch die verschiedenen Themenbereiche und entdecken Sie ganz neue
Seiten von Hamburg.

Neben der Möglichkeit, einfach durch das redaktionelle
Angebot des Portals zu stöbern, lässt sich auch schnell und
gezielt nach Informationen suchen, denn der speziell entwickelte Schlagwortkatalog und die regionale Eingrenzung erlauben
eine präzise Suche. Ein virtueller Stadtplan und die elektroni-
schen Auskunftssysteme von Bus und Bahn erleichtern dann
den Weg ins reale Hamburg. Zusätzlich lassen sich über die
Ticket-Services online Karten für Konzerte und andere
Veranstaltungen bestellen und Hotelzimmer buchen.

hamburg.de ist eine offene Internet-Plattform für jeder-
mann. Firmen können sich mit virtuellen Visitenkarten,
Bannerwerbung oder einem Online-Shop auf dem Stadtportal
präsentieren. Und alle Vereine und Initiativen der Stadt können
kostenlos auf ihre Arbeit und Aktionen aufmerksam machen.
Als einer der ersten Anbieter führt hamburg.de so staatliche
Dienstleistungen, Bürgerinformationen und E-Commerce auf
einer Internet-Plattform zusammen – für Interessenten aus
Hamburg und aus aller Welt, 24 Stunden am Tag und sieben
Tage in der Woche.

REGISTER

Register

Abwasser- und Sielmuseum *233*

Afghanisches Kunst- und Kulturmuseum *26*

Ahrensburg, Schlossmuseum *263*

Alster *308*

Alsterdampfschifffahrt e.V., Verein *292*

Alstertal-Museum *250*

Alstervorland *210*

Altonaer Museum in Hamburg – Norddeutsches Landesmuseum *122*

Altonaer Volkspark *130*

Bäderland Hamburg *309*

Bergedorf und die Vierlande, Museum für *142*

Bergedorf, Schloß *142*

Biedermannplatz *162*

Bischofsturm „Steinernes Haus" *309*

Blankenese *309*

Börse *310*

Botanischer Garten der Universität Hamburg *181*

Botanisches Museum *224*

Brahms-Museum, Johannes- *65*

Bullenhuser Damm, Gedenkstätte *171*

Bunkermuseum *169*

Busse und Bahnen *310*

Cap San Diego *20*

Christianskirche (Klopstockkirche) *27*

Dampfeisbrecher ELBE *136*

Deichtorhallen *23*

Deichstraße *310*

Deutsches Maler- und Lackierer-Museum *144*

Deutsches Zollmuseum *33*

Dialog im Dunkeln *36*

Domkirche St. Marien *230*

Dungeon, Hamburg *318*

Duvenstedter Brook, Naturschutz-Informationshaus *262*

Eidelstedter Heimatmuseum *157*

Elbinsel Wilhelmsburg, Museum der *253*

Elbtunnel, Alter *311*

Eppendorfer Park *162*

Erlebnismuseum Wilhelmsburger Mühle *251*

Ernst Barlach Haus *186*

Erotic Art Museum *235*

Falkenstein, Puppenmuseum *153*

Fernsehturm *313*

Fischbeker Heide Schafstall, Informationshaus *165*

Fischmarkt *313*

Freie Akademie der Künste in Hamburg *38*

Freilichtmuseum am Kiekeberg *269*

Friedhof Ohlsdorf *197*

Friedhof Ohlsdorf, Museum *201*

Fuhlsbüttel 1933-1945, Gedenkstätte *166*

Gärten und Parks *313*
Gedenk- und Bildungsstätte Israelitische Töchterschule *238*
Gedenkstätte Bullenhuser Damm *171*
Gedenkstätte Konzentrationslager und Strafanstalten Fuhlsbüttel 1933–1945 *166*
Gedenkstätte Plattenhaus Poppenbüttel *205*
Geologisch-Paläontologisches Museum der Universität Hamburg *213*
Geschichte *315*
Gewürzmuseum, Spicy´s *106*
Gorch Fock Haus *164*
Hafen *315*
Hagenbecks Tierpark *240, 317*
Hamburger Hochbahn, Historische Fahrzeuge *282*
Hamburger Kunsthalle *41*
Hamburger Museum für Archäologie u. d. Geschichte Harburgs – Helms-Museum *172*
Hamburger S-Bahn, Historische Fahrzeuge *294*
Hamburger Schulmuseum *236*
Hamburgische Geschichte, Museum für *73*
Harburger Bahnhof, Kunstverein *178*
Harburger Stadtpark *176*
Hauptkirche St. Jacobi *47*
Hauptkirche St. Katharinen *51*
Hauptkirche St. Michaelis *54*
Hauptkirche St. Nikolai *58*
Hauptkirche St. Petri *61*
Hayns Park *161*
Heimatmuseum Wandsbek *248*
Heine Haus 132
Helms-Museum, Hamburger Museum für Archäologie u. d. Geschichte Harburgs *172*
Hirschpark *147*
Historic Emigration Office *318*
Historische Fahrzeuge der Hamburger Hochbahn *282*
Historische Fahrzeuge der Hamburger S-Bahn *294*
Informationshaus Fischbeker Heide Schafstall *165*
Innocentiapark *162*
Instrumentensammlung, Klingende *67*
Israelitische Töchterschule, Gedenk- und Bildungsstätte *238*
Jenisch Park *190*
Jenisch-Haus – Museum großbürgerlicher Wohnkultur *188*
Johannes-Brahms-Museum *65*
Kiekeberg, Freilichtmuseum am *269*
Kirchen *319*
Kirche des Seligen Prokop in Hamburg, Russisch Orthodoxe Kirche im Ausland *158*
Klingende Instrumentensammlung *67*
Klopstockkirche (Christianskirche) *127*
Kommunikation, Museum für *82*
Kramer-Witwen-Wohnung *69*
Kulturstiftung, Phoenix *179*
Kunst und Gewerbe Hamburg, Museum für *86*
Kunsthaus *71*
Kunstverein Harburger Bahnhof *178*
Kunstverein in Hamburg *72*
KZ-Gedenkstätte Neuengamme *193*

Literatur *323*
Maler- und Lackierer-Museum, Deutsches *144*
Maria Grün *151*
Mineralogisches Museum der Universität Hamburg *215*
Miniatur Wunderland Hamburg *323*
Museum der Arbeit *138*
Museum der Elbinsel Wilhelmsburg *253*
Museum Friedhof Ohlsdorf *201*
Museum für Bergedorf und die Vierlande *142*
Museum für Hamburgische Geschichte *73*
Museum für Kommunikation *82*
Museum für Kunst und Gewerbe Hamburg *86*
Museum für Völkerkunde Hamburg *217*
Museumsdienst *324*
Museumsdorf Volksdorf *245*
Museumshafen Övelgönne *133*
Nachtwächterrundgang *325*
Naturschutz-Informationshaus Duvenstedter Brook *262*
Neuengamme, KZ-Gedenkstätte *193*
Nordeutsches Landesmuseum, Altonaer Museum in Hamburg *122*
Ohlsdorf, Friedhof *197*
Ohlsdorf, Museum Friedhof *201*
Oper und Konzert *325*
Övelgönne, Museumshafen *133*
Panoptikum *326*
Pfeffermann *327*
Phoenix Kulturstiftung *179*
Planetarium *255*
Planten un Blomen/ Wallanlagen *96*
Plattenhaus Poppenbüttel, Gedenkstätte *205*
Puppenmuseum Falkenstein *153*
Rathaus *327*
Reemtsma, Tabakhistorische Sammlung *192*
Reinbek, Schloss *266*
Rickmer Rickmers *103*
Rieck-Haus Vierländer Freilichtmuseum *243*
Römischer Garten *155*
Russisch Orthodoxe Kirche im Ausland, Kirche des Seligen Prokop in Hamburg *158*
Schausammlung des Botanischen und Zoologischen Museums
der Universität Hamburg *224*
Sammlung Reemtsma, Tabakhistorische *192*
Schafstall, Informationshaus Fischbeker Heide *165*
Schifffahrts- und Marinegeschichte, Wissenschaftliches Institut für *203*
Schleidenpark *162*
Schloß Bergedorf *142*
Schloss Reinbek *266*
Schlossmuseum Ahrensburg *263*
Sielmuseum, Abwasser- und *233*
Speicherstadtmuseum *104*
Spicy´s Gewürzmuseum *106*
Squares in Hamburg *162*
Stadtpark, Harburg *176*

St. Georg, Verein Alsterdampfschifffahrt e.V.   *292*
St. Jacobi   *47*
St. Katharinen   *51*
St. Marien, Domkirche   *230*
St. Michaelis   *54*
St. Nikolai   *58*
St. Petri   *61*
Stadtpark Winterhude   *259*
Tabakhistorische Sammlung Reemtsma   *192*
Tierpark, Hagenbecks   *240, 317*
Verkehrshistorischer Tag   *298*
Vierländer Freilichtmuseum, Rieck-Haus   *243*
Völkerkunde Hamburg, Museum für   *217*
Volksdorf, Museumsdorf   *245*
Wacholderpark   *168*
Wallanlagen, Planten un Blomen   *96*
Wandsbek, Heimatmuseum   *248*
WasserForum   *207*
Wilhelmsburger Mühle, Erlebnismuseum   *251*
Winterhude, Stadtpark   *259*
Wissenschaftliches Institut für Schifffahrts- und Marinegeschichte   *203*
Zollmuseum, Deutsches   *33*
Zoologisches Museum der Universität Hamburg   *227*

Impressum

© Copyright beim L&H Verlag GmbH
Deichstraße 27, D-20459 Hamburg
Fon 040/ 32 08 68 92
Fax 040/ 32 08 68 94
ISDN 040/ 37 50 12 14
E-Mail LH-verlag@t-online.de
www.LH-verlag.de

Idee, Konzept Wolfgang Henkel, L&H Verlag, Hamburg

Redaktion Anke Küpper und Katrin Duggen,

Wolfgang Henkel, Inken Broocks M.A., Anne Gielisch M.A.,

alle L&H Verlag, Hamburg

Redaktionelle Beratung

HVV/Hamburger Verkehrsverbund. Tourismuszentrale Hamburg GmbH, Jörg Hoenicke. Umweltbehörde, Amt für Naturschutz und Landschaftspflege, Dipl.-Ing. Heino Grunert

Autoren siehe Seite 345

Fotos siehe Seite 345

Gestaltung L&H Verlag, Hamburg

Satz L&H Verlag, Hamburg

Litho reproform, Hamburg

Produktion Druckerei zu Altenburg, Altenburg

Titel Lichtkunst in Hamburg/Hamburger Kunsthalle und Galerie der Gegenwart (Michael Zapf), Cap San Diego (L&H Verlag)

Rücktitel Schloss Ahrensburg (Melitta Kolberg), Rickmer Rickmers (Melitta Kolberg), Dialog im Dunkeln, Glockenhausgarten, St. Michelis (Michael Zapf)

Karten kontur, Berlin und Geo-Grafik, Hamburg

Die Deutsche Bibliothek – CIP-Einheitsaufnahme
Küpper, Anke: Hamburg kompakt: der KulturReiseführer für die Stadt / Anke Küpper; Katrin Duggen. - Hamburg: L-und-H-Verl., 2002   ISBN 3-928119-69-9

Fotonachweis

Barton, Anton/ HHA 283, 284/285, 288/289. Brahms-Museum 66
Deutsches Maler- und Lackierermuseum 146. Dialog im Dunkeln 37
Ernst Barlach Haus 187. Erotik Art Museum 234 (oben)
Fotodesign Vollborn 74. Frauendorfer, B. 225, 226, 228, 229
Friedel, Matthias; Luftbildfotografie 8/9. Friedhof Ohlsdorf 199, 200 (oben)
Hamburger Schulmuseum 237. Heimatmuseum Wandsbek 249
Helms-Museum 174. Horacek, Milan /Bilderberg 53
Keltsch, Veronika 57. Klingende Instrumenten Sammlung 68
Kohlberg, Melitta 27, 29, 42, 46, 52, 55, 59, 62, 87, 97, 127, 129, 134, 135, 140, 143,
148, 150, 152, 156, 159, 184/185, 189, 200 (unten), 202, 223, 231, 234 (oben), 241,
247, 250, 252, 256, 264, 267, 268
Kruse, Matthias 137, 280, 287, 290, 291, 293, 295, 296, 298, 299
KZ-Gedenkstätte Neuengamme und Außenstellen 167, 170, 195, 196, 206
L&H 32, 35, 40, 50, 56, 57, 63, 66, 70, 74, 84, 91, 98/99, 101, 102, 105, 109, 126,
132, 155, 174, 180, 183, 204, 234 (unten), 272
Lokie, Steve 208
MK Hamburg/ Fred Dott, Hamburg 83. Puppenmuseum Falkenstein 154
Schulze-Alex, Manfred 78/79. Spicy's Gewürzmuseum 108
Stadtteilarchiv Hamm 170
Stern, Manfred (Umweltbehörde Hamburg), 131, 162,163, 176, 177, 212, 261
Taubhorn, Th. 10, 64, 211, 300, 303, 338, 343. Voigt, Peter Chr. 214
Völkerkundemuseum 219, 220/221. Wernicke, Heinz 254
Zapf, Michael 15, 68, Titelfoto (Kunsthalle), Rücktitel (Michel)

Autoren

Katrin Duggen, 33, Germanistin M.A., lebt seit 1998 als
freie Autorin in Hamburg. Sie erarbeitete die Texte zu Kirchen
und Gedenkstätten.

Heino Grunert, 45, Dipl.-Ing., Landespflege-Studium an
der Uni Hannover, Schwerpunkt Gartendenkmalpflege, seit
1993 Gartendenkmalpfleger bei der Umweltbehörde Hamburg.
Er verfasste die Texte zu den Gärten und Parks.

Anke Küpper, 35, studierte Germanistik, Französisch und
Theaterwissenschaft. Sie lebt und arbeitet als Autorin in
Hamburg und steht für die Texte zu den Museen der Stadt.

Dessau-Wörlitzer Gartenreich

Weitere Informationen über das Dessau-Wörlitzer Gartenreich:
Kulturstiftung DessauWörlitz – Hauptverwaltung Schloß Großkühnau 06846 Dessau

Telefon: +49 (0340) 6 46 15-0 · Telefax: +49 (0340) 6 46 15-10
Internet: http://home.t-online.de/home/ksdw · E mail: KsDW - @t-online.de

MONUMENTE edition

Mehr als ein Bildband, mehr als ein Reiseführer –

mit unterhaltsam-informativen Texten gibt Ihnen jeder Band einen umfassenden Einblick in die Kulturgeschichte einer ganzen Epoche.

Angela Pfotenhauer
ROMANIK
in Sachsen-Anhalt
144 Seiten mit 170 meist farb. Abb., 21 x 29,7 cm

Paperback 11,30 €
ISBN 3-935208-05-7

Festeinband 16,40 €
ISBN 3-935208-09-X

Angela Pfotenhauer
BAROCK
in Sachsen
144 Seiten mit 220 meist farb. Abb., 21 x 29,7 cm

Paperback 9,90 €
ISBN 3-9804890-9-4

Festeinband 15,10 €
ISBN 3-935208-01-4

Auch im guten Buchhandel.

BACKSTEINGOTIK
in Norddeutschland

Wer brachte den Stil der französischen Gotik an die Ostseeküste und wie entwickelten die Bürger diese Formen weiter? Welche Rolle spielte die Hanse dabei? Was ist das Besondere am Material Backstein und warum baute man ganze Städte daraus?

Angela Pfotenhauer führt Sie zu mächtigen Kirchen und großartigen Rathäusern, aber auch zu zahlreichen Dorfkirchen abseits der Touristenrouten.

Angela Pfotenhauer
BACKSTEINGOTIK
144 Seiten, 223 meist farbige Abbildungen Format 21 x 29,7 cm

Paperback 9,70 €
ISBN 3-9804890-7-8

Festeinband 15,10 €
ISBN 3-935208-00-6

Erhältlich bei:

DEUTSCHE STIFTUNG
DENKMALSCHUTZ
MONUMENTE Publikationen
Dürenstraße 8, 53173 Bonn
Telefon 02 28 / 957 35-0
Fax 02 28 / 957 35-28

Gärten und Parks in
Sachsen

Von Bernd Wähner

ISBN 3-928119-26-5

DM 24,80/ € 12,68

Das Gartenreich
Dessau-Wörlitz

Von Thomas Weiss,
Kulturstiftung DessauWörlitz
ISBN 3-928119-61-3

DM 19,80/ € 10,12

Hamburg Grün
Die Gärten und Parks
der Stadt

Von Axel Iwohn, Martina Nath-Esser,
Claudia Wollkopf
ISBN 3-928119-39-7

DM 34,80/ € 17,79

Berlin Grün
Die historischen Gärten
und Parks

Von Anke Kuhbier, Klaus von Krosigk
und Reiner Elwers
Herausg. Landesdenkmalamt Berlin
ISBN 3-928119-51-6

DM 29,80/ € 15,24

Potsdam Grün
Gartenkunst zwischen
gestern und morgen

Das einzige offizielle Taschenbuch
zur BUGA 2001

ISBN 3-928119-64-8

DM 19,80/ € 10,12

Ein Garten der
Erinnerung – Leben und
Wirken von Karl Foerster

Von Eva Foerster und Gerhard Rostin
Vorwort Harri Günther

ISBN 3-928119-65-6

DM 39,80/ € 20,35

4/02

Wasserschade 1/05 Fi

1/05
9/05

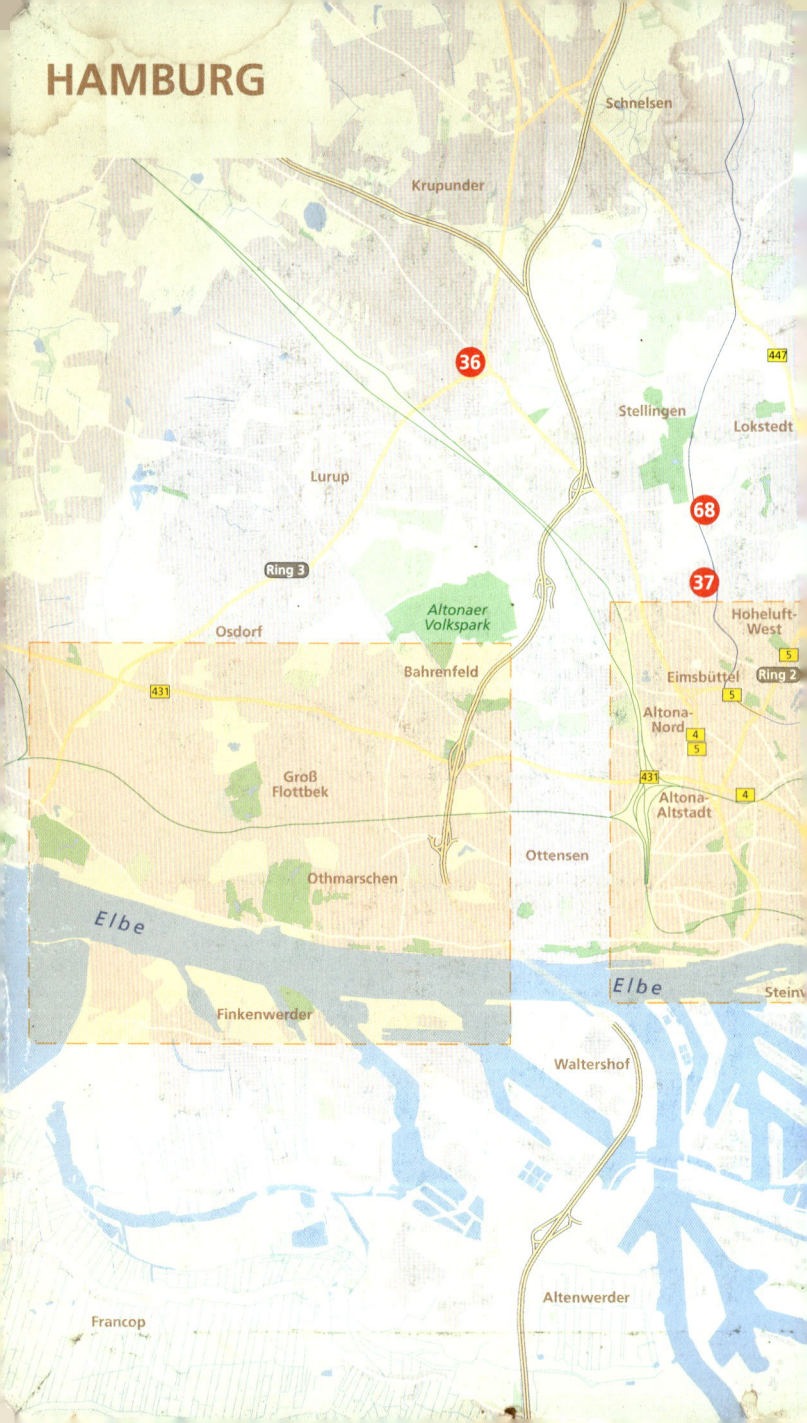

HAMBURG

Schnelsen

Krupunder

36

Stellingen

Lokstedt

447

Lurup

68

Ring 3

37

Hoheluft-West

Altonaer
Volkspark

Eimsbüttel

Ring 2

5

Osdorf

431

Altona-
Nord

4

5

Bahrenfeld

Groß
Flottbek

431

Altona-
Altstadt

4

Othmarschen

Ottensen

Elbe

Elbe

Stein

Finkenwerder

Waltershof

Francop

Altenwerder